Harald Martenstein
Romantische Nächte im Zoo

aufbau taschenbuch

Harald Martenstein, geboren 1953 in Mainz, ist Autor der Kolumne »Martenstein« im »ZEITmagazin«, Redakteur beim Berliner »Tagesspiegel« und Dozent an mehreren Journalistenschulen. Für seine hier versammelten Texte wurden er mit dem Henri-Nannen-Preis, dem Egon-Erwin-Kisch-Preis und 2012 mit dem Theodor-Wolff-Preis geehrt. Sein Roman „Heimweg" wurde im September 2007 mit der Corine ausgezeichnet, 2010 erhielt er den Curt-Goetz-Ring. Zuletzt erschienen sein Roman »Gefühlte Nähe« (2010) sowie sein Kolumnenband »Ansichten eines Hausschweins« (2011). Harald Martenstein lebt in Berlin und der Uckermark.

Einer landesweiten Lesergemeinde gilt Harald Martenstein als der witzigste Kolumnist. Seine Texte aus 15 Jahren zeigen einen klugen Frager, gar einen Moralisten, der die Ideale und Spleens seiner Mitmenschen verstehen will, weil sie vielleicht einmal die eigenen waren. So sucht er im Kibbuz nach den Überbleibseln des Sozialismus, am Nürburgring nach der Bremse und im Suhrkamp-Verlag nach dem Geist der Literatur. Mit seinen 34 preisgekrönten Reportagen und Betrachtungen legt er eine geistreiche, witzige und manchmal auch wütende Chronik unseres komischen Landes zu Beginn des 21. Jahrhunderts vor.

Harald Martenstein

Romantische Nächte im Zoo

Betrachtungen und Geschichten
aus einem komischen Land

atb aufbau taschenbuch

ISBN 978-3-7466-3063-2

Aufbau Taschenbuch ist eine Marke der Aufbau Verlag GmbH & Co. KG

2. Auflage 2015
© Aufbau Verlag GmbH & Co. KG, Berlin
Die Originalausgabe erschien 2013 bei Aufbau,
einer Marke der Aufbau Verlag GmbH & Co. KG
Umschlaggestaltung hißmann, heilmann, Hamburg,
unter Verwendung eines Motivs von plainpicture/E.Coenders
grafische Adaption morgen, Kai Dieterich
Satz LVD GmbH, Berlin
Druck und Binden CPI books, Leck, Germany
Printed in Germany

www.aufbau-verlag.de

Inhalt

Wanderer, kommst du nach Gerstengrund 7
Glück. 15
Sozialismus revisited. 23
Verteidigung der Ausländerfeinde. 32
Positives Denken 37
Meinungsfreiheit 47
Mein Land. 52
Lob der Armut 60
Kirchentag 65
Freunde 71
Gentrifizierung. 80
Fernsehstars. 85
Die drei Friseure 94
Tugendrepublik Deutschland 103
Nürburgring 121
König Lear, auf schwäbisch 129
Milch. 135
Die Totmacher 144
Siegfrieds Erbin. 151
Die Idiotie des Fortschritts 160
Deutscher Humor 165
Der Sog der Masse. 174
Der letzte Marxist 192

Der Geist von Dessau 201
Der kleine Prinz. 209
Der Garten 228
Bildung. 236
Bad Wörishofen 243
Anna 250
Als Ghanaer bei Attac 258
Abschied von Rudi Carrell 266
Der Geschichtenerzähler 273
Kleine Geschichte des Ausländischessens 282
Danksagung. 286

Wanderer, kommst du nach Gerstengrund

»Hallo? Hallo?«

»Ja, hier ist der *Tagesspiegel*. Berlin. Bin ich mit der Stadt Geisa verbunden?«

»Geisa in Thüringen. Möller.«

»Ja, Frau Möller, wir machen so eine Serie über die Hochburgen der Parteien, und da haben wir festgestellt, dass die Gemeinde Gerstengrund, die zu Geisa gehört, bei der letzten Bundestagswahl zu 95,65 Prozent CDU gewählt hat. Deutscher CDU-Rekord. Und da würde ich halt gerne wissen, woran das liegt.«

»Das ist ganz einfach. Das hängt mit dem katholischen Glauben zusammen.«

Frau Möller klingt unheimlich nett und hilfsbereit. Gerstengrund gehört, genau genommen, gar nicht zu Geisa, sondern wird als formal selbständiges Dorf von Geisa aus verwaltet. Gerstengrund hat 47 Wahlberechtigte, Geisa etwa 3500 Einwohner. Beide Orte liegen hart an der innerdeutschen Grenze, die man in gewisser Weise wohl immer noch so nennen muss, im ehemaligen Sperrgebiet, das eine verbotene Zone war. Im Sperrgebiet konnten die Leute nur mit einer Sondererlaubnis Besuch empfangen, das Rein- und Rauskommen waren eine schwierige Sache, man war isoliert. Das Sperrgebiet war eine Art verschärfte DDR. Jetzt dagegen liegt es sozusagen fast schon im Westen.

Den Westen repräsentiert hier das Bundesland Hessen. Wie läuft es denn so in Geisa und Umgebung? Recht gut, sagt Frau Möller. Geisa wird vom Gebirge Rhön umgeben, landschaftlich reizvoll, der Fremdenverkehr gewinnt allerdings nur langsam an Boden. Trotzdem ist die Arbeitslosigkeit niedrig. Warum? »Sehr viele pendeln zur Arbeit nach Hessen.«

Im Gemeinderat von Geisa verfügt die CDU über zehn Sitze, fünf Sitze gingen an die Freien Wähler, die traditionell fast überall der CDU nahestehen, ein Sitz gehört der Interessengemeinschaft der Geisaer Vereine. Die politische Opposition besteht aus der PDS, ein Sitz.

»Und die SPD?«

Frau Möller sagt: »Wir haben hier keine SPD.«

»Wie, keine SPD?«

»Es gibt keinen Ortsverein. Sie kandidiert nicht.«

Und die Grünen? »Gibt es bei uns auch nicht.« »FDP?« Frau Möller sagt: »FDP, das haben wir hier auch nicht.«

Ich denke: Das ist das einzige frei gewählte Einparteiensystem der Welt. Ist Geisa das Pjöngjang von Deutschland? Ein demokratisches Pjöngjang?

Was Gerstengrund angeht, empfiehlt Frau Möller als Informationsquelle den Bürgermeister Antonius Schütz. Zum Schluss frage ich: »Wer hat eigentlich die anderen 4,35 Prozent gekriegt?«

»Ich glaube, die Republikaner.« Man spürt, dass sie das nicht gerne sagt.

Anruf beim Bürgermeister. Eine Frau meldet sich.

»Von der Zeitung sind Sie? Der Bürgermeister ist in Urlaub.«

»Wann kommt er denn wieder?«

Pause. »Zeitungen wollen wir hier nicht.«

»Ja, um Himmels willen, wie meinen Sie das denn?«

»Ich meine das so: Mit Zeitungen möchten wir grundsätzlich nichts zu tun haben.« Die Dame legt auf.

Zweiter Anruf bei Frau Möller. Sie hat inzwischen das genaue Wahlergebnis nachgeschaut und wirkt erleichtert. »Also, 47 Wahlberechtigte, Wahlbeteiligung 46 Stimmen, davon CDU 44, SPD 1, FDP 1.« Bei der Bundestagswahl ist, anders als bei der Kommunalwahl, die SPD zugelassen. Das Ergebnis war für die CDU, obwohl es gut klingt, im Grunde ein Desaster. Bei der Landtagswahl 1999 hatte sie in Gerstengrund nämlich 100 Prozent. Ein Minus von vier Prozent. Frau Möller sagt, wenn Antonius Schütz in Urlaub sei, könnte ich mit der stellvertretenden Bürgermeisterin reden, Frau Neidhart.

Frau Neidhart schweigt am Telefon lange. Dann ruft sie: »Nein! Nein! Nein! Das sind ja schon wieder Sie. Wir hatten bereits das Vergnügen.«

»Ach, Sie waren das bei Antonius Schütz? Dann ist die stellvertretende Bürgermeisterin also die Ehefrau des Bürgermeisters?«

»Wie kann ich denn die Ehefrau von Antonius Schütz sein? Ich heiße doch anders.«

»Na ja ... heutzutage gibt es das manchmal, dass Ehefrauen einen anderen Namen haben. In Berlin.«

»Stimmt. Also, ich bin die Schwester des Bürgermeisters.« Eine winzige Spur von Zugänglichkeit ist in der Stimme von Frau Neidhart andeutungshaft zu erahnen.

»Hören Sie, Frau Neidhart, warum reden wir nicht? Es ist doch keine Schande, CDU zu wählen.«

»Nein, eine Schande ist das weiß Gott nicht. Aber wir

haben schlechte Erfahrungen gemacht. Das wissen vor allem Sie ganz genau. Sie haben doch damals diesen widerlichen Artikel geschrieben.«

»Aber nein! Ich schwöre, dass ich noch niemals in Gerstengrund gewesen bin! Das wüsste ich! Ich will doch nichts Böses. Sehen Sie, wir schreiben genauso über Dörfer, die zu 95 Prozent SPD wählen, so etwas gibt es doch auch ...« Das ist nur dahergesagt, um die Stimmung zu lockern. In Wirklichkeit gibt es solche Dörfer nicht.

Frau Neidhart antwortet: »Fahren Sie halt in ein SPD Dorf.«

Im Archiv finden die Kollegen den einzigen Text, der weltweit jemals in einem größeren Blatt über Gerstengrund erschienen ist. Es ist ein sehr subjektiv verfasster Artikel der *tageszeitung*, geschrieben im Jahr 2000. Der Artikel gipfelt in dem Satz: »Gerstengrund, unbewohnbar wie der Mond.« Und Antonius Schütz hatte dem Verfasser sogar nichtsahnend seinen Kuhstall gezeigt.

Die Fahrt von Berlin nach Gerstengrund dauert, wie sich am nächsten Tag zeigt, fünfeinhalb Stunden. Der Ort ist nicht einmal in meinem alten DDR-Atlas verzeichnet. Geisa und Gerstengrund befinden sich weit weg von jedem Autobahnanschluss, in einer Gegend, wo auf der tischdeckengroßen ADAC-Karte von Thüringen lediglich einige gleichrangige Nebenverkehrsstrecken und keine einzige Hauptstraße eingezeichnet sind. Hinter Geisa führt eine Stichstraße in ein Tal hinein, das, nach den Dörfern Kranlucken und Zitters, in Gerstengrund endet. Kein Durchgangsverkehr. Keine Zufallsbesucher. Nahende Autos von weit her sichtbar. Gerstengrund ist wahrscheinlich einer der abgelegensten Orte von Deutschland.

Diese Gegend gehörte seit 817 zum Besitz des Bistums Fulda. Wenn die Leute reden, klingen sie fast hessisch. Dass Geisa und Gerstengrund überhaupt zur DDR gehört haben, hängt mit dem Wiener Kongress von 1815 zusammen, der Geisa den Fuldaer Bischöfen weggenommen und dem Großherzogtum Sachsen-Weimar zugeschlagen hat. Im Rathaus von Geisa steht auf einer Tafel, dass es sich hier um die »westlichste Stadt des Warschauer Paktes« gehandelt hat. Zu den berühmten Söhnen gehört der Moosforscher Adalbert Geheeb. Auffällig ist, dass man in den Dörfern fast keine Spuren der DDR-Zeit mehr findet. Alles neu, alles proper. Hier hat Helmut Kohl recht behalten, hier blüht die Landschaft, wenn auch nur deshalb, weil der Westen mit seinen Arbeitsplätzen direkt vor der Haustür liegt.

In Gerstengrund hat übrigens auch schon zu DDR-Zeiten die CDU den Bürgermeister gestellt, die Ost-CDU natürlich. Nicht seit 1990, sondern seit Jahrzehnten regiert die CDU. Die CDU war in Gerstengrund sozusagen gleichzeitig die SED. Vor 1933 regierte die katholische Zentrumspartei.

Als ich in das Dorf fahre, zwanzig eng beieinanderstehende Bauernhäuser vielleicht, merke ich, dass ich einen Fehler gemacht habe. Auf dem Auto steht riesig der Name der Zeitung, es ist ein Dienstwagen. Alle Leute müssen sofort denken: Die Zeitung aus Berlin ist wieder da. Die Gerstengrundkiller kommen zurück. Unbewohnbar wie der Mond. Also wende ich und verstecke das Auto im Wald, einen Kilometer entfernt, unter einem Fliederbusch. Dann gehe ich zu Fuß, als Wanderer, nach Gerstengrund.

Die Handvoll Leute, die vorher zu sehen waren, eine alte Frau, ein Bauer, ein Junge mit Anorak, sind alle verschwunden. Das Dorf ist plötzlich wie ausgestorben. Ein Geisterdorf.

Klar: Antonius Schütz und seine Schwester haben das Auto gesehen und zeigen ihre Macht.

Noch etwas ist anders an Gerstengrund. Man braucht eine Weile, bis man es merkt. An dem prächtigsten Bauernhaus: ein Wandgemälde, das eine Kuhherde zeigt, mit der Jahreszahl »1992«. Vor der Kapelle in der Dorfmitte ragt ein gewaltiges Steinkreuz zum Himmel. »Vater, in deine Hände empfehle ich meinen Geist.« In einem Garten steht eine steinerne Mutter Gottes, darunter: »Maria mit dem Kinde lieb, uns allen deinen Segen gib.« Ein paar Meter weiter, noch mal Maria mit dem Kinde. »O Jesu! Durch deine hl. Wunden erbarme ...«, der Rest ist verwittert. Die Bauerngärten sind üppig, einer sogar mit einer kleinen Palme, in den Garagen stehen gepflegte Autos, untere oder mittlere Preisklasse, es gibt ein Gewächshaus, Wintergärten, einen Hasenstall, eine Fußballwiese, der Bus kommt achtmal täglich, Hühner laufen frei herum, vor dem Dorf grasen Pferde. Es sind keine Satellitenschüsseln zu sehen, keine Werbung, kein Straßenverkehr und natürlich keine Wahlplakate. Wozu auch? Das Dorf wirkt nicht wie ein Dorf vor 100 Jahren, allein schon wegen der Autos, aber es wirkt auch nicht wie ein Dorf von heute.

Es ist das perfekte Idyll. Vielleicht ist Gerstengrund das schönste Dorf Deutschlands. Wie der Mond? Dann möchte ich auf dem Mond Urlaub machen.

Auf der leeren Dorfstraße gehe ich auf und ab und wieder zurück und dann wieder und wieder, und wieder, ein bisschen wie in dem Film »High Noon«. Ich denke: Ich tue jetzt etwas, das hier vielleicht seit den Bauernkriegen noch nie jemand getan hat. Ich provoziere.

An allen Fenstern sind die Vorhänge zugezogen. Das einzige Geräusch kommt von einem Hund, der bellend und mit gefletschten Zähnen gegen das Gitter seines Zwingers springt. Und plötzlich wird, direkt hinter mir, mit viel Nachdruck ein Rollladen hinuntergelassen. Auf diese Weise kommt dann doch eine Art Dialog zustande.

Im Grunde ist Gerstengrund gar nicht so schwer zu verstehen, wenn man mal darüber nachdenkt. Der Glaube, feuergehärtet in der Zeit der Reformation, als hier heftig gekämpft wurde, später durch die katholische Diaspora in der DDR, die isolierte Lage in der verbotenen Zone, die geographische Situation am Ende des Tals, das Bäuerliche, Beharrende, dazu der relative Wohlstand durch die Jobs in Hessen, der jeden Veränderungsdruck abfedert, das alles ist miteinander verschmolzen zu dem, was man jetzt hier sieht. Die aus der Zeit gefallene Schönheit von Gerstengrund aber ist kein Zufall, diese Abwesenheit von Werbung und hässlichem Schnickschnack. Sie hat mit der katholischen Widerstandskraft gegen den Kapitalismus zu tun. Der Kapitalismus ist genauso ein Gleichmacher wie der Sozialismus, beide machen aus den Dörfern hässliche kleine Städte. Aber an Gerstengrund haben sich alle Dorfverhässlicher die Zähne ausgebissen, bis heute. Antonius Schütz hat völlig recht, wenn er die Rollläden runterlässt.

So denke ich und gehe rechts hinter dem Dorfausgang den Berg hoch, bis zu einer moosbewachsenen Bank und einem moosbewachsenen Tisch, die dem großen Moosforscher Adalbert Geheeb aus Geisa sicher gefallen hätten. Von hier oben aus wirkt Gerstengrund noch hinreißender, ein bisschen wie Lönneberga, das Traumdorf aus den Kindergeschichten von Astrid Lindgren. Nach etwa einer halben Stunde gehen wieder vorsichtig Fenster auf, Rollläden werden zögernd hochgezogen, ein Mann geht über die Dorfstraße, steigt in ein Auto und fährt Richtung Stadt. Sie haben den Angriff abgeschlagen. Vielleicht sollte ich jemanden fragen, was sie in Gerstengrund tun, wenn eine Vierzehnjährige schwanger wird oder wenn ein Junge sich als schwul herausstellt. Vielleicht sollte ich fragen, was sie tun werden, wenn sie merken, dass Angela Merkel mit der Jungfrau Maria genauso wenig am Hut hat wie Gerhard Schröder mit dem heiligen Joseph. Ich muss noch mal Frau Möller anrufen. Aber dann merke ich, dass mein Handy hier hinten im Tal nicht funktioniert.

Glück

Die Wissenschaft hat festgestellt, dass in Osnabrück die zufriedensten Deutschen leben. Es war eine riesige Umfrage mit mehr als 350 000 Teilnehmern. 87 Prozent der Osnabrücker leben gern oder sehr gern in Osnabrück. Das ist Rekord. Am ungernsten lebt man in Dessau.

Die Umfrage stellt alles auf den Kopf, was man über gute Städte und nicht so gute Städte und das schöne Leben und das Glück und all dieses Zeug zu wissen glaubt. Auf Platz 2 liegt zum Beispiel das Gebiet rund um Villingen-Schwenningen. Stuttgart (Platz 5) liegt weit vor München (Platz 12). In Hannover ist man wesentlich glücklicher als in Berlin (Platz 74). Bochum? Weit vor Göttingen.

Die Institution, der die Deutschen das größte Vertrauen entgegenbringen, ist übrigens der ADAC. Das hat die gleiche Studie ergeben. Gemacht hat sie das McKinsey-Institut, unter anderem im Auftrag des ZDF. Alles hochseriös und megagründlich.

Am besten fahren wir also ganz schnell nach Osnabrück. Es liegt in Niedersachsen. Es hat 160 000 Einwohner. Wenn man von oben draufschaut, sagen wir mal: aus dem Himmel, sieht man hinter der Stadt die Freizeit- und Erlebnisregion Teutoburger Wald und vorne das nordddeutsche Flachland. Das andere flache Gebiet gleich links um die Ecke heißt Holland.

Osnabrück ist hübsch. Es hat alles, was eine gute deutsche

Stadt braucht. Es hat einen Dom, eine Altstadt, ein Schloss, einen Fluss, der »Hase« heißt, einen Fußballverein, der aufsteigen will, und eine Uni. Es hat Brunnen und Stadtmöbel, die Geschmackssache sind, ein paar Bausünden aus der Nachkriegszeit, viele Fahrradwege, ein Filmfest, ein Medienkunstfest, ein Musikfestival, eine lange Nacht der Museen, »romantische Nächte im Zoo«, ein Stadtfest, ein schwul-lesbisches Kulturfestival und israelische Kulturwochen.

Jede deutsche Stadt hat natürlich auch ihren Stadtprominenten. In Mainz ist es Gutenberg, in Bochum ist es Grönemeyer. In Frankfurt ist es Goethe. In Osnabrück haben sie Erich Maria Remarque, den Autor des pazifistischen Romans »Im Westen nichts Neues«. Aus dem Musikbereich könnte man vielleicht noch den Sänger Heinz Rudolf Kunze nennen.

Nichts ist perfekt. Irgendetwas fehlt immer. Aber was? Was fehlt in Osnabrück? Als das Ergebnis der Glücksumfrage bekanntgegeben wurde, stand es in der Lokalzeitung. »Wie soll das bloß werden, wenn jetzt auch noch Ikea nach Osnabrück kommt!«

Als Erstes kaufen wir also eine Zeitung. Der Feuilletonaufmacher heißt: »Auf den Spuren des Krieges«. Der Medienaufmacher heißt: »Deutschlands Fußball in (Nach-)Kriegstagen«. Im Lokalen steht auf Seite eins lang und breit der neueste Aufruf des Friedensbündnisses Osnabrück.

Das Besondere an Osnabrück ist seine Fixierung oder auch Obsession. Osnabrück nennt sich offiziell »Friedensstadt«.

Am Bahnhof hängt ein Friedenszitat des heiligen Franz von Assisi. Die Stadt ist der Sitz der Stiftung Friedensforschung, der Bundesumweltstiftung, von Terre des Hommes, des Remarque-Friedenspreises, des Friedensfestivals »Künstler sagen nein« und der Osnabrücker Friedensgespräche. Am alljährlichen Friedenstag findet ein Friedens-Steckenpferdreiten zum Rathaus statt. Osnabrück hat sogar ein offizielles städtisches »Büro für Friedenskultur«, das die vielfältigen Friedensaktivitäten zu koordinieren versucht und zum Teil finanziert.

Treffen mit zwei Sprechern der Friedensbewegung der Friedensstadt. Karin Detert ist leitende Angestellte im Rathaus, Dieter Reinhardt ist Dozent an der Uni. Zwei Tage zuvor haben sie als symbolische Geste ein weißes Friedensband rund ums Osnabrücker Rathaus geschlungen. Zurzeit suchen sie nach einem neuen Namen für das »Bündnis gegen den Irakkrieg« und sind beide sehr nett, wie eigentlich alle Leute, die man in Osnabrück trifft. Wenn jemand sagt: »Danke«, dann antwortet man in Osnabrück: »Da nich für.« »Ich fühle mich wohl« heißt hier: »Ich bin gut zufrieden.«

Zu Friedensdemos in Osnabrück, sagen sie, kommen dreimal so viel Leute wie in Hamburg. Am Tag des Angriffs auf den Irak stand ein Vertreter von Attac neben einem Vertreter des Bischofs.

Franz-Josef Bode ist der zweite Osnabrücker Superlativ. Er ist 1995 schon mit 44 Jahren Bischof geworden. Rekord. Später hat er sich auch noch zum Osnabrücker Grünkohlkönig wählen lassen. Im Jahre 2000 legte er ein »Mea Culpa«-Bekenntnis zu den historischen Irrtümern der katholischen Kirche ab, nicht alle Konservativen mögen so etwas. Aber Bode ist der beliebteste Bischof Deutschlands. Das hat ebenfalls eine Umfrage ergeben. Bischof Bode ist in Osnabrück womöglich noch beliebter als der ADAC. Es ist schwer zu sagen, wie oft Bischof Bode den Irakkrieg schon verurteilt hat. Oft genug jedenfalls.

Das hat alles, im weitesten Sinne, historische Gründe.

In Osnabrück und Münster wurde 1648 der Westfälische Friede geschlossen. Ende des Dreißigjährigen Krieges zwischen den Katholischen und den Evangelischen, quasi den Sunniten und Schiiten des Christentums. Die Leidenschaften waren gründlich ausgeglüht, Toleranz wurde Gesetz. Die Dörfer, in denen der Pfarrer das Bett mit einer Frau teilte, wurden damals offiziell für evangelisch erklärt. Alle Dörfer mit frauenlosen Pfarrern dagegen bekam der Papst. Ganz einfach. Und in Osnabrück regierten von da an abwechselnd ein katholischer und ein evangelischer Fürstbischof. Mit anderen Worten: In Osnabrück wurde die Quotenregelung erfunden.

Dann kam Erich Maria Remarque. Und bald darauf der Zweite Weltkrieg.

Nein, Osnabrück ist nicht nur die deutsche Friedensstadt. Es ist auch eine Metropole der politischen Korrektheit. Im Dom: Aufruf zur Misereor-Jahrestagung »Alternativen zum Krieg«. In der Zeitung, Veranstaltungsteil, allein auf der Frauenstrecke: Frauenhaus, Mädchenhaus, Frauenberatungsstelle, Mädchenzentrum, Frauennotruf und ein Internationales Frauennetzwerk. Das geballte Hilfsangebot macht den Eindruck, als sei Osnabrück für Frauen die Hölle.

Sind die Menschen dort deshalb so glücklich?

Karin Detert erzählt vom Machtwechsel. Wie früher die Fürstbischöfe, so lösen sich heute CDU und SPD in Osnabrück ab. SPD ist mehr evangelisch und pro Radfahrer, CDU ist mehr katholisch und ADAC. Elf Jahre regierte Rotgrün, seit kurzem regiert Schwarzgelb.

Hauptstreitpunkt in der Kommunalpolitik ist der Verkehr. Es wird viel geblitzt, zu viel nach Ansicht des ADAC. Osnabrück trägt auch den Titel »autofeindlichste Stadt Deutschlands«, verliehen vom Sender Sat 1. Die CDU hat das kostenlose Parken in der Innenstadt und die grüne Welle an den Ampeln eingeführt und die Baumschutzsatzung abgeschafft. Sie haben die Zuschüsse für einige Frauenprojekte und für die Walpurgisnacht zusammengestrichen und stattdessen zwei neue Familienzentren gegründet. Das war der Machtwechsel. Der Kulturetat wurde weitgehend geschont.

Karin Detert sagt einen besonders interessanten Satz: »In Osnabrück gibt es keine Neonazis.«

Am vergangenen Wochenende fanden in Osnabrück allerdings »Chaostage« statt, 200 Punker lagerten im Hasenpark. Das war in der Zeitung nur eine kurze Meldung. »Ein Punkkonzert wurde von der Polizei unterbunden, da keine Genehmigung vorlag ... Ein Großteil der Punks verließ Osnabrück am frühen Sonntagmorgen.«

Klaus Terbrack ist der wichtigste Osnabrücker Veranstalter und Kulturmanager. Er selber nennt sich »Kulturplaner«. Er sagt: »Ich bin Lokalpatriot und Kosmopolit.« Er führt durch seine Stadt, aus Spaß, einfach so. Das wichtigste neue Bauwerk ist das Felix-Nussbaum-Museum, von Daniel Libeskind. Es sieht genauso aus wie das Berliner Jüdische Museum, nur kleiner. Nussbaum, der jüdische Maler, wurde von den Nazis ermordet. Jetzt schaut sein Museum von oben auf das ehemalige Braune Haus herab, die NSDAP-Zentrale, direkt nebenan.

»Wir haben hier alles, nur kleiner.« Klaus Terbrack sagt, was alle sagen: Osnabrück ist so wunderbar überschaubar. Fünf Minuten Fußweg, und du bist überall. Großstadt und Dorf gleichzeitig. Enge ist ein Vorteil. Provinz ist schön.

Auch die Lokalredakteurin von der »Neuen Osnabrücker«

sagt das. Im Archiv, auf der Suche nach einer Negativstory über Osnabrück, findet man nur einen länger zurückliegenden Text über eine fehlende Toilette für die Boulespieler im Schlosspark.

Das Bündnis gegen den Irakkrieg, erzählt die Redakteurin, sei weitgehend identisch mit dem Bündnis gegen Ausländerfeindlichkeit. »Aber ausländerfeindliche Übergriffe gibt es hier gar nicht.« Ein Bündnis, das sich gegen etwas richtet, das es nicht gibt. Osnabrück bemühe sich heftig um jüdische Aussiedler aus Russland, damit es wieder eine große jüdische Gemeinde gibt, die etwas hermacht. In der Fußgängerzone werden am gleichen Nachmittag Flugblätter verteilt, tatsächlich, eine kleine Demo vor einem Kiosk. »Keine Nazipresse in Osnabrück!« Der Kiosk verkauft die »Nationalzeitung«.

Diese kleine Stadt hat alles, wirklich alles, nur keine bösen Menschen. Bevor Osnabrück den Titel »Friedensstadt« angenommen hat, erzählt die Redakteurin, nannte es sich »Stadt der goldenen Mitte«.

Was für eine Titanenkraft es gekostet hat, aus dem alten, bösen Deutschland das neue, gute Deutschland zu machen: In Osnabrück spürt man es an fast jeder Straßenecke. Es ist gut, wirklich, es ist vor allem viel besser als das Gegenteil, aber das alles kommt doch noch sehr verkrampft rüber und alles andere als selbstverständlich. Es herrscht eine Art geistig-moralischer Muskelkater. In der deutschen Friedensstadt versteht man sofort, warum es für Deutschland ganz und gar unmöglich gewesen ist, beim Irakkrieg mitzumachen, wahrscheinlich selbst dann nicht, wenn die Amerikaner überzeugende Argumente gehabt hätten.

Und das Glück?

Bei Meller, in der Osnabrücker Fußgängerzone, gibt es eine

ganze Abteilung mit Ratgebern zum Glücklichsein. Sie heißen: Jeden Tag weniger ärgern. Die sieben Gesetze des Glücks. Der Glücks-Faktor. Glück beginnt im Kopf. Ab heute besser drauf. Wege zum Glück. Umarme dein Glück. Das Buch »Wie Sie sich Ihr Leben gründlich versauen« ist bei näherem Hinsehen auch nur ein Ratgeber zum Glücklichsein, ein ironischer halt.

In »Die Glücksformel« von Stefan Klein steht etwas über Länder. Auch das wurde vor ein paar Jahren untersucht. Am glücklichsten sind die Menschen in Holland, Island und Dänemark, am unglücklichsten in der Ukraine und Moldawien. Deutschland und die USA liegen im Mittelfeld.

Glück hat gar nicht so viel mit Reichtum oder Armut zu tun. Ghana ist ärmer als die Ukraine, aber rangiert relativ weit oben. Klein sagt, dass vor allem Neid, Stress und Unsicherheit die Menschen unglücklich machen. Länder mit relativ gleichmäßiger Verteilung des Wohlstandes oder aber der Armut sind grundsätzlich glücklicher als Länder mit großen Unterschieden. Die »Ich-AG« und der harte Konkurrenzkampf, den die Neoliberalen predigen, bringen jedenfalls nicht das Glück ins Haus.

Ganz wichtig zum Glücklichsein ist das Gefühl, sich auszukennen. Das Leben im Griff zu haben. Kontrolle über den eigenen Alltag. Zu wissen: Dieses ist richtig. Jenes ist falsch. Deswegen, schreibt Klein, sind die Völker in der ehemaligen Sowjetunion so unglücklich. Ihr Koordinatensystem für gut und böse, für richtig und falsch ist zerbrochen.

Umbrüche sind schlecht. Ambivalenz ist schlecht. Langeweile ist gut. Klarheit ist gut. Wenn man sich zum Beispiel Osnabrück anschaut: Sie haben sich dort in den letzten Jahrzehnten ihre kleine Welt perfekt eingerichtet. Die Friedensstadt. Immer fürs Gute, in jeder Form. Das Böse macht einen großen Bogen um Osnabrück. Man kann sich darüber lustig machen. Vielleicht sollte man das sogar. Aber eines steht fest: Sie sind glücklich.

Sozialismus revisited

Am Ortseingang steht immer noch die Käsefabrik, wie damals. Dahinter fangen die Rinderkoppeln an. Der Kibbuz liegt über der Fabrik am Hang, mit Blick über die Ebene und auf die Berge. Er sieht heruntergekommen aus. Umgestürzte Schilder, verrostete Landmaschinen. An manchen Häusern blättert der Putz, andere wirken unbewohnt, am Gemeinschaftshaus fehlen ein paar Fensterscheiben. Die Palmen aber sind riesig inzwischen, bestimmt zehn Meter hoch.

Es ist immer traurig, nach vielen Jahren an einen Ort zurückzukommen und seine Erinnerungen zu begraben. Eigentlich sollte man so etwas nicht tun.

Ein Fremder, der durch ein Dorf von 300 Einwohnern geht, wird überall auf der Welt misstrauisch angestarrt. In Tel Yosef nicht. Die Leute nicken einem zu und gehen ihres Weges. Man wird zur Kenntnis genommen, das ist alles. Fremde sind harmlos. Sogar die Selbstmordanschläge scheinen nichts an dieser Meinung geändert zu haben. In dieser Gegend, nicht weit entfernt vom See Genezareth, war es während der zweiten Intifada bisher relativ ruhig.

Auch in Tel Aviv sind die Kontrollen vor den Restaurants inzwischen lässig, beinahe eine Formsache. Israel wirkt, an der Oberfläche, gelassen. Wie immer. Kein Vergleich mit dem deutschen Herbst 77, mit der hyperventilierenden Stimmung nach der Schleyer-Entführung.

Das Josef-Trumpeldor-Museum ist geöffnet. Josef Trumpeldor, genannt der »einarmige Josef«, Held des Russisch-Japanischen Krieges, einziger jüdischer Offizier in der Armee des Zaren, Kibbuz-Pionier, gefallen 1920, nicht weit von hier im Kampf gegen die Araber, durchsiebt von zahlreichen Kugeln. Seine legendären letzten Worte lauteten: »Das macht nichts.«

Ein halbdunkler Raum voller Bücher und Fotos, darunter auch deutsche Bücher. »Heroische Gestalten des jüdischen Stammes«, Berlin 1937, herausgegeben vom »Reichsbund jüdischer Frontsoldaten«. Rachel Sass sitzt da, eine Frau von Mitte sechzig, die aufpasst, dass nichts gestohlen wird. Sie erzählt, dass sie im Dorf immer noch Hühner haben, Fischteiche, die Rinder, Grapefruit. Die Oliven haben sie aufgegeben.

Ich sage: »Ich habe hier mal ein paar Monate gearbeitet.« Sie sagt: »Ach? Kennen wir uns?« Ich frage: »Was macht der Sozialismus?«

Rachel Sass: »Der Gemeinschaftsspeisesaal ist geschlossen. Das Kinderhaus ist zu. Der Einheitslohn ist weg. Die jungen Leute gehen zu den Soldaten und kommen hinterher nicht wieder. Socialism is gone.«

Und die Käsefabrik? Die Käsefabrik ist so groß wie Burg Neuschwanstein und glänzt in der Sonne wie eine Erdölraffinerie. Mit dem Käsegeld müsste man den Sozialismus in einem Dorf spielend finanzieren können.

»Die Käsefabrik gehört nicht dem Kibbuz. Sie steht auf Land, das sie uns vor vielen Jahren billig abgeschwatzt haben. Das war ein sehr schlimmer Fehler.« Die Käsefabrik sieht man dummerweise fast von jeder Stelle des Ortes aus.

Habt ihr noch Freiwillige? Rachel Sass sagte: »Nein. Für die einfachen Handarbeiten haben wir jetzt Maschinen.«

Ich gehe zu den Häusern, wo früher die Freiwilligen wohnten. Kleine Baracken mit winzigen Fenstern. Es gab dort Skorpione, die gern in die Schuhe krochen. Die Häuschen stehen noch, dort schlafen jetzt manchmal Soldaten, wenn sie übers Wochenende ihre Eltern besuchen. Eine Motorradruine steht dort und eine Hollywoodschaukel aus Sperrholz. Der Swimmingpool ist leer.

In den 70er Jahren, nach dem Abitur, vor dem Ersatzdienst, sind ziemlich viele Leute aus unserer Schule mit »Aktion Sühnezeichen« nach Israel gefahren. »Aktion Sühnezeichen« beruhte auf der halb ehrenwerten, halb verrückten Idee, dass junge Deutsche im Ausland kostenlos manuelle Arbeiten verrichten und so für die Verbrechen ihrer Väter ein bisschen Buße tun. Wie sollte diese moralische Rechnung wohl funktionieren? Das Ganze fußt auf einem Konzept von Kollektivschuld, das mir heute schräg vorkommt. Man kann aus der Geschichte der Vorfahren Lehren ziehen, und man muss ihre Schulden bezahlen, in einem moralischen Sinn sühnen oder ungeschehen machen kann man gar nichts. Außerdem waren wir für manuelle Arbeit schlecht geeignet und haben aus Ungeschicklichkeit in aller Welt bestimmt eine Menge Schaden angerichtet.

Bei unseren Sühneerwägungen spielte allerdings auch die Tatsache eine Rolle, dass in Israel, falls unsere Informationen stimmten, fast immer die Sonne schien und es Strände gab ohne Ende.

Im Kibbuz Tel Yosef musterten sie mich kurz, prüften Talente und Neigungen, dann steckten sie mich in die Hühnerfarm. Drei Monate lang hieß es, in einer neonbeleuchteten Halle panisch um sich pickende Brathähnchen einzufangen und sie mit allmählich anschwellenden Händen in Kisten zu stopfen. Die Hühner pickten in ihrer Todesangst nämlich auf die Hände, und die Hühnerscheiße sorgte dafür, dass sich die Wunden zu apokalyptischen Entzündungen auswuchsen. Handschuhe halfen nicht viel. Zur Erholung gab es manchmal Küchendienst. Ich dachte: Diese Hühnerscheiße hier hat mir nur Adolf Hitler eingebrockt. Auf diese Weise wurde ich ein noch leidenschaftlicherer Antifaschist.

Besonders renitenten Hähnchen drehten die Arbeiter schon gleich in der Halle den Hals um. So lernte ich auf meinem Sühnetrip das Töten und abends dann das Schießen. Auf den Wachgängen nahmen die Jungs aus dem Kibbuz nämlich hin und wieder ein paar von uns Helfern mit, und man durfte mal das Gewehr halten und abdrücken. Das gab hinterher immer Ärger, aber Ärger machte den Jungs nichts aus.

Das Dritte, was man im Kibbuz lernte, war Sozialismus.

Das Wort Kibbuz bedeutet »Gemeinschaft«. Ein Kibbuz ist ein Dorf, in dem allen alles gemeinsam gehört, in dem jeder das Gleiche verdient, in dem man gemeinsam isst, wo jeder abwechselnd jeden Job macht, wo man die Kinder im Kinderhaus erzieht statt in der Familie, und so weiter. Das volle Utopieprogramm.

Zu Beginn des 20. Jahrhunderts floss der Strom der jüdischen Einwanderer in das Gelobte Land kräftiger und immer kräftiger. Viele Einwanderer brachten in ihrem geistigen Gepäck den Sozialismus mit. Im Kibbuz verschmolz die Idee des Sozialismus mit der Idee des Zionismus. Die Kibbuzbewegung war, wenn man so will, ein israelisches Gegenstück zur Sowjetunion.

Zionismus bedeutete: das britische Palästina in den jüdischen Staat Israel zu verwandeln. Sozialismus bedeutete: den neuen Menschen zu schaffen, der sich vom Egoismus und von der Ausbeutung befreit hat. Die Siedler bauten Wehrdörfer inmitten einer feindlich gesinnten Umgebung. Sie dienten gleichzeitig der Grenzsicherung und der Besiedelung entlegener Regionen und der Schaffung des neuen Menschen. Das Gemeinschaftshaus lag immer genau in der Mitte, aus geistigen und aus militärischen Gründen. Es gibt auch eine religiös orientierte Kibbuzorganisation, aber dazu gehören nur wenige Dörfer. Im Kibbuz leben sogar heute noch 120 000 Israelis, etwa 2,5 Prozent der Bevölkerung. In der israelischen Elite ist der Anteil der ehemaligen Kibbuzkinder allerdings deutlich höher.

Damals gab es zwei Sorten von Sozialismus, die in Westdeutschland bei fast allen ein gutes Image hatten. Einerseits Jugoslawien. Jugoslawien galt als irgendwie demokratisch. Erst viel später hat man herausgefunden, dass Jugoslawien so toll nun auch wieder nicht war. Der andere gute Sozialismus war der Kibbuz. Gut, weil eingebettet in eine Demokratie. Gut, weil funktionierend. Denn die Kibbuzlandwirtschaft war eine Zeitlang erfolgreich, daran ließ sich nicht rütteln.

Man aß in Tel Yosef in der großen Speisehalle und konnte sich auch außerhalb der Mahlzeiten in der Küche jederzeit bedienen. Geld war im Kibbuz verboten. Im Laden zahlten wir mit Märkchen aus Pappe, die wir als Bezahlung kriegten. Manche Sachen gab es völlig umsonst, zum Beispiel Zucker. Jeder bekam fünf Päckchen Zigaretten pro Woche zu einem subventionierten Spottpreis, billiger als in der Stadt. Wer irgendwohin wollte, ließ sich von einem der Gemeinschaftsautos mitnehmen. Nach der Arbeit, fünf oder sechs Stunden, lag man bis tief in die Nacht am Swimmingpool, spielte Songs von Cat Stevens auf der Gitarre und versuchte anzubändeln. Mit zwei verbundenen, geschwollenen Händen war sowohl das eine als auch das andere gar nicht so einfach.

Vor allem die jüngeren Kibbuzleute erzählten gern Witze und feierten oft Feste. So also sah der Sozialismus aus – Sonne, Highlife, fast wie in Kuba, nur mit neuen Autos. Trotzdem hatten wir zu den Kibbuzleuten wenig Kontakt. Wir waren für sie billige Arbeitskräfte, und sie waren für uns ebenfalls ein Mittel zum Zweck. Bei den Festen tranken die Kibbuzleute fast keinen Alkohol. Ein paar von den Freiwilligen, die aus allen möglichen Ländern kamen, ließen sich volllaufen. Vor allem die Engländer natürlich. Die Deutschen und die Engländer im Kibbuz mochten einander überhaupt nicht. Die Deutschen waren auf dem Büßertrip, die Engländer dagegen waren gut drauf und hatten es einzig und allein auf Bier und Israelinnen abgesehen.

Man konnte abends auch ins Kaffeehaus gehen. Getränke, Kuchen, Kekse, Zeitungen, das war alles gratis. Wer morgens keine Lust hatte zu arbeiten, sagte: »Ich bin krank.« Das war okay. Es wurde nie kontrolliert. Die Engländer waren praktisch immer krank.

War es schön damals? Das ist eine typische Erwachsenenfrage. Wenn man mit zwanzig von zu Hause weggeht, will man es nicht unbedingt schön haben. Es soll anders sein. Und das war es ja auch.

Eines weiß ich noch. Es gab in Tel Yosef ein Genie. Eine Art Erfinder. Er hatte ein revolutionäres Haus erfunden. Es funktionierte so: Man blies einen sehr großen Luftballon auf. Dann wurde Beton auf den Luftballon draufgeklatscht. Sobald der Beton fest war, ließ man die Luft aus dem Ballon heraus, eine Art Iglu war entstanden. Die Häuser sahen aus wie die Bunker, die der stalinistische Diktator Enver Hodscha in seinem Cäsarenwahnsinn überall in Albanien hat bauen lassen, aber sie standen da wie eine Eins und waren in der Herstellung sagenhaft billig. Der Erfinder erklärte allen, seine Idee werde früher oder später die ganze Welt erobern. Häuser, die jeder Arbeiter sich leisten kann, in China, in Afrika, überall.

Die Wende kam auch in Israel um 1990 herum, zur gleichen Zeit wie in Osteuropa. Die Kibbuzim waren überschuldet. Sie hatten, wie die DDR, über ihre Verhältnisse gelebt. In den 70er Jahren kauften sie jede Menge Autos und Fernseher auf Pump oder bauten um die Wette Swimmingpools, in den 80ern brachen sie dann unter den steigenden Zinsen allmählich zusammen. Viele mussten Land verkaufen, um die Zinsen bezahlen zu können. Dadurch wurde die Landwirtschaft noch unrentabler. Der Zusammenbruch der Sowjetunion spülte eine Welle antikommunistischer Einwanderer ins Land, die über die Kibbuz-Utopisten nur lachen konnten. Vor vielen Jahren war die Idee des Sozialismus aus Russland gekommen, und nun kamen aus der gleichen Gegend ihre größten Verächter.

Ein Kibbuz nach dem anderen führt seitdem ein gestaffeltes Lohnsystem und die Arbeitsteilung ein. Sie steigen von Landwirtschaft auf Kleinindustrie oder Tourismus um, eröffnen Shoppingcenter, beschäftigen bezahlte Manager und ausländische Gastarbeiter, streichen Sozialleistungen, schließen die Kinderhäuser. Statt der Generalversammlung aller Mitglieder gibt es ein gewähltes Dorfparlament. Etliche Kibbuzmitglieder suchen sich gutbezahlte Jobs in der Stadt. Die Jugend haut ab.

In Tel Yosef bieten sie den jungen Leuten das Bauland fast gratis an. Es nützt nicht viel. Die Jungen leben lieber teuer in Tel Aviv als billig in Tel Yosef. Sie leben lieber in einer Weltstadt mit vielen Terroranschlägen als in einem relativ sicheren Dorf mit Kühen.

Nur in ein paar Kibbuzdörfern gilt immer noch das Prinzip: Gleicher Lohn für alle. Ein Gedi am Toten Meer gehört dazu, zu den letzten. Weil sie in Ein Gedi viel Geld haben. Schon vor Jahren haben sie ganz auf Tourismus gesetzt und ein Guesthouse gebaut, das gut läuft. Der Kibbuz betreibt ein eigenes Thermalbad und surft auf der Wellness-Modewelle. Aber sogar in Ein Gedi schaffen sie jetzt den Einheitslohn ab und verwandeln den Kibbuz in eine Kapitalgesellschaft.

Auch das letzte sozialistische Modell geht unwiderruflich den Bach runter. Es verschwindet leise und unauffällig. Ob dieses Ende die Beteiligten traumatisiert, so, wie es bei vielen in Osteuropa gewesen ist? Wahrscheinlich nicht. Israel hat so viele andere Probleme – da fällt das Ende der Kibbuzbewegung kaum auf.

Eine gewisse Trauer ist natürlich da.

Auf dem Weg zur Bürgermeisterin sehe ich die Häuser des Erfinders. Sie stehen noch. Er selber muss tot sein inzwischen, er war ein älterer Herr damals. Hinter den Iglus beginnt der schönere Teil von Tel Yosef. Ein Tennisplatz, ein schöner Spielplatz mit einem Riesenrad für Kinder, das Basketballfeld mit Flutlicht, das Open-Air-Kino, einige Häuser, die nach bescheidenem Wohlstand aussehen.

Die Bürgermeisterin erinnert äußerlich an Heide Simonis. Kurzes graues Haar, modische Brille, Ohrringe. Aya Schaffrat hört klassische Musik aus dem Kofferradio, an der Wand hängen Drucke von Monet und Kandinsky, auf dem Boden stapeln sich Kartons. Es ist ein sehr kleines Büro. Bürgermeisterin ist nur ein Teilzeitjob. Am kommenden Sonntag feiert der Kibbuz 82-jähriges Bestehen. Die Bürgermeisterin ist erst vor ein paar Jahren hergezogen.

»Auch Strom war damals gratis. Die Leute haben den ganzen Tag das Licht brennen lassen. Als wir anfingen, Geld für den Strom zu nehmen, sank der Verbrauch innerhalb eines Monats um 50 Prozent.«

Aya Schaffrat sagt Guido-Westerwelle-Sätze: »Wenn man den Leuten alles Geld wegnimmt, hat keiner mehr Lust, Karriere zu machen.« Aber sie sieht nicht glücklich aus dabei. Bei ihr klingt es, als ob sie sagt: »Leider müssen wir alle irgendwann sterben.«

Sie ist eigentlich eine Linke. Sie schimpft auf die rechte Regierung. Ich frage sie: »Wann hat der Sozialismus gegen den Kapitalismus verloren, was war der entscheidende Moment?« Die Bürgermeisterin antwortet, ohne eine Sekunde zu zögern, so, als ob sie sich diese Frage täglich stellt: »Als Stalin Nachfolger von Lenin wurde.«

Später sagt sie noch: »Wir haben das Land für die Käsefabrik zu billig verkauft. Das war der größte Fehler.«

Eines Tages wird man vielleicht ein neues Tel Yosef bauen. Ein Dorf für den neuen Menschen. Irgendwo. Dann wird man es mit der Käsefabrik richtig machen. Vielleicht lag es wirklich nur an dieser einen Sache. Andererseits: Das Thermalbad hat in Ein Gedi den Einheitslohn auch nicht retten können.

Und die Häuser des Erfinders? Die stehen noch. Wie eine Eins. Es scheinen Leute darin zu wohnen.

Ich frage: »Lässt sich daraus nicht ökonomisch etwas machen?« Die Bürgermeisterin lacht. »In den Häusern ist es nicht auszuhalten. Die Hitze. Und dann, wo stellt man die Möbel hin? In einem runden Haus? Ich begreife die Leute nicht, die dort wohnen. Verrückte gibt es immer und überall.«

Wir überlegen, wie der Erfinder hieß, aber kommen beide nicht darauf. Es ist einfach zu lange her.

Verteidigung der Ausländerfeinde

Jeder Angeklagte, auch der unangenehmste, hat das Recht auf einen Verteidiger. Das verlangt unser demokratisches System. Ich bin in diesem Text der Pflichtverteidiger des Ausländerfeindes. Ich bin nicht sein Komplize. Ich behaupte nicht seine Unschuld. Ich versuche nur, ihn zu verstehen.

Meine Mandanten, die Ausländerfeinde, sind keine Monster. Sie sind wie du und ich. Ich weiß, das wollen Sie nicht hören. Sie finden meine Mandanten ekelhaft. Ja, gib den Leuten ein bisschen Bildung und Wohlstand, und du machst angenehmere Zeitgenossen aus ihnen. Leider funktioniert unser Bildungssystem zurzeit ziemlich schlecht, und unser Sozialstaat wird heruntergefahren. Es heißt, die Leute sollen sich selber helfen. Eigenverantwortung. Mut zum Risiko.

Wissen Sie, wer diese neuen Leitwerte unserer Gesellschaft perfekt verkörpert? Die Eigenverantwortung und den Mut zum Risiko? Es sind die Leute, die irgendwo in Afrika oder Asien aufbrechen in Richtung Deutschland, um hier ihr Glück zu suchen. Sie nehmen ihr Schicksal in die eigene Hand, rufen nicht nach dem Staat, ergreifen die Initiative. Sie riskieren ihr Leben in überfüllten Booten oder in Lastwagen, für eine bessere Zukunft.

Die sogenannten Migranten sind die wahren Helden der Marktwirtschaft. Jeder von ihnen ist eine Ich-AG, sozusagen ein Mensch gewordenes FDP-Programm, mutig, ideenreich, dynamisch. Sie halten sich nicht an die Gesetze, die wir, die Starken, zu unserem eigenen Schutz gemacht haben, und sie überwinden alle Widerstände, genauso wie die frühen Kapitalisten oder die Konquistadoren.

Ausländerfeindlichkeit ist relativ lange in fast allen Weltgegenden eine normale Sache gewesen. Die Menschen haben alles Fremde und Ungewohnte mit misstrauischen Augen betrachtet, erst recht, wenn es auf zwei Beinen daherkam. Misstrauen schlägt schnell in Feindschaft um. Die Menschen waren fremdenfeindlich nicht etwa, weil sie böse oder aggressiv waren. Sie waren es teils aus Erfahrung, teils, weil eine innere Stimme sie warnte. Fremde, vor allem Fremde, die in größerer Zahl auftauchten, bedeuteten meistens Gefahr. Es waren fremde Heere, fremde Siedler, Missionare eines fremden Glaubens. Fast jeder wollte den Einheimischen etwas wegnehmen – das Land, die Freiheit, den Glauben. Harmlos schien eigentlich nur der Händler zu sein, aber auch da konnte man sich irren.

Erst, als der Händler zum Herrscher der Welt wurde und das Gesetz die Schwachen vor den Starken schützte, änderten sich die Dinge. Man sah den Fremden mit neuen Augen an. Plötzlich war er Arbeitskraft oder Kunde.

Einiges spricht dafür, dass es in der Evolution eine Prämie für die Misstrauischen, Fremdenfeindlichen gab. Vertrauen, Freundlichkeit, Offenheit, dies alles ist ziemlich lange lebensgefährlich gewesen und ist es zum Teil heute noch. Andererseits gab es auch eine Prämie für Neugierde. Je intelligenter ein Lebewesen ist, desto stärker ist es am Neuen interessiert und desto leichter lernt es. Kleine Kinder laufen vor Fremden weg, verstecken sich hinter den Eltern, aber schauen sich die Fremden mit großen Augen genau an.

Dieser Zwiespalt macht offenbar unsere Gattung aus, immer schwankt sie zwischen der Angst vor dem Fremden und der Faszination durch das Fremde.

Der Philosoph Jean Baudrillard schreibt in »Die Transparenz des Bösen« über das heutige Verhältnis zum Fremden: »Wir« – damit meint er die aufgeklärten Europäer von heute – »können nichts Böses mehr sagen. Wir können nur mehr den Diskurs der Menschenrechte anstimmen – fromme Werte, die auf dem aufklärerischen Glauben an die natürliche Attraktion des Guten beruhen. Die Menschenrechte sind die einzige gegenwärtig verfügbare Ideologie.«

Unser Humanismus, auf den wir so stolz sind, wäre also nur eine Ideologie? Eine Idee, die man sich von der Welt macht, weil sie einem gerade gut in den Kram passt?

Bekanntlich stehen wir, die liberalen Europäer, an unseren Grenzen und weisen die mutigen, eigenverantwortlichen Heerscharen aus Afrika und Asien, die wahren Helden der Marktwirtschaft, streng zurück. Im Extremfall darf von der Schusswaffe Gebrauch gemacht werden. Im Grunde tun wir das Gleiche wie unsere Vorfahren, wenn sie sich mit der Keule vor ihre Höhle stellten, um das erlegte Mammut gegen den Nachbarclan zu verteidigen. Oder wie die Inkas, als sie sich gegen die spanischen Eindringlinge verteidigt haben. Wenn unser Humanismus wirklich mehr wäre als eine Ideologie, wenn wir echte nächstenliebende Christen im Geiste des heiligen Martin wären, solidarische Sozialdemokraten oder liberale Liberale, Leute also, die an ihre eigenen Prinzipien zumindest ansatzweise glauben, dann müssten wir diese Fremden natürlich zu uns hereinlassen.

Ich bin übrigens auch dagegen. Ich mag meinen Wohlstand wirklich gerne. Ich will nicht, dass es in Berlin so elend aussieht wie in Kinshasa, nicht mal halb so elend soll es aussehen. Ich bin kein Ausländerfeind, aber ich will nicht, dass jeder kommen darf, der möchte.

Wenn meine Mandanten schuldig sind, dann bin ich es auch und Sie genauso. Wir alle sind, als Wähler und Staatsbürger, für das Abriegeln unserer Grenzen mitverantwortlich, also verantwortlich für den Tod all derjenigen, die an unserer Grenze sterben. Wenn es die Grenze nicht gäbe, müssten sie sich nicht irgendwelchen Schlepperbanden ausliefern. Unsere Eigentumswohnungen wären dann allerdings bald so viel wert wie die Eigentumswohnungen in Kinshasa.

Wir sind alle Ausländerfreunde. Wir haben keine Vorurteile. Natürlich möchten die wenigsten von uns, die Liberalen, Aufgeklärten, in einem Viertel leben, in dem es zu viele Ausländer gibt – allein schon wegen der Kinder. Wo die Schulpflicht beginnt, endet die Freundschaft. Wir lassen nicht zu, dass unsere Liberalität durch unsere Lebensumstände in Gefahr gerät.

Die meisten meiner Mandanten haben diese Möglichkeit nicht. Wenn wir im Urlaub deutsche Touristen sehen, die auf die jeweiligen Landessitten pfeifen, zum Beispiel, indem sie nackt baden, dann denken wir: »Wie unzivilisiert und rücksichtslos. Wenn diese Landsleute Schwierigkeiten bekommen, sind sie wirklich selber schuld.« Zu Hause sagen die gleichen Leute vielleicht: »Warum sollen sich Ausländer an deutsche Sitten anpassen? Das ist doch faschistisch.«

Die Gebildeten und Wohlhabenden sind angenehmer im Umgang, bessere Menschen sind sie nicht. Sie sind nur geschmeidiger.

Aggressive Abwehrreaktionen gegen das Fremde sind menschlich. Ebenso ist es ganz normal, anderen Leuten die

Schuld an der eigenen miesen Lage zu geben. Jeder tut das. Filme und Bücher aber, die versuchen, sich in den Ausländerfeind hineinzuversetzen und ihn mit ein paar menschlichen Zügen zu versehen, haben in den letzten Jahren immer wieder für Skandale gesorgt. Sie heißen zum Beispiel »Oi Warning« oder »Beruf Neonazi«.

Man soll den Ausländerfeind gefälligst dämonisieren. Man soll so tun, als sei er völlig anders als wir.

Ein Tier ohne die geringste Spur von Fremdenfeindlichkeit war die Dronte, ein flugunfähiger, nicht allzu schöner, nicht übermäßig intelligenter, aber mit einem liebenswerten Gemüt versehener Riesenvogel. Sie hatte vor niemandem Angst und war zu jedem freundlich. Was hat es der Dronte gebracht? Sie ist von den Menschen ausgerottet worden. Im Pariser Museum für Naturgeschichte steht noch so eine Dronte, ausgestopft. Sie schaut uns an. Ratlos.

Positives Denken

Das Bürgerhaus von Pullach liegt zauberhaft schön über dem Isartal, und das passt schon mal gut zu dem Workshop »Positiv Fühlen« mit Steven Bolarinwa. In der Ankündigung, die im Internet steht, heißt es: »Du kannst deinen Körper mit dem Positiven Fühlen in einen physiologischen Funktionsmodus bringen, den du normalerweise nur einnimmst, wenn du glücklich verliebt bist. Du setzt dir selbst willentlich die rosarote Brille auf, wann immer du das möchtest. Du benötigst gerade mal 20 bis 30 Sekunden, um belastende Emotionen dauerhaft in Glücksgefühle umzuwandeln.« Es kostet 240 Euro.

Gegenüber findet zeitgleich ein Hypnoseseminar statt, im Foyer des Bürgerhauses zeigen sie die Ausstellung »Selbstbestimmtes Wohnen im Alter«. Am Eingang des Seminarraums steht Steven Bolarinwa und kassiert. Scheckkarten werden nicht akzeptiert.

Steven ist ein gutaussehender, schlaksiger, sehr sympathisch wirkender Mitdreißiger vom Typus »junger Obama«. Er sagt, er sei eigentlich Musiker, als Musiker muss man ja quasi auf Knopfdruck gut drauf sein. Das fiel ihm nicht immer leicht. Dann hat er ein Buch von Ella gelesen, und von da gab es, was das Gutdraufsein betrifft, keine Probleme mehr. Jetzt gibt er selber Seminare – so spielt das Leben.

Die Organisation »Ella Kensington« ist eine Aktiengesellschaft mit Sitz in der Schweiz, sie behauptet von sich, der

»größte Anbieter von Glücksseminaren im deutschsprachigen Raum« zu sein, 30 000 Teilnehmer bisher. »Ella Kensington« ist ein Pseudonym für Bodo Deletz, Autor von etlichen Glücksbüchern, die meist eine Mischung aus romanhafter Handlung und Lebenshilfe bieten. Sie tragen Titel wie »Robin und das Positive Fühlen« oder »Die 7 Botschaften unserer Seele«. Auf der Website »Ella.org« heißt es, dass Bodo Deletz sich jetzt Ella nennt, weil ihm »der Rummel um die eigene Person zu viel wurde und seine Bücher allesamt Bestseller« geworden sind. Welchen Sinn ein Pseudonym hat, das jeder kennt, weiß ich leider auch nicht.

Als Laie denkt man: »Zu so einem Glücksseminar kommen vor allem Frauen.« Aber das stimmt nicht, ein Drittel von uns sind Männer. Wir sind etwa vierzig Leute, meist von Ende dreißig bis Anfang fünfzig. Man sieht uns, glaube ich, an, dass wir alle nicht am Hungertuch nagen. Die Frauen nehmen die vorderen Sitzreihen ein, die Männer sitzen fast alle hinten. Dazu spielt Musik, »Queen«, Michael Jackson und Ähnliches. Wir müssen uns nicht vorstellen. Steven fragt: »Wer hat schon mal ein Buch von Ella gelesen?« Alle heben die Hand, bis auf mich. Anschließend müssen wir unseren beiden Sitznachbarn die Hand geben. Wir müssen uns gegenseitig versprechen, dass wir uns keinen Stress machen. Man schaut sich in die Augen, gibt sich die Hand und sagt: »Kein Stress!«

Nun erklärt Steven, dass wir von allem, was um uns herum passiert, sowieso nur zehn Prozent mitkriegen. Das Geheimnis des Glücks besteht darin, dass es die richtigen zehn Prozent sind, die glücklich machenden zehn Prozent.

Wir sollen uns überlegen, was wir gerne und gut tun, das ist die erste Übung. Steven fragt: »Wer von euch ist zum Beispiel gut im Bett?« Da meldet sich nur einer der Männer aus der letzten Reihe. Jetzt sollen wir »hochziehen« und »runterziehen«. Hochziehen heißt, dass man positive Gefühle, die warm sind und hell, in das Gesicht hineinspürt – so drückt Steven es aus –, dann spürt man sie in die Herzgegend und in die Magengegend hinein. Es handelt sich um unser Chi, die Lebensenergie, sie steigt und sinkt. Steven sagt: »Wir machen unser Chi leicht, es steigt auf und wird hell.«

Man soll es aber nicht übertreiben. Steven sagt, dass in einem früheren Seminar eine Teilnehmerin vom Hochziehen einen Orgasmus bekommen habe, der sehr lautstark und langandauernd gewesen sei. Ganz so hoch soll man sein Chi, jedenfalls hier im Pullacher Bürgerhaus, besser nicht ziehen. Die Teilnehmerinnen kichern. Als Nächstes bilden wir Arbeitsgruppen, die gemeinsam die Fragen diskutieren: Was zieht uns rauf? Was zieht uns runter?

Unsere Gruppe besteht aus drei Männern, wir sind alle über vierzig. Zum Thema »Raufziehen« fällt uns allen »Sport« ein, und zwar Radfahren, Laufen und Skifahren. Klaus sagt, wenn er Stress hat, geht er oft in den Keller und putzt sein Radl, er redet Bayrisch. Radlputzen ist gut für sein Chi. Ich räume gern auf, bei Stress, ich kann Klaus verstehen. Klaus ist Ingenieur, er arbeitet in München und wohnt 120 Kilometer von München entfernt, jeden Tag ist er von 6 Uhr bis 21 Uhr unterwegs, mindestens. Demnächst studieren seine beiden Kinder, und weil das sehr teuer ist, können er und seine Frau sich voraussichtlich keinen Urlaub mehr leisten. Ein Hundeleben, nur Arbeit, sonst nix. Und jeden Sonntag – jeden! – streitet er sich mit seiner Frau. Danach putzt er das Radl. Ein Freund von ihm war ebenfalls dauerdeprimiert, und zwar weil seine Frau ihn verlassen hat. Dann hat er mit der Ella-Methode gegengesteuert, es hat geholfen. Deshalb ist Klaus hier.

Der Dritte in unserer Arbeitsgruppe heißt Guido, ein Autoverkäufer aus Stuttgart. Er sagt, dass er beim Autoverkaufen eine positive Ausstrahlung haben muss. Das falle ihm immer schwerer. Der Automarkt wird ständig schwieriger. Die Leute haben kein Geld. Du musst die Leute mitreißen können. Ich habe Guido im Verdacht, dass er auch deshalb hier ist, um Frauen kennenzulernen. Er kuckt irgendwie so. Die Frauen musst du ja auch mitreißen können.

Wenn das Chi aufsteigen soll, kann man das Chi mit körperlichen Mitteln stimulieren. Das Innere folgt sozusagen den körperlichen Signalen, erklärt Steven. Man lässt den Kopf hängen, dann hebt man langsam den Kopf, lächelt, hebt die Arme und denkt an das Wort »Omelette«.

Positive Gefühle lassen sich auch mit Musik auf die Sprünge helfen. Steven hat zwei kurze Ausschnitte aus »High Energy« auf Lager, einem Nummer-eins-Hit von 1984, von Evelyn Thomas. Text: »High Energy, your love is lifting me.« Außerdem schwört er auf eine Passage aus einem Song der »Prinzen«, einer deutschen Popband. Die »Prinzen« singen: »Hier sind wir, und wir glauben an die Sache, ab dafür, und raus aus der Kacke.« Oder so ähnlich. Während des Workshops spielt er das mindestens dreißigmal ab. Wir stehen dann alle auf, an der lautesten Stelle recken wir die geballte Faust nach oben und schreien, so laut wir können: »Ja!« Und wenn das immer noch nicht hilft, dann denkt man eben: »Omelette.«

Steven sagt: »Ich spüre, wie ihr rauffahrt. Wahnsinn. Ihr werdet zu Glücksviren. Ihr steckt andere an. Wollt ihr ein Glücksvirus sein?«

In der Pause stellt sich heraus, dass einige Paare gemeinsam an dem Workshop teilnehmen, sie knutschen. Wieso brauchen die so einen Workshop? Das sind doch schon Glücksviren. Einer der Männer ist zum zweiten Mal dabei, er überlegt, ob er selber Trainer werden soll. Trainer werden angeblich immer gesucht. Eine Frau erzählt, dass sie frisch getrennt ist und den Schmerz überwinden will. Guido, der Autohändler, hat ausgerechnet, dass der Workshop brutto fast 10 000 Euro einbringt, also 240 mal 40, das beschäftigt ihn stark. Das seien viel bessere Gewinnmargen als im Autohandel.

Jetzt kommt das entscheidende und wichtigste Instrument an die Reihe. Steven nennt es, augenzwinkernd, das »Wedeln«. Korrekt heißt es »Bilaterale Hemisphärenstimulation« oder BHS. Man muss eine Faust machen und den Daumen nach oben recken. Dann hebt man den Daumen auf Augenhöhe und wedelt mit dem Daumen von links nach rechts und zurück, immer hin und her. Dabei folgt man dem Daumen mit den Augen. Immer hin und her. Wie bei einem Tennismatch, ungefähr.

Wichtig sind zwei Dinge. Der Kopf muss bewegungslos bleiben, also man folgt dem Daumen wirklich nur mit den Augen. Und man muss den Daumen möglichst gerade hin- und herwedeln, nicht etwa in einem Bogen, wie ein Scheibenwischer. Das Tempo des Wedelns ist nicht vorgeschrieben.

Auf diese Weise, sagt Steven, lassen sich zwei Drittel aller negativen Gefühle oder Problemdateien im Gehirn sozusagen wegprogrammieren oder ausradieren. Nein, noch besser: wegwedeln. Das sei eine coole Sache. Es funktioniere so ähnlich wie die REM-Phase beim Schlaf, das ist die Phase, in der man die Augen heftig hin- und herbewegt und besonders viel träumt. Fast alle höheren Tiere haben eine REM-Phase, zu den wenigen Ausnahmen gehört interessanterweise der Ameisenigel.

Erfunden habe die Methode eine Ärztin, die gerade erfahren hatte, dass sie an Krebs leidet, da war sie natürlich voller negativer Gefühle. Sie lief auf einer Allee, die Sonne schien, und das Sonnenlicht wechselte sich in ihren Augen, wegen der Bäume, immerzu mit Schatten ab. Sie wedelte! Plötzlich sah sie alles viel positiver.

Viele Männer schreiben mit, die Frauen eher nicht. Bei mir löst die BHS eigentlich nur Kopfschmerzen aus. Bin ich eine Art Ameisenigel? Immerhin, das Gehirn reagiert.

Ella Kensington, oder Bodo, beteuert, dass die Methode wissenschaftlich sei, das werde von »mehr als 20 Studien belegt«. Die Grundidee – das habe ich in einem Internetforum gefunden – lautet, in einem Satz: »Du bist Schöpfer deiner eigenen Realität.« Ich finde, das kann man so sehen. Jeder lebt doch sozusagen in seiner eigenen Welt, oder? Man kann es aber auch anders sehen. Manche werfen der Organisation im Internet vor, sie sei eine Art Sekte, dagegen gibt es dann immer heftigen Widerspruch.

Bei negativen Gefühlen, sagt Steven, kommt es auf die Beurteilung an, man muss die Beurteilung ändern. Wenn der Chef mich wütend anbrüllt, habe ich vielleicht Angst vor Kündigung – das ist die falsche Beurteilung. Die richtige Beurteilung geht zum Beispiel so: Ein brüllender Chef, furchtbar, diesen Job will ich im Grunde kündigen. Wenn aber er mir kündigt, umso besser. Da kriege ich wenigstens sofort Arbeitslosengeld. Ein anderer Schlüsselbegriff heißt »falsche Notwendigkeit«. Man glaubt, alles Mögliche zu brauchen, Partner, Geld, Auto, aber wenn man mal ruhig darüber nachdenkt, stellt man fest, dass es zur Not auch ohne geht. Es ist nicht angenehm, klar, aber man überlebt es. Was braucht man, um glücklich leben zu können? Steven sagt: »Genug zu essen, genug Schlaf, soziale Kontakte. Mehr nicht. Alles andere ist ein nice to have.«

Es sei schlecht, wenn man sich alle Wünsche erfüllen könne. Denn wer alles habe, dann aber feststelle, immer noch nicht glücklich zu sein, der verliere das Wichtigste überhaupt, nämlich die Hoffnung.

Das klingt für mich, zum Teil wenigstens, plausibel. Der meiner Ansicht nach überzeugendste Teil von Stevens Philosophie betrifft die menschliche Gattungsgeschichte. Unsere Vorfahren lebten in ihren Höhlen unter dauernder Lebensgefahr. Jeder Fehler konnte den Ahnen jahrtausendelang das Leben kosten, deswegen reagiert unser Körper heutzutage unangemessen auf Frustration oder Bedrohung. Man reagiert selbst bei kleinen Anlässen so panisch, als ob ein Säbelzahntiger hinter einem stünde, der einen fressen will. In Wirklichkeit ist heute, in einem modernen Sozialstaat, kaum etwas lebensbedrohlich, höchstens unangenehm, und auch da kommt es auf die Beurteilung an. Steven drückt auf den Knopf seiner Musikanlage. Die »Prinzen« singen: »Ab dafür, und raus aus der Kacke.« Klaus, Guido und ich rufen »Ja!« und recken die Fäuste. Und dann denke ich: »Omelette.«

Die Vorteile der Methode sind offensichtlich, und dass die Methode auch bei Männern gut ankommt, liegt nahe. Man muss, im Falle von Unglück, nicht in die Tiefen der Seele hinabsteigen, eine Vorstellung, die Männern meist unangenehmer ist als Frauen. Es funktioniert wie ein Kochrezept. Man nehme dies, man nehme jenes. Man muss nichts ändern. Höchstens den Blickwinkel. Und immer fleißig wedeln, dann blinkt wieder alles. Es ist, als ob man sein Radl putzt.

Nach jeder Übung fragt Steven, bei wem sich die Stimmung verbessert hat und bei wem eher nicht. Wenn jemand immer noch schlecht drauf ist, sagt er, dass diese Person offenbar ein Problem aus dem letzten, schwierigsten Drittel der menschlichen Probleme hat. Dagegen helfen andere, kompliziertere Übungen, die später drankommen. Aber es melden sich immer nur ein oder zwei hartnäckige Fälle.

Negative Gefühle, sagt Steven, hängen meistens mit einem Gefühl der Machtlosigkeit zusammen. Probleme ziehen einen nur dann völlig runter, wenn man glaubt, dass man sie nicht angehen und nichts daran ändern kann. Nur das seien die wirklich harten Probleme. Aber man irre sich oft bei der Beurteilung von Problemen, und zwar deshalb, weil man falsche Prioritäten hat. »Manager arbeiten sich halb tot, aber wenn man sie fragt, was ihnen das Wichtigste ist, antworten viele, das sei die Familie, die Kinder. Und sie lügen nicht. Ihr Gehirn suggeriert ihnen aber im Alltag völlig falsche Prioritäten und Notwendigkeiten. Warum? Weil sie ständig denken, der Säbelzahntiger sei hinter ihnen her und es ginge ums Überleben.«

Im Kern, denke ich, laufen Stevens, Ellas und Bodos Weisheiten nicht selten auf eines der Lieblingssprichwörter meiner Großmutter hinaus: Nichts wird so heiß gegessen, wie es gekocht wird. Oder auch: Alles halb so wild. Andere sagen: Eile mit Weile. Sorge dich nicht, lebe – nein, das ist nicht von meiner Oma. Das ist auch schon wieder ein Bestsellertitel.

Regelmäßig müssen wir uns in Gruppen zusammensetzen und gemeinsam unsere glücksverhindernden Probleme herausfinden, um sie anschließend gemeinsam wegzuwedeln. In unserer Männergruppe sind es, vermute ich, typische Männerprobleme: Wir müssen zu viel arbeiten, vor allem am Wochenende. Wir können bei unserem Chef nicht »nein« sagen. Die verdammte Steuererklärung. Beim Herunterladen von Software sind wir in die Falle einer Betrügerfirma geraten.

Guido, der Autoverkäufer, geht irgendwann, er sagt, das bringt ihm nichts. Insgesamt gehen drei oder vier Teilnehmer. Klaus und ich schließen uns einer Frauengruppe an, da gibt es auf einmal völlig andere Probleme, meistens mit dem Partner. Der Partner hat die Frauen entweder verlassen, oder der Partner hat negative Eigenschaften, mit denen sie nicht klarkommen. Vielleicht arbeitet er ja zu viel, auch am Wochenende. In einer Pause sagen die Frauen, draußen, rauchend, dass sie nicht daran glauben, mit Hilfe des Wedelns zum Orgasmus gelangen zu können. Beim besten Willen nicht. Andererseits, das, was man in 30 Jahren emotional und physisch gelernt habe, könne man so schnell nicht ablegen. Man muss halt weiterwedeln, dann kommt es irgendwann.

Klaus sagt in einer der Pausen, dass es in seiner Firma vor allem deshalb ständig mehr Stress gibt, weil sie immer weniger Leute sind, bei gleichem Arbeitsaufwand. Früher wäre man in dieser Situation vielleicht zur Gewerkschaft gegangen. Heute besucht man einen »Positiv Fühlen«-Workshop.

Steven entwickelt unterdessen die Methode weiter. Das Geld liegt auf der Straße, ruft er, du musst nur danach greifen. Dank der Methode verdoppelt sich die Leistungsfähigkeit. Es werden immer mehr Schritte, erst fünf, später sogar sieben. Sich runterziehen lassen ins negative Denken, er nennt das »ins Gefühl gehen«, wedeln, sich fragen, ob das Problem, das einen runterzieht, lebensgefährlich oder existenzbedrohend ist, verneinen, das Chi langsam wieder hochkommen lassen, damit es leicht und frei in die Helligkeit aufsteigen kann, das Problem neu bewerten, positiver, dann wieder wedeln … es ist nicht einfach, sich die Reihenfolge zu merken, zumal man immer noch von Zeit zu Zeit hochspringen und zur Musik der »Prinzen« die Faust recken muss.

Ich werde, glaube ich, nie wieder die »Prinzen« hören können. Das ist eindeutig ein Ergebnis des Seminars. Gegen Krankheiten hilft es übrigens nicht. Das sagt Steven ausdrücklich. Krankheiten scheinen, auch in Stevens Welt, ein echtes, unwegwedelbares Problempotential zu enthalten. Was ist eigentlich aus der Ärztin geworden, die damals die Krebsdiagnose bekommen hat? Die hat er gar nicht mehr erwähnt.

Meinungsfreiheit

Vor einigen Jahren habe ich versagt. Eine Mail war gekommen, von der Wochenzeitung »Junge Freiheit«. Der »Jungen Freiheit« war es verboten worden, bei der Leipziger Buchmesse ihren Stand aufzubauen. Sie hatten dort seit Jahren einen Stand. Jetzt hieß es: Proteste linker Gruppen seien zu erwarten. Das Verbot erfolge aus Gründen der Sicherheit.

Die »Junge Freiheit« wollte, dass ich eine Solidaritätserklärung unterzeichne. Die Zeitung ist rechtskonservativ. Um eine Nazizeitung handelt es sich nicht, dazu gibt es immerhin ein Gerichtsurteil. Ob bei uns jemand öffentlich auftreten darf oder nicht, sollten meiner Ansicht nach Richter entscheiden, nicht die Direktion einer Buchmesse.

Im Grunde war es ein ähnlicher, wenn auch weniger dramatischer Fall wie damals bei dem Schriftsteller Salman Rushdie. Rushdie und alle, die sich mit ihm einließen, wurden von Islamisten bedroht. Einige Verlage hatten Angst davor, weiterhin seine Bücher herauszubringen.

Jemand wird bedroht, und als Reaktion darauf wird sein Recht auf Öffentlichkeit eingeschränkt.

Natürlich geht es bei der Meinungsfreiheit nicht darum, ob ich oder Sie, der Sie dies lesen, eine bestimmte Meinung teilen oder sympathisch oder auch nur nachvollziehbar finden. Thomas Paine, ein Gründervater der USA, hat den Satz geschrieben: »Wer seine eigene Freiheit sichern will, muss selbst seinen Feind vor Unterdrückung schützen.« Diesen Satz findet fast jeder gut. Wenn es aber mit der Unterdrückung des Feindes konkret wird, beginnen meistens die Schwierigkeiten.

Ich habe die Resolution nicht unterzeichnet. Viele Bekannte rieten ab. Ich würde in ein schiefes Licht geraten. Unterschrieben hatten am Ende fast nur Konservative, Leute wie Joachim Fest oder Wolf Jobst Siedler. Die Liberalen hatten versagt, bei einem Thema, das ihnen am Herzen liegen müsste, der Meinungsfreiheit. Das politische Lagerdenken war ihnen wichtiger als die Freiheit. Auch ich hatte versagt. In Deutschland fragt man sich in so einer Situation natürlich, wie mutig man wohl 1933 gewesen wäre, wenn man schon unter den komfortablen Bedingungen der Demokratie feige ist. Das Verbot des Standes wurde von der Messe übrigens zurückgezogen, als Reaktion auf die Proteste.

Gibt es Grenzen der Meinungsfreiheit? Selbstverständlich. Kein Recht gilt absolut, nicht einmal das Recht auf Leben (der Staat darf Soldaten in den Krieg schicken). Jedes Recht stößt mit seinen Grenzen an andere Rechte, ständig muss abgewogen werden, in den großen wie in den banalen Fragen – Fußgänger gegen Autofahrer, Elternrechte gegen Kinderrechte, das Individuum gegen den Staat, Freiheit der Religion gegen Freiheit der Meinung.

Wo liegt die Grenze? Eine einfache, klare Antwort, auf die man sich leicht einigen kann, lautet so: Die Grenze liegt dort, wo zur Gewalt aufgerufen oder Gewalt gepriesen wird. Die Meinung bedient sich des Wortes, Sprache ist ihr Werkzeug. Wer zur Gewalt aufruft, wirft dieses Werkzeug weg und greift nach etwas anderem.

Leider ist es mit dieser einfachen Antwort nicht getan.

Auch Sprache kann Wunden schlagen, Beleidigungen sind deshalb, ab einem gewissen Grad, verboten. Seit die Welt eng zusammengerückt ist, stoßen auch verschiedene Beleidigungs- und Bildkulturen aneinander. Wessen Recht gilt? Wessen Gefühle müssen respektiert werden?

In seiner eigenen Wohnung darf jeder seinen Lebensstil selber bestimmen, und wer zu Besuch kommt, hat sich an die Regeln zu halten, die in der jeweiligen Wohnung gelten. Wer rauchen möchte, muss in einer Nichtraucherwohnung auf den Balkon gehen, oder er sollte von einem Besuch absehen. Nur so kann auch in den großen Fragen des Zusammenlebens eine praktikable Lösung aussehen. Wer in den islamischen Ländern über Religion spottet, verhält sich, auch nach unserem eigenen Kulturverständnis, unhöflich und muss damit rechnen, dass er Probleme bekommt. Bei uns zu Hause, oder in Dänemark, halten wir es aber anders. Und niemand kann unsereinem die Hoffnung verbieten, dass sich auch in der islamischen Welt allmählich ein anderes Verständnis von Meinungsfreiheit durchsetzt. Weil ein freies Leben in vieler Hinsicht angenehmer ist als ein unfreies, darf der Westen zuversichtlich sein – auf lange Sicht besitzt sein Konzept der Freiheit die größere Sogkraft und bringt das stärkere Wirtschaftssystem zustande.

Auch in Deutschland und Österreich haben wir eine eigene Kultur der Meinungsfreiheit, die sich von anderen Ländern des Westens unterscheidet. Der britische Historiker David Irving ist in Österreich wegen Leugnung des Holocaust zu drei Jahren Gefängnis verurteilt worden, in England oder den USA wäre ihm das nicht passiert. Es macht aber tatsächlich einen Unterschied, ob der Holocaust in Deutschland geleugnet wird oder in England. Historische Verantwortung bedeutet unter anderem: Bei uns müssen es sich die Überlebenden der Todeslager nicht bieten lassen, als Lügner an den Pranger gestellt zu werden. In ein paar Jahren, wenn es keine Überlebenden mehr gibt, denkt man vielleicht anders. Denn im Prinzip müssen pseudowissenschaftliche Verrücktheiten selbstverständlich erlaubt sein. Manche Historiker bestreiten sogar die Existenz eines ganzen Jahrhunderts der Weltgeschichte.

Ein Schauspieler wie Heiner Lauterbach protzt in seinen Memoiren mit seinem Drogenkonsum. Mit seinem Rassismus aber kann hierzulande niemand so offen angeben. Antisemitismus und Rassismus bilden in der deutschen Meinungskultur eine Sonderzone. Beides ist, zumindest in den tonangebenden Kreisen, gesellschaftlich geächtet wie anderswo Abbildungen des Propheten Mohammed.

In diesen Meinungstabus bildet sich das schlechte Gewissen unserer Gesellschaft ab. Konservative klagen gerne darüber, dass man bei uns jederzeit über das Christentum spotten darf, Schwulenwitze dagegen seien verpönt. Ist das wirklich so schwer zu verstehen? Vor ein paar Jahrzehnten wurden in Deutschland Homosexuelle umgebracht, die Kirchen dagegen hatten bis vor ein paar Jahrzehnten die Macht, Filme aus Kinos zu verbannen und die Sexualgesetzgebung zu dominieren.

Die Verfolgten von gestern beanspruchen, für eine gewisse Zeit, eine Schutzzone. Die Mächtigen von gestern, die heute immer noch eine gewisse Macht besitzen, müssen sich Spott gefallen lassen.

Der Islam muss bei uns, wie das Christentum, ohne den Bonus des schlechten Gewissens auskommen. Es stimmt: Einige der dänischen Karikaturen, über die man sich in der islamischen Welt aufregte, wären in keinem seriösen Medium gedruckt worden, wenn sie Schwarze oder Juden gezeigt hätten. Die gleichen oder noch bösartigere Zeichnungen wären allerdings ohne weiteres druckbar, wenn sie zum Beispiel einen Erzbischof zeigen. In den westlichen Islamkarikaturen ist auch ein Rest von Unschuld erkennbar, das Bewusstsein, sich gegenseitig in den letzten Jahrzehnten keine monströsen Verbrechen angetan zu haben, keine millionenfachen Verbrechen vom Kaliber der Sklaverei oder des organisierten Völkermords der Nazis.

Bekenntnisse zur Meinungsfreiheit sind aber nur dann etwas wert, wenn sie auch für diejenigen gelten, für die wir keine Sympathie aufbringen, für Fundamentalisten, für Rechte, für Sektierer, solange sie nicht mit Gewalt drohen. Nicht alles muss überall gedruckt werden, aber fast alles muss druckbar sein. Erst wenn die Linken einmal geschlossen für die Rechten aufstehen oder umgekehrt, sind Thomas Paine und Voltaire wirklich verstanden worden.

Mein Land

Wenn deutsche Rechtsradikale über Deutschland sprechen, dann ist, wie bei allen Nationalisten, das Ausland an allem Unglück schuld. Das Ausland möchte uns zum Beispiel in einer ewigen Schuldknechtschaft halten. Das Gegenteil ist richtig. Niemand oder fast niemand kommt auf die Idee, den heutigen Deutschen ihr Blut vorzuwerfen, ihre Rasse, ihre Vorfahren, außer vielleicht englische Boulevardzeitungen. Es kommt nicht von außen, es steckt in uns drin. Die unermüdlich anklagende Stimme des Auslandes, von der die Rechte spricht, ist in Wirklichkeit die Stimme ihres eigenen Unterbewusstseins.

Kein Mensch meiner Generation, der über einen Funken Verstand verfügt, freut sich darüber, ausgerechnet als Deutscher geboren zu sein. Das unterscheidet dieses Land von den meisten anderen. Mit dem Deutschsein muss man sich erst einmal arrangieren, man macht sich automatisch irgendwann Gedanken darüber. Deutsch zu sein ist so ähnlich, als ob man zwei verschiedenfarbige Augen hat oder als Baby adoptiert wurde. Es ist okay. Aber niemand würde seinen Schöpfer vorher ausdrücklich darum bitten.

Viele tragen ein System der Selbstüberprüfung in sich, ein Grundmisstrauen, das sich in der Frage äußert, ob man einen bestimmten Satz als Deutscher sagen, einen bestimmten Gedanken als Deutscher denken dürfe, so, als ob es da einen Unterschied gäbe zwischen uns und den anderen, als ob es Sätze gäbe, deren Grad an Dummheit oder Menschenfeindlichkeit oder Intelligenz in irgendeiner Weise von der Nationalität des Sprechers abhängig wäre.

Wir sind ein Volk, das manchmal sich selber gegenüber rassistisch ist. Die Zuschreibung unveränderlicher negativer Eigenschaften, die nicht zum Individuum gehören, sondern zu seiner Abstammung, das ist doch wohl Rassismus. Der antideutsche Rassismus, und natürlich nur der, ist bei uns in fast allen Milieus hoffähig. Wer über eine bestimmte, als negativ empfundene Eigenschaft sagt, sie sei »typisch deutsch«, kann auf einer deutschen Party nichts falsch machen. Muss man wirklich, um ein guter Deutscher zu sein, alles Deutsche verachten?

Ich beklage mich nicht. Ich mag dieses Land, in dem Zustand, in dem es sich befindet. Die Schizophrenie, der Selbsthass, der Selbstzweifel, das, worüber ich gerade geklagt habe, gehören dazu. Unsere Verwirrung macht uns besonders. Jeder möchte gern etwas Besonderes sein.

Ich finde, Deutschland erinnert an den amerikanischen Komiker Woody Allen. In Deutschland ist Woody Allen ja auch besonders beliebt und erfolgreicher als in seiner Heimat, jedenfalls bei dem gebildeten Publikum ab etwa fünfunddreißig Jahren. Es hat damit zu tun, dass sich auffällig viele mit ihrer deutschen Identität in Woody Allen wiedererkennen. Die Kunstfigur Woody – die natürlich etwas anderes ist als der reale Mensch, der sie spielt – redet viel und entscheidet sich ungern. Sie möchte immer alles ausdiskutieren. Sie ist hin- und hergerissen zwischen Größenwahn und Selbstzweifel. Sie ist verwirrt. Sie nimmt ihre Talente als Selbstverständlichkeit hin, aber verzweifelt über ihre Defizite. Weil diese Figur nur zu gern in eine andere Haut schlüpfen möchte, sieht sie ungern in den Spiegel. Sie möchte auf jeden Fall anders sein, als sie ist, am besten das Gegenteil. Wenn sie sich entscheidet, zum Beispiel zwischen zwei Frauen, dann entscheidet sie sich viel zu spät, dann, wenn alle Züge abgefahren sind.

Etwas zu verkünden, es gleich danach ängstlich wieder zurückzunehmen, aufgeregt durcheinanderzureden, von einem Therapeuten zum anderen zu rennen, das ist typisch für die Personen in einem Woody-Allen-Film. Und natürlich das Selbstmitleid.

Der melancholische, romantische, grüblerische Wesenszug, der sich in der deutschen Literatur des 19. Jahrhunderts so exzessiv äußert, hat sich in das moderne, zeitgenössische Selbstmitleid verwandelt, in ein unaufhörlich leise zirpendes Lamento. Als ich einer Diskussion über die Tagebücher von Joseph Goebbels zuhörte, sagte einer der Teilnehmer, dass ihn bei der Lektüre die »Mischung aus Brutalität und Wehleidigkeit« am meisten beeindruckt habe. Das ist die beste Definition der deutschen Nachtseite, die ich kenne. Goebbels ist zartfühlend, wenn es um ihn geht, und wird außerordentlich hart, wenn er von anderen spricht. Sein Mitleid spart er sich ganz für die eigene Person auf. Er ist anderen allerdings dankbar für Zuwendung und Lob, Schmeicheleien durchschaut er nicht. Er hat extreme Stimmungsschwankungen. Aber er leidet immer.

Etwas Ähnliches könnte man über Wilhelm II. sagen. Der Beginn des Ersten Weltkriegs ist ein Beispiel für die Mischung aus Brutalität und Wehleidigkeit, die ihn und seine Leute umtreibt. Der Kronprinz von Österreich-Ungarn wird von Serben ermordet, zwischen Österreich und Serbien liegt Krieg in der Luft. Serbien ist mit Russland verbündet, das heißt, ein regionaler Krieg würde sich mit hoher Wahrscheinlichkeit zu einem großen Konflikt ausweiten. In dieser Lage fragen die Österreicher bei ihren Verbündeten, den Deutschen, ob diese im Zweifelsfall sicher und treu an ihrer Seite stünden.

Ein geschickter Politiker hätte die kriegsgeilen Österreicher gebremst und hingehalten. Wilhelm II. aber leistet ihnen, mündlich, beim Kaffeetrinken, in nicht sehr konzentriertem Zustand, ohne Rücksprache mit seiner Regierung, einen überflüssigen Treueschwur: »Die volle Unterstützung Deutschlands ... in gewohnter Bundestreue.«

Anschließend fährt er nach Norwegen und ist auf seiner Vergnügungsreise nur schwer erreichbar, während der Kontinent sich in den Weltkrieg manövriert.

Bis dahin ist Wilhelms Verhalten dilettantisch, gefährlich, dumm, aber nicht bösartig. Er hält einem Verbündeten blind die Treue. Einige Tage später, inzwischen herrscht auch schon zwischen Frankreich und Deutschland der Kriegszustand, marschieren die deutschen Armeen in das neutrale Belgien ein, weil sie auf diese Weise der französischen Armee in den Rücken fallen können. Der Kaiser stellt dem König von Belgien vor dem Einmarsch pro forma ein Ultimatum. Er fordert, verbrämt mit vielen Worten, die Kapitulation. Der König von Belgien antwortet ihm fassungslos: »Die freundschaftlichen Gefühle, die ich Eurer Majestät gegenüber zum Ausdruck gebracht habe und deren Sie mich häufig versichert haben, ließen mich nicht einen Augenblick vermuten, dass Eure Majestät uns zu der grausamen Entscheidung zwingen würden, im Angesicht Europas zwischen Krieg und Ehrlosigkeit, zwischen Vertragstreue und Missachtung unserer internationalen Pflichten zu wählen. Albert.«

Der Überfall auf Belgien am 3. August 1914 ist der eigentliche Sündenfall des Deutschen Reiches bei der Entfesselung des Ersten Weltkrieges. Er kann mit nichts gerechtfertigt werden, außer damit, dass er militärische Vorteile bringt. Die deutschen Soldaten gehen mit äußerster Brutalität vor, sie stehen unter Zeitdruck. Kaiserliche Truppen massakrieren in Belgien tausende Zivilisten und scheren sich kein bisschen um Ehre und die Regeln der Ritterlichkeit. Wegen des Überfalls auf Belgien erklärt nun auch Großbritannien dem Deutschen Reich den Krieg, der Weltkrieg ist somit komplett.

Verblüffung und Empörung über die britische Kriegserklärung sind in Deutschland fast grenzenlos. Verrat! Perfides Albion! Gott strafe England! Deutschland steht Österreich bei durch dick und dünn, Ehrensache, ist aber total perplex, wenn die Briten bei den Belgiern das Gleiche tun. Es wird gejammert und geklagt im Reich. Den Briten wird wutheulend Rache geschworen. Man ist sehr sensibel und gleichzeitig sehr brutal.

Die Brutalität ist zu einem Teil weggeschmolzen, die Wehleidigkeit ist geblieben. Wenn Deutschland sich aufspielt, wie es in den letzten Jahren ein paarmal vorgekommen ist, wenn es Machtpolitik probiert wie unter Bundeskanzler Schröder und unter Angela Merkel, dann hat das meistens etwas Unprofessionelles, Zögerndes, fast Lächerliches, sozusagen ein Wilhelminismus ohne Wumm dahinter. Wir machen in der Weltpolitik ein bisschen mit, weil das von einem Land dieser Größenordnung und Wirtschaftskraft einfach erwartet wird, sozusagen aus Pflichtbewusstsein. Wenn wir es nicht tun würden, wenn wir einfach mit den Händen in der Hosentasche am Rand stehen bleiben würden wie die Schweiz, dann wäre das auch wieder nicht richtig, und es hieße: Die gehen einen Sonderweg, was ist los mit denen?

Mein Land sieht immer noch stark aus, aber zu echten Kraftakten ist es nicht in der Lage. Wenn Deutschland ein Tier wäre, dann wäre es eine Hummel. Die Hummel sticht nur, wenn sie in Lebensgefahr ist. Mit dem Versprechen, nicht in den Krieg zu ziehen, unter gar keinen Umständen, geschehe, was da wolle, kann man in Deutschland eine Wahl gewinnen. Ist so ein Land nicht ziemlich sympathisch?

Die meisten Deutschen von heute sind Pragmatiker und Durchwurstler. Deswegen sieht unser Sozialsystem inzwischen aus wie ein zehnmal geflickter Fahrradschlauch. Die meisten haben ein tiefverwurzeltes Misstrauen gegen radikale Lösungen, sogar dann, wenn sie vernünftig klingen. Nein danke, wir reparieren lieber, als etwas Neues anzuschaffen. Mit dem Reich des Bösen ist es sinngemäß genauso, egal, was Sie im Einzelnen unter dieser Formulierung verstehen. Es ist vernünftiger, sich mit seiner Existenz abzufinden. Vielleicht kann man ja irgendeinen Deal mit denen machen?

Die historische Erfahrung, dass man mit Fanatikern schlecht verhandeln kann, weil sie sich an keine Abmachungen halten – das ist nicht unsere Erfahrung, sondern die Erfahrung der ehemaligen Feinde Deutschlands. Unsere historische Erfahrung ist die eines Volkes, das verschiedene Spielarten des Fanatismus ausprobiert hat, und unsere Erfahrung lehrt uns, dass man besser nicht nach dem Absoluten und der perfekten Lösung strebt. Das Wort »Endlösung« hören wir nicht gerne. Bleibt uns bloß mit Endlösungen vom Leib, egal, worum es geht! Wenn es irgendwo ein Problem gibt, lasst uns reden. Eine Zwischenlösung findet sich immer. Dann sehen wir weiter.

Seit einigen Jahren gibt es auch bei uns öfter einmal Korruption und Pflichtvergessenheit. Ein Staatssekretär setzt sich mit einem Haufen Geld nach Manila ab. Der Chef der Bundesbank riskiert seinen Job mit einem halbseidenen Trip zum Yachthafen von Monte Carlo. Ein Verteidigungsminister wird liebestoll. Über die Brandenburger Regierung – Brandenburg, das einstige Preußen! – heißt es in der Zeitung: »Im Kabinett häufen sich die Kriminalfälle.« Der ehemalige Bundesinnenminister fährt mit einem Pappkoffer voller illegaler Spenden herum. Bundeskanzler Kohl sagt, dass sein Ehrenwort mehr gilt als das Gesetz. So reden sonst nur Mafiabosse.

Andererseits, was ist so schlimm daran? Der preußische Untertanengeist hat den zuverlässigen preußischen Staatsapparat, den Perfektionismus und das extreme Pflichtbewusstsein mit in sein Grab genommen. Man kann nicht alles haben. Es gibt Schlimmeres als ein Land, das hin und wieder ein bisschen korrupt ist und in den Ecken schmutzt.

Zur Korruption und den Skandalen in Deutschland gibt es also zwei gleichermaßen zulässige geistige Haltungen, die man je nach Situation zum Einsatz bringen sollte. Einerseits Empörung und Alarmrufe, denn wenn wir unsere Gelassenheit den Skandalverursachern allzu auffällig zeigen, wird es zur Lawine, am Ende funktioniert gar nichts mehr. Etwas Ähnliches gilt für den Rassismus und die Fremdenfeindlichkeit, die es bei uns immer noch gibt, in ähnlichem Ausmaß wie bei den meisten unserer Nachbarvölker. Aber wenn es darum geht, eine Wette darüber abzuschließen, welches Land in den nächsten Jahrzehnten eine autoritäre, diktatorische, rassistische oder sonstwie bösartig aufgelegte Regierung bekommt – auf Deutschland käme man so ziemlich als Letztes. Ein entsprechender Bodensatz wäre vorhanden, seine Größe bleibt offenbar ziemlich konstant, aber es fehlt dem Bodensatz eine nennenswerte Unterstützung aus den Eliten.

Der Bodensatz braucht Führer. Führer gibt es bei uns nicht

mehr, nicht einmal in der Variante Le Pen oder Haider. Regelmäßig entstehen in Deutschland rechtsradikale Parteien und haben kurz Erfolg, sie scheitern am Führerproblem. Ihre Führer sind korrupt oder unfähig, es sind alles Knallschoten. Für intelligente, charismatische junge Menschen in Deutschland ist das Berufsziel »Führer« vollkommen unattraktiv, es ist nicht sexy, da wird man, wenn man mit Volksmassen gut umgehen kann, doch tausendmal lieber Moderator bei RTL. Oder Popstar.

Wenn es 1920 schon Pop gegeben hätte, wäre uns der Zweite Weltkrieg erspart geblieben. Pop wirkt seit Jahrzehnten als Sozialisationsmodell und Aufstiegschance für gescheiterte, hasserfüllte Jugendliche ohne Schulabschluss, die andernfalls Kriminelle oder Politiker geworden wären. Hitler hat es als Kunstmaler probiert. Als Rapper in den 90er Jahren wäre er erfolgreich gewesen. Er hatte Talent. Seine Texte haben einen Touch von Eminem.

Mit meinem Sohn bin ich in London bei Madame Tussauds gewesen. Er wollte unbedingt ein Foto von sich mit Hitler. Ich wollte nicht, mir war das peinlich. Dann kamen jede Menge Engländer, Amerikaner, Franzosen, fast alle machten Fotos, in denen sie neben Hitler standen. Einige zeigten hinter Hitlers Kopf mit zwei gespreizten Fingern das Eselszeichen, andere hoben die Hand zum deutschen Gruß, wieder andere grinsten bloß. Bei Madame Tussauds ist Hitler das beliebteste Fotoobjekt, noch vor Elvis.

Ich bereute, dass ich nein gesagt hatte. Warum überhaupt? Wovor hatte ich Angst? Dass von der Wachspuppe geheime Kräfte ausgehen? Dass wir jemandes Gefühle verletzen? Es war eine instinktive Reaktion, eine Scheu, die in der Generation meines Sohnes, geboren 1991, nicht mehr vorhanden sein wird.

Lob der Armut

Warum ist Berlin eine großartige Stadt? Warum wollen wir hier leben und nirgendwo anders? Wer diese Frage stellt, zum Beispiel auf einer Party in Berlin-Mitte, wird ungefähr die folgenden Antworten erhalten: Die Kunstszene, die Kultur. Spannende Leute. Das Nachtleben. Wenn du rausfährst, bist du sofort im Grünen. Eine unglaublich grüne Stadt, überall Parks und Seen. Billige Wohnungen, wenn auch nicht mehr so billig wie früher. Überhaupt, du kannst in Berlin billig leben. Die Stadt ist offen, sie nimmt dich schnell auf, nach ein oder zwei Jahren ist es, als seist du schon immer hier gewesen. Dazu das Multikulturelle! Jeder Stadtteil ist anders. Und so weiter.

Alles, wirklich alles, was Berlin attraktiv macht, hängt damit zusammen, dass Berlin eine arme Stadt ist und es immer war. Diese Aussage gilt auch für das, was man »Natur« zu nennen sich angewöhnt hat. Das Umland ist grün und ländlich, weil Berlin in einer Gegend ohne nennenswerte Bodenschätze liegt, es gibt keinen mit London oder Paris vergleichbaren industriellen Speckgürtel, weil nach dem Mauerfall die Industrie und der Handel nicht nach Berlin zurückgekommen sind. Die Seen sind oft genug deshalb entstanden, weil in Berlin mit billigem Torf geheizt wurde. Die Parks gibt es deshalb, weil das Berliner Proletariat des 19. Jahrhunderts in dunklen Mietskasernen zusammengepfercht war und weil seine Herren kein Interesse daran hatten, dass ihr Proletariat ihnen nach kurzer Zeit verreckt. Dass die – immer noch – relativ billigen Wohnungen, die billig sind, weil Berlin arm ist, mit der »jungen, kreativen Szene« und der Multikultur zusammenhängen und diese wiederum mit dem Nachtleben, begreift man sofort.

Reiche Städte sind langweilig, weil sie nicht so viel Freiraum für Paradiesvögel und Neuankömmlinge bieten, sie schotten sich ab, weil sie etwas zu verlieren haben. Reiche Städte können sich Experimente nicht leisten. Sie haben eine schlechtere Lebensqualität, allein schon wegen der teuren, kleinen Wohnungen. Deswegen sind sogar einige der härtesten Münchenfans aus München weggezogen (und veröffentlichen dann, in Berlin selbstverständlich, Anti-Berlin-Bücher), deswegen ist New York, wie mir Experten versichern, auf dem besten Weg dazu, langweilig zu werden. Vielleicht rettet die Wirtschaftskrise New York.

Berlin ist nicht »arm, aber sexy«, wie der Regierende Bürgermeister es formuliert hat. Berlin ist sexy, weil es arm ist. Wer auf diesen Zusammenhang hinweist, von dem heißt es natürlich, er sei Zyniker. Und es ist ja wahr – so angenehm die Armut Berlins für diejenigen ist, die hier studieren oder ein Theater gründen oder einen Modeladen eröffnen wollen, so unangenehm ist die gleiche Armut für den Langzeitarbeitslosen, der sich im Wedding mit Hilfe von Hartz IV zu Tode trinkt ... nein, halt: Stimmt das denn? Der Arme ist nicht einsam in Berlin. Er steht nicht am Rand der Gesellschaft, sondern bildet eine ihrer tragenden Säulen. Der Arme findet in Berlin eine Infrastruktur aus billigen Kneipen, Wärmestuben, Armenrestaurants und Benefizveranstaltungen vor, darunter die alljährliche Weihnachtsparty für Arme, die der Sänger Frank Zander ausrichtet. Ganze Stadtviertel gehören den Armen, dort muss sich zumindest keiner seiner Armut schämen. Es ist nicht schön, arm zu sein, aber auch für Arme ist Berlin eine angenehmere Stadt als München.

Fast immer im Leben hat das Angenehme unangenehme Nebenwirkungen und umgekehrt. Fast immer musst du dich entscheiden. Du kannst kein Leben des Rausches führen und dabei hundert werden, du kannst nicht Kinder großziehen und dich an der Geborgenheit einer Familie erfreuen und gleichzeitig ein wildes Partyleben führen, du kannst nicht gleichzeitig einen Sportwagen und einen Campingbus fahren. Du kannst nicht in einer reichen Stadt leben, die »total spannend« und »wahnsinnig offen für Neues« ist.

Nicht immer sind arme Städte angenehm. Sie müssen schon groß sein, groß genug, darin unterzutauchen, groß genug für Theater und Konzerte, groß genug für zwei oder drei Reichenviertel, denn ein paar Reiche muss es ja geben, damit nicht alles völlig herunterkommt, groß genug, um Sitz einer Regierung oder eines Fürsten zu sein, das bringt Renommee und sorgt dafür, dass die öffentlichen Einrichtungen – Straßen, Schulen – in ihrem Zustand nicht unter einen gewissen Mindeststandard sinken. Die Armut dagegen darf nicht zu groß sein, nicht wie in Accra oder in Kalkutta. Wo gehungert wird, wo man Lumpen trägt und in Pappkisten schläft, kann man die Armut nicht loben, man wird sie auch eher »Elend« nennen.

Angenehm ist die Armut in Städten, wo es früher einmal bürgerlichen oder adligen Reichtum gab, mit der entsprechenden architektonischen Erbschaft. Dort, wo der Staat sich noch sorgt, wo er noch ein paar väterliche Gefühle für die Armen aufbringt, damit sie nicht gezwungen sind, zu rauben und zu morden, um an ihre Drogen zu kommen, dort, wo der Staat den Müll von den Straßen schafft und, ja, auch Polizisten bezahlt. Umweltkatastrophen – die Luft in Mexico City! – können arme Städte unerträglich machen. Eine gute arme Stadt liegt in einem reichen, funktionierenden Land, einem Land voller Gesetze, Traditionen und Prinzipien, die in der armen Stadt aber in ihrer Wirkung auf ein erträgliches Maß abgeschwächt werden, so dass die arme Stadt sich zwischen Ordnung und Chaos, Verfall und Aufbau im exakten Gleichgewicht befindet, ewig unterwegs, ohne zu wissen wohin, eine Baustelle, auf der meistens die Arbeit ruht, wie Berlin.

In der armen Stadt wiegt der Makel des Scheiterns weniger schwer. Das ist menschlich an ihr. Wer hat schon Geld? Kaum jemand. Braucht man Geld? Nicht viel davon. Scheitern gibt es eigentlich nicht, wenn Armut ein Normalfall ist, der niemandem auffällt. Es gibt nur das Ausbleiben des Erfolges. In Berlin wird derjenige, den der Erfolg verlässt, in seinem Milieu nicht so leicht verstoßen. Außerhalb der dünnen, aus München oder Bonn importierten Oberschicht von Berlin ist es sehr einfach, auf einer Party, inmitten von höheren Staatsdienern und arrivierten Künstlern, jemanden zu treffen, der eigentlich gar nichts macht und trotzdem nicht mehr jung ist.

Wer arm ist, stirbt früher, aber meist nicht an Hunger oder Kälte. Die Armen rauchen und trinken zu viel, man sagt: Sie haben sonst nichts vom Leben. Stimmt das wirklich? Diese Aussage passt nicht zu der heimlichen Sehnsucht vieler Reicher. Die Armen sind fast überall auf der Welt für die Erfindung der Nationalgerichte, für die ekstatischen Feste und für die Popmusik zuständig. Nie werden die Reichen den Verdacht los, dass die armen Nichtstuer vielleicht das bessere

Leben führen, ein manchmal kurzes, aber immerhin wildes Leben ohne Triebverzicht, ohne Disziplin, ohne Angst vor Abstieg und all die anderen Stimmungskiller. Zu den Standardwarnungen gehört der Satz, man dürfe die Armut nicht romantisieren. Dieser Satz wird deswegen so oft verwendet, weil die Versuchung, genau dies zu tun, groß ist.

Stadtsoziologen erklären, warum in fast jeder Stadt die Armut ein Durchgangsstadium ist, auf dem Weg eines Viertels in den Reichtum. Zuerst ist die Armut da, dann werden die billigen Wohnungen von der Boheme und der Jugend erobert, die das Viertel hübsch und unterhaltsam machen, am Ende kommt das Bürgertum, vertreibt die Boheme, übernimmt das Viertel und verwandelt es, wie Schwabing oder Prenzlauer Berg, in ein historisches Zitat, eine Kulisse, in der neue, reiche Bewohner die arme Vergangenheit des Viertels nachzuspielen versuchen. So funktioniert es fast überall. Aber Berlin ist zu groß, um jemals ganz übernommen zu werden. In Kreuzberg zum Beispiel herrscht seit Jahrzehnten ein stabiles Gleichgewicht zwischen Migranten, erfahrungshungriger Jugend und Post-68er-Bürgertum, keiner Gruppe gelingt es, Kreuzberg ganz für sich zu gewinnen. Das kann sich ändern, gewiss. Manche Gegenden sind reich geworden, wie Prenzlauer Berg, andere verarmen dafür, wie Teile von Reinickendorf oder Spandau. Unaufhörlich strömen Arme nach Berlin, Studenten, erfolglose Künstler, illegale Migranten, Abenteurer. Sie sind zu viele, die Reichen werden immer zu wenige sein. Berlin wird niemals reich sein, das heißt, wir ziehen nie weg.

Kirchentag

Boris Bauer aus Mannheim sagt: »Man ist schon irgendwie etwas Besonderes als Christ.« Er studiert an der Katholischen Journalistenschule in München, und jetzt moderiert er am Brandenburger Tor in Potsdam. »Unser Motto heute: Gerechtigkeit, Frieden und Toleranz.«

Es ist sehr heiß in Potsdam und ökumenischer Kirchentag. Schüler verteilen Zettel mit Bibelsprüchen, in Spiegelschrift. Man muss sie gegen den Himmel halten, um sie lesen zu können. Und sie verteilen die Kirchentagszeitung mit dem Bericht über den Auftritt des Kanzlers. »Der Kanzler ist immer noch ein Popstar. Schon sein Einzug war umjubelt.«

20 bis 30 Potsdamer sammeln sich vor der Bühne, hören »Sunrise« aus Chemnitz, wie sie singen: »Das tut gut, das macht Mut«, und schauen sich ein Schülertheater zum Thema Klonen an. Dabei spielt auch eine gewisse Rolle, dass die Bühne einen kräftigen Schatten wirft. Im Schatten ist es ja bei Hitze deutlich angenehmer als in der Sonne. »Ja«, sagt Boris Bauer, »so haben wir uns das vorgestellt. Jetzt läuft es endlich.«

Wie kriegt man die Kirche voll? Wie kommt man an die Leute heran? Der Pfarrer Hans Büsser hat eine todsichere Methode gefunden. Er bietet Gottesdienste im Ausflugsboot »Moby Dick« an, das wie ein Walfisch aussieht. 250 Leute! Immer volles Haus! Gott ist ein Hit! Nur, weil die Kirche ein Schiff ist?

»Na ja«, sagt Pfarrer Büsser, »Gottesdienstbesucher bekommen hinterher die Rundfahrt zum halben Preis.«

Es ist ihm ein bisschen peinlich. Aber man darf ja nicht lügen.

Pfarrer Büsser gehört ebenfalls zum Programm von »Kirche auf Achse«. Er steht am Treptower Hafen auf der Bühne und erzählt den Leuten von Moby Dick. »Auf Achse« besteht aus einem roten Truck, der während des Kirchentages kreuz und quer durch Berlin fährt, vor allem durch den Ostteil, und nach Potsdam. »Auf Achse« ist eine Begleitaktion wie das Fußballturnier »Popen Open« oder wie das Kabarett »Weißblaues Beffchen«, es soll etwas vom Geiste des Kirchentages in die große Heidenstadt Berlin tragen, und zwar mit Hilfe von Musik und Tanz und Interviews.

»Wir wollen niemanden missionieren«, sagt die Projektleiterin Barbara Tieves, die sich normalerweise im Auftrag der katholischen Kirche um Alleinerziehende kümmert. »Das ginge sowieso nicht. Wir wollen einfach nur Flagge zeigen. Die Leute sollen sehen, dass wir da sind. Dass es uns gibt.« Sie haben sogar einen aufblasbaren Heiligenschein, der an einer Leine über dem Wagen im Wind schaukelt. Er ist pink.

Die Kirche ist ziemlich bescheiden geworden.

Zwei Tage vor dem Termin hat das Tiefbauamt den Christen die Genehmigung für den Standort direkt am Hafen entzogen, ohne Begründung. Stattdessen müssen sie ihren Truck in der Bulgarischen Straße aufbauen, wo fast niemand hinkommt. Die Band »For Heaven's Sake« aus Beverstedt spielt ihr Lied »Salz der Erde« im Grunde nur für sich selbst, und die Schüler der Edith-Stein-Schule zeigen ihre kleinen Tanz- und Theaternummern auch für sich selbst. Die Lehrer schicken einige Schülerinnen in das nahegelegene Ausflugslokal »Zenner«, wo zahlreiche Männer schon seit vielen Stunden ein großangelegtes Menschenexperiment veranstalten, nämlich, wie viel Bier in einen Berliner Mann hineinpasst und wann er umfällt und wie sich das im Detail anfühlt. Kurz vor der Kneipe ankert ein Schiff, auf dem eine aufblasbare Sexpuppe von Beate Uhse sitzt. Die Männer begrüßen die Schülerinnen mit großem Hallo.

»Sie wollen mit unseren Mädchen irgendwohin fahren«, sagt ein Lehrer. »Sie nötigen sie zum Biertrinken. Sie interessieren sich kein bisschen für unsere Inhalte.«

Und dann sagt er noch: »Das ist der Osten. Die wollen uns hier nicht.«

Der Kirchentag ist ein großes Fest, aber Feste geben vom Leben natürlich immer einen unrealistischen Eindruck. Wie geht es den Kirchen? Wenn man sich die Zahlen anschaut: nicht besonders. Die Erosion geht weiter. Sie hat sich lediglich ein bisschen verlangsamt. Aus der katholischen Kirche treten pro Jahr etwa 100 000 Menschen aus, in ihren schlechtesten Zeiten waren es aber 200 000. Der Anteil der Katholiken an der deutschen Bevölkerung ist seit 1965 von 44 Prozent auf 32 Prozent gesunken, nicht nur wegen der Wiedervereinigung. In den Gottesdienst gehen davon halbwegs regelmäßig 15 Prozent. Bei den Protestanten sehen die Zahlen ähnlich aus. Wenn man sich in die Statistik vertieft, fällt immerhin auf, dass die Zahl der Wiedereintritte seit Jahren steigt, bei den Katholiken auf fast 10 000 pro Jahr. Das macht den Kohl aber nicht fett.

Es gibt christliche Gruppen, die zurzeit auf einer riesigen Erfolgswelle surfen. Es sind die »Pfingstkirchen« der Dritten Welt. In Brasilien und in Afrika drücken sie die klassischen Kirchen und die islamische Konkurrenz allmählich an den

Rand. Die Pfingstkirchen scharen sich um selbsternannte, oft ziemlich dubiose Propheten und kümmern sich nicht um die offizielle Lehre. Ihr Rezept heißt Ekstase. Die Leute schreien »Jesus! Jesus!« bis zur Raserei.

Deutsche Christen haben immerhin oft lange Haare. Auch Fedor Pfistner trägt eine Mähne. Er ist Schiffspfarrer, zuständig für Berlin und Brandenburg. Von April bis in den Dezember, wenn das Treibeis kommt, fährt er mutterseelenallein mit seiner Sieben-Meter-Yacht durch die brandenburgischen Gewässer und verbreitet das Wort Gottes, auch über Funk. Er hat einen kleinen Bordaltar und eine Bordbibliothek. An Nikolaus trägt er ein Nikolauskostüm. Die Kirche hat die Stelle gestrichen, aber er arbeitet für Wartestandsbezüge einfach weiter. Pfarrer in den Wartestand zu versetzen ist bei der Kirche beliebt, weil man so den Tarifvertrag umgehen kann.

»Nebenbei«, sagt Pfarrer Pfistner, »arbeite ich übrigens als Schlagersänger. Unter dem Namen Marino. Ich singe: Hab ich dir heute schon gesagt, dass ich dich liebe, und solche Sachen.« Pfistner war ursprünglich kein Christ. Aber mit 20 ist ihm Gott erschienen, in einer katholischen Kirche in Görlitz. Er ist aber trotzdem evangelisch geworden, warum, wird nicht ganz klar. Vielleicht wegen des Zölibats. Jetzt steigt er in sein Schiff und fährt davon.

Sind die Kirchen womöglich zu vernünftig geworden? Zu wenig emotional, zu aufgeklärt, zu modern? Manche Leute behaupten das. Manche Leute sagen, dass die Kirchen eine radikale spirituelle Opposition zum Bestehenden darstellen müssten, um wieder attraktiv zu sein. Der italienische Regisseur Pier Paolo Pasolini war ein großer Anwalt dieser Idee. Pasolini sagte: Wer soll die Tradition verteidigen gegen die übermächtige moderne Welt, wenn nicht die Kirche? Wenn die

Kirche nicht mehr konservativ ist, hat sie keine Funktion mehr.

Inzwischen steht der Truck vor dem »FEZ«, dem Freizeitzentrum in der Wuhlheide, und es gibt schon wieder Probleme. Irgendwas mit der Anmeldung hat angeblich nicht geklappt, und erst nach einer Stunde intensiver Verhandlung mit den »FEZ«-Leuten darf die Bühne aufgebaut werden, wieder in einer abgelegenen Ecke, fast ohne Publikum.

Barbara Tieves sagt: »Wir sind mitten auf ihrem Gebiet. Das FEZ ist ja eine Errungenschaft der DDR. Und nun soll man hier die Kirche reinlassen, das ist natürlich hart für die.«

Der Lehrer sagt: »Der Bratwurstverkäufer weigert sich, unseren Schülerinnen etwas zu verkaufen. Er verkauft keine Würste an Christen. Oder höchstens an Evangelische. Die im Osten wollen uns einfach nicht.«

Der Bratwurstverkäufer sagt: »Wenn es wenigstens gute Musik wäre und nicht so ein Katzengejaule.«

Einer der Musiker ist kürzlich Vater geworden, und jetzt spielen sie, sehr laut, »Kleine Seele, wunderbar«. Ganz unrecht hat der Bratwurstverkäufer nicht.

Ein paar Fahrradfahrer halten an. Sie rufen: »Gibt's hier was umsonst? Scheiß auf den Papst, ey!« Der Lehrer sagt: »An einer christlichen Schule lernt man, nett miteinander umzugehen und keinen Wert auf Markenklamotten zu legen. Viel mehr können wir, ehrlich gesagt, nicht erreichen. Die Schule liegt ja im Ostteil.«

Sie haben als Promi Christine Bergmann eingeladen, die ehemalige Familienministerin. Der Moderator von der Katholischen Journalistenschule fragt: »Frau Bergmann, Sie kommen aus der DDR. Wieso hat trotzdem die Kirche für sie so eine Bedeutung?«

Bergmann, leicht irritiert: »Die Kirche ist gerade in der DDR ziemlich wichtig gewesen.« Im Abgang erzählt sie noch: Egal, was sie gerade tue und wo sie sei, sie sage sich immer, dass Gott sie an diesen Platz gestellt habe und dass es deshalb einen Sinn haben muss. »Das hilft immer.«

Freunde

Bernd Laser ist ein mittelgroßer, mittelschlanker, bartloser Mann um die 50. Er lebt als Germanistikprofessor in einer westdeutschen Stadt. Früher war er Sympathisant einer kleinen maoistischen Partei, er hat auch mal eine Zeitlang gekifft. Ein typischer 68er, das kann man sicher so sagen. Dies ist seine Geschichte und die Geschichte eines Mannes, der sein bester Freund war und einen Terroristen aus ihm gemacht hat, die Geschichte des DDR-Bürgers Rolf Kramnitz aus Karl-Marx-Stadt.

Beide heißen in Wirklichkeit anders.

1970 lebt Laser in der Nähe von Stuttgart, in einer dieser kleinen süddeutschen Städte. Er geht noch zur Schule. Die Stadt hat die Fahrpreise für ihre Busse und Straßenbahnen erhöht. Wie damals üblich, wird gegen die Preiserhöhung protestiert. Demonstranten blockieren Gleise, ein paar werden festgenommen. Irgendwo in der Menge steckt auch der Schüler Laser, genannt Lassie, ein langhaariger Typ mit armeegrünem Parkamantel. In der gleichen Demo läuft auch eine Schülerin mit, die Eva heißt, Eva Haule. Sie ist ungefähr gleichaltrig und kommt aus der gleichen Stadt. Bernd Laser kennt Eva vom Sehen. An diesem Tag kreuzen sich ihre Lebenswege. Danach gehen sie wieder auseinander.

Laser wird nach dem Abitur nach Westberlin gehen, um der Bundeswehr zu entkommen, er wird in die linke Szene eintauchen, wird eine Weile zwischen dem Westberliner Ableger der SED, der SEW, und den Maoisten schwanken. Musik. Partys. Dann wird bei ihm, wie bei den meisten, eine langsame Bewegung zurück beginnen, zurück zu Bürgertum und Wohlanständigkeit. Eva dagegen wird eines Tages, kurz vor Weihnachten, zusammen mit ihren Genossen vom »Kommando Jan Raspe« ein mit Sprengstoff beladenes Auto auf dem Parkplatz der Nato-Schule in Oberammergau abstellen. Die Ladung soll um 9 Uhr 30 explodieren, um diese Zeit sind immer die meisten Leute in der Schule. Eva Haule ist nach der Schule zur Roten Armee Fraktion gegangen.

Bei jener Demonstration, an der beide teilnahmen, Laser und sie, hatte sich die sechzehnjährige Eva Haule als Blockiererin auf die Gleise gesetzt. Die halbe Stadt sprach davon, vor allem die Jugend. Auch Laser hörte, dass sie festgenommen wurde. Eva Haule brauchte, nach ihrer Festnahme, einen Rechtsanwalt. Der Anwalt hieß Klaus Croissant und sympathisierte mit der RAF. Damit hat alles angefangen.

Laser hatte sich, vielleicht aus Zufall, vielleicht auch aus Feigheit, nicht auf die Gleise gesetzt. Das war der Unterschied.

Im Jahr 1978 hat Rolf Kramnitz seinen Abschluss an der EOS geschafft, in der DDR das Gegenstück zum Abitur. Mit Freunden fährt er, um zu feiern, nach Polen. Er ist 18. In Danzig schlafen sie am Strand, in Schlafsäcken. Sie lernen ein paar Westdeutsche kennen, die ebenfalls etwas zu feiern haben, ihren Abschluss an der Uni. Die Westdeutschen, alle schon Mitte 20, leisten sich ein Hotelzimmer. Am Ende schlafen sie alle, Ost und West, zu zehnt oder zwölft in diesem Zimmer.

Kramnitz und Laser sind sich sofort sympathisch. Beide

sind eher ruhig und fallen anderen nicht gleich um den Hals. Der Ostdeutsche schreibt Geschichten und Gedichte, seit er 16 ist. Laser interessiert sich für Literatur und kennt sich aus.

Kramnitz kommt dieser Typ, der sich Lassie nennt, wie ein großer Bruder vor. Und Laser findet die DDR irgendwie spannend, da ist er wie viele linke Westdeutsche. Als der Urlaub zu Ende ist, sind sie Freunde. In den folgenden Jahren werden sie sich hin und wieder sehen. Sie treffen sich auch in Prag. Laser schmuggelt Manuskripte seines Freundes in den Westen und bietet sie allen möglichen Verlagen an. Kramnitz und Laser planen einen großen gemeinsamen Urlaub, einfach ein paar Wochen in der Welt rumfahren. Nach Lage der Dinge kommt nur der Balkan in Frage.

Laser holt Kramnitz in Karl-Marx-Stadt mit dem Auto ab, über die Grenze gehen sie getrennt. Erstes Ziel ist Prag, anschließend sind sie am Plattensee.

Es ist sehr heiß an der Grenze zwischen Ungarn und Rumänien. Der Stau ist lang. Man redet. Man lässt die Gedanken kreisen. Letztlich ist schwer zu sagen, wer auf die Idee gekommen ist. Kramnitz wollte in den Westen. Das war klar. Das hatte er schon ein paarmal gesagt. Aber wie?

Laser schert aus der Schlange aus, sie fahren Richtung jugoslawische Grenze. Irgendwann halten sie an. Eine einsame Stelle. Kramnitz vergräbt seinen Pass. Jugoslawien lässt DDR-Bürger ausreisen. Man muss zur westdeutschen Botschaft in Belgrad gehen, die regeln das. Kramnitz wird an der Grenze hektisch nach seinem Westpass suchen und dem ungarischen Zöllnern sagen, dass er ihn wohl irgendwie verloren hat, tut mir leid. Er wird sich für seinen Cousin aus Köln ausgeben. Der Cousin ist zurzeit verreist und wird, falls sie eine Stichprobe machen, bestimmt nicht ans Telefon gehen. Sie proben während der Fahrt ein mögliches Verhör. Was kann schon passieren? »Entweder lassen die uns durch, oder sie schicken uns zurück.«

Die ungarischen Grenzer trennen die beiden erst einmal, dann werden sie durchsucht, inklusive aller Körperöffnungen. Laser werden Handschellen angelegt. Er landet erst im Knast von Szeged, dann in Budapest. Vierzehn Tage Einzelzelle. Seine Brille nehmen sie ihm ab. Er fragt sich, was der andere jetzt macht.

Kramnitz sagt als Erster die volle Wahrheit. Sie schicken ihn zurück in die DDR. Laser dagegen schicken sie lediglich zu seinem geparkten Auto. Ab nach Hause, Wessie. All das geschieht im August 1980.

In der Untersuchungshaft versucht Kramnitz, sich umzubringen. Er ist sich sicher, dass er im Gefängnis wahnsinnig werden wird. Mit seinem Urteil, zehn Monate Gefängnis, kommt er noch relativ billig davon. Man hält ihn für einen Verführten. Besserungsfähig, im Prinzip. Im Gefängnis wird Kramnitz im Laufe mehrerer Gespräche Informeller Mitarbeiter der Staatssicherheit mit dem Auftrag, alles über seinen Freund Laser herauszufinden. IM Dichter. Der Vorgang heißt »Assistent«. Laser arbeitet an der Uni als Assistent.

Kann Kramnitz diesen Auftrag ablehnen? In seinen Briefen redet er Lassie jetzt plötzlich nicht mehr mit seinem Spitznamen an, er schreibt »lieber Bernd«. Laser versteht die Botschaft. Er weiß jetzt, dass sie überwacht werden. Später, als sie sich wieder treffen, ahnt er, dass etwas Unausgesprochenes im Raum steht. Aber was?

Laser sagt heute: »Ich wusste überhaupt nicht, was das ist, ein IM. Ich wusste nicht, dass es so etwas gibt.« Es sind zwei

Welten. Laser wusste viel über die DDR. Aber so rein gar nichts über die Stasi.

Es muss eine seltsame, surreale Freundschaft sein, die sie jetzt führen, Anfang der 80er Jahre. Man trifft sich wieder, aber nicht in der DDR, sondern in der Tschechoslowakei, in Karlsbad oder Eger. Jetzt sind beiderseits auch Freundinnen dabei. Kramnitz bringt, dank Lasers Hilfe, ein Buch mit Kurzgeschichten heraus. Laser versorgt ihn mit verbotener Literatur. Kramnitz interessiert sich für Elias Canetti.

Nach der Entlassung aus dem Gefängnis verweigert sich Kramnitz einer von der Stasi angebotenen Versöhnung mit der DDR. Er studiert Theologie. Er wird politisch nicht weicher, sondern härter. Jetzt redet er überall ganz offen, ohne Rücksicht auf Gefahr. 1984 erklärt er der Stasi, dass er nicht mehr mitarbeite.

Mit Laser spricht er nicht über diese Dinge. In Ostberlin taucht Rolf Kramnitz in die Prenzlauer-Berg-Boheme und ihre Literatenzirkel ein, ähnlich wie einst sein älterer Freund in die Westberliner Szene. Einmal nimmt Kramnitz Lasers Freundin mit zu einer Party bei Sascha Anderson, dem Untergrundstar. Inzwischen ist er mit einer Malerin verheiratet, sie leben beide, wie immer mehr Leute, in Prenzlauer Berg, am Rand des Systems, im Niemandsland. Dann wird Kramnitz zum zweiten Mal verhaftet.

Laser findet heraus, welcher westdeutsche Anwalt im Auftrag der Bundesregierung die Freikäufe von Häftlingen organisiert. Während Kramnitz in der DDR ziellos herumsumpft, ist Laser Professor geworden, ein linker natürlich, und hat sich ein Haus gekauft. Er schafft es: Kramnitz kommt tatsächlich auf die Liste. Laser holt ihn und seine Frau, die Malerin, am Bahnhof Friedrichstraße ab. Gemeinsam fahren sie nach

Lichterfelde, in das Haus, dort leben sie erst einmal zu viert, denn auch Laser hat inzwischen geheiratet.

Die Geschichte könnte nun versöhnlich zu Ende sein. Sie geht aber weiter.

Der eine hat sein Leben fertig eingerichtet. Der andere fängt erst damit an. Kramnitz veröffentlicht im Westen recht schnell einen Roman, nicht bei einem renommierten literarischen Verlag, wie bei seinem ersten Buch, nein, diesmal ist es ein Verlag, dem es vor allem aufs Geld ankommt. Das Buch wird als »Szeneroman« gepriesen. Kramnitz gerät in eine Art Geschwindigkeitsrausch, diesen Rausch, von dem einem ehemalige DDR-Bürger der jüngeren Generation oft erzählen. Man möchte in kurzer Zeit möglichst viel nachholen, glaubt, dass jetzt alles möglich ist. Die neuen, unsichtbaren Grenzen kann man noch nicht einschätzen. Kramnitz nimmt Kokain, fährt teure Autos. Die Literatur interessiert ihn nicht mehr, er macht jetzt Werbung.

Laser fehlen fast die Worte, wenn er darüber erzählt. Ein High-Speed-Kapitalist sei Kramnitz geworden. Ausgerechnet er. Der Sensible. Der Stille. Die Malerin hat er auch bald in die Wüste geschickt. Sie erinnerte ihn an die DDR. Seine neue Frau hatte wohl Geld, sagt Laser spitz, Geld und Erfolg, das war jetzt das Wichtigste für ihn. Er wollte unbedingt nach oben. Bald hatte er seine eigene Agentur. In der Branche ist er heute wer.

Als die Mauer fiel, waren sie schon keine Freunde mehr. Der Kapitalismus ist auch beim Zerstören dieser Freundschaft erfolgreicher gewesen als die DDR. Ein scharfer Bruch war es nicht, stattdessen ein allmähliches Entfernen, mit immer größeren Abständen zwischen den Telefonaten. Einmal läuft Laser an einem Buchladen vorbei und sieht im Schaufenster den

Roman von Kramnitz und ein Sachbuch, das Laser geschrieben hat. Sie stehen nebeneinander. Er holt von zu Hause einen Fotoapparat und macht ein Bild. Aber auf dem Foto sind die Namen nicht zu erkennen, auch sonst fast nichts. Der Spiegeleffekt.

Vor ein paar Jahren hat sich Bernd Laser die Stasiakten zu seinem Fall angeschaut. Er war gerührt, als er las, wie der Freund seine Bildung und seine Selbstsicherheit rühmt, wie da steht: »L. ist sehr musikalisch.« Es hat ihn gewundert, wie viel belangloses, unwichtiges Zeug da steht. Er war erstaunt darüber, wie ahnungslos die Stasi war, trotz alledem. In den Akten steht, Laser sei »Angehöriger der Tramperbewegung«. So ein Quatsch, das gab es doch gar nicht! Eine riesige Behörde befasst sich wochenlang damit, den Abdruck eines Liebesgedichtes von Rolf Kramnitz in einer Literaturzeitschrift zu verhindern, ist das nicht absurd?

Laser habe, so stand da außerdem, Kramnitz im Westen ein Stipendium versprochen. Dabei hatte er doch nur gesagt, dass es im Westen Bafög gibt, wenn einer kein Geld hat. Die Stasi wusste offenbar nicht, was das ist, Bafög. So wie Laser nicht wusste, was ein IM ist.

Und dann stand Laser plötzlich wieder vor Eva, dem Mädchen aus dem Süden. In der Akte stand tatsächlich, dass er, Laser, Kontakte zur RAF unterhalte. Vermutlich sei er sogar Mitglied. Das kann sich nur auf die Fahrpreis-Demo von 1970 beziehen, sagt Laser. Diese Geschichte habe ich Kramnitz erzählt. Dieser Zufall, dass sie Gleisblockiererin war und ich nicht. So wie man eben zufällig Ost- oder Westdeutscher ist. Eva Haule, aus unserer Stadt.

1986 hat man sie erwischt, in einem Eiscafé in Rüsselsheim. Bis 2007 saß sie im Gefängnis, sie war einer der letzten RAF-

Häftlinge, die freikamen. Tote oder Verletzte hatte es bei dem Anschlag in Oberammergau übrigens nicht gegeben. Er war zu dilettantisch ausgeführt.

Laser hat an der Akte Philologenarbeit betrieben. Er hat versucht, Zwischentöne herauszuhören. Heute glaubt er zu wissen, wie es wirklich war. Das ist nicht die Stimme von Kramnitz, die da spricht. Ein Wichtigtuer von der Stasi hat versucht, alles aufzubauschen. Ein Gernegroß, der mit spektakulären Entdeckungen unbedingt nach oben wollte. RAF. Das war natürlich was. So sind Bürokratien. Sie haben es sogar an den KGB weitergemeldet. Ein Formblatt ging nach Moskau, mit der Information, dass Laser vermutlich Terrorist sei.

Kürzlich wollte Laser mit der Transsibirischen Eisenbahn von Moskau nach Ulan Bator fahren. Sein Jugendtraum. Die Russen haben ihm ohne Angabe von Gründen die Einreise verweigert. Es kann nur an der Akte von damals liegen. Beim Thema Terrorismus verstehen die Russen keinen Spaß.

Laser sagt: »Die DDR gibt es nicht mehr, die Sowjetunion, die RAF, die Stasi und den KGB, sogar Jugoslawien, das alles existiert nicht mehr. Nur noch ein Aktenvermerk. Das bleibt von alldem.«

Kramnitz gibt es im Grunde auch nicht mehr. Laser hat ihn wegen der Visumsache nach Jahren wieder angerufen. Kramnitz war gerade auf dem Weg nach London. Er konnte sich an nichts erinnern. Was hat er damals der Stasi erzählt? Zu lange her. Er sagte nur: »Die Vergangenheit holt uns immer ein, Lassie«, und solche Sätze. Allgemeinplätze.

Für so eine Geschichte müsste man natürlich mit Kramnitz reden, seine Version hören. Laser sagt: »Ich darf Ihnen seine

Nummer nicht geben, auch nicht seinen Namen. Für ihn ist das vorbei. Er redet nicht darüber. Mit mir muss er es. Aber mit sonst niemandem.«

Nein, ein Gespräch mit Kramnitz wird es nicht geben.

Gentrifizierung

Ich lebe in einer Kreuzberger Gegend, von der es heißt, dass dort die Gentrifizierung gerade besonders heftig stattfindet, im Graefekiez. Diese Gegend liegt zwischen dem Landwehrkanal – die Admiralsbrücke! – und der Urbanstraße, oder der Hasenheide, das ist Ansichtssache. Die anderen inoffiziellen Grenzen sind der Kottbusser Damm und, vielleicht, das Urbankrankenhaus. Der Graefekiez grenzt also an das sogenannte Kreuzkölln, das neuerdings als einer der Hauptschauplätze des Berliner Nachtlebens gilt. Der Alexanderplatz und der Potsdamer Platz sind nicht weit, die Bergmannstraße und der Chamissoplatz, also Edelkreuzberg mit Markthalle, sind in einem kleinen Spaziergang zu erreichen, sogar zur Redaktion meiner Zeitung kann man in einer guten halben Stunde laufen.

Dass dieser Kiez attraktiv ist, liegt auf der Hand, ruhig und trotzdem zentral, wie ein Makler es wohl nennen würde, mit viel Wasser, mit Parks, mit kleinen Läden und Kneipen für jeden Geschmack, zum Teil sogar verkehrsberuhigt.

Zum ersten Mal habe ich hier in den späten 80ern gelebt, auch, als die Mauer fiel, und 2006 bin ich zurückgekommen. Damals hörte man noch nicht viel von Gentrifizierung. Seit 1990 hatte sich, auf den ersten Blick, wenig verändert, die Mischung war immer noch da, dieses spezielle Kreuzberger Ambiente – Studenten, Migranten, Alte, Lehrer, Anwälte, Kleinunternehmer und Architekten, Alt-68er und junge Lederjacken, Leute mit wenig Geld und Leute mit einträglichen Jobs, das alles wohnte Tür an Tür und vertrug sich meistens recht gut. Stadtviertel, in denen nur eine einzige Sorte von Leuten wohnt, sind öde, sage ich gerne, wenn ich mit Leuten, die in Prenzlauer Berg oder in Zehlendorf wohnen, über meinen Kiez spreche, egal, ob das Viertel nur von Wohlhabenden, nur von Migranten oder nur von jungen Familien besiedelt ist. Monokultur laugt die Böden aus, in dieser Hinsicht ähneln sich Landwirtschaft und Stadtsoziologie.

Tatsächlich war ich, ohne es zu wollen oder auch nur zu wissen, ein Vorbote der Gentrifizierung, dieses Prozesses der Verdrängung von Wenigverdienern durch Besserverdiener. Klar, ich war kein Neuzuzug aus Westdeutschland, o nein, ich hatte ja schon zu einer Zeit hier gelebt, in der einige der Anti-Gentrifizierungs-Demonstranten nicht mal geboren waren, von diesen Grünschnäbeln muss ich mir nichts sagen lassen. Aber die Gentrifizierung schreitet nicht nur durch Zuzüge voran, sie ist auch ein biologischer Prozess. Der 28-jährige Berufsanfänger, der mit Freundin oder Freund in eine billige Wohnung in einem coolen Kiez zieht, ist, 20 Jahre später, in vielen Fällen ein Besserverdiener geworden, ein Gentrifizierer, nur, weil er sich weigert, nach Pankow oder Wilmersdorf ins Eigenheim umzuziehen, wo seine Gehaltsklasse angeblich hingehört. Er ist halt in puncto Wohnen den Idealen seiner Jugend treu geblieben, das kann man eigentlich niemandem vorwerfen. Ein Phänomen, das man hier häufiger erleben kann: Gutverdienende, die seit Jahrzehnten in 160-Quadratmeter-Etagen wohnen und dabei ein bisschen Karriere gemacht haben, lästern über gleichaltrige Neulinge, die ähnlich verdienen wie sie, die ähnliche Meinungen haben und ähnliche Vorstellungen von Wohnkultur, nur, sie sind später dran. Und sie zahlen höhere Mieten.

Unser Haus, ein großes Mietshaus, wurde in den 80ern von einem damals jungen Lehrer und einem Architekten gekauft, um darin zu leben, die übrigen Mietwohnungen wurden in Eigentumswohnungen umgewandelt, auf diese Weise finanzierten sie das Projekt. Ganz easy. Etwa zu dieser Zeit, 1988, wollte ich auch mal mit einem Freund ein Mietshaus in der Dieffenbachstraße kaufen. Vorderhaus, Hinterhaus, Seitenflügel, im Erdgeschoss ein Laden, ungefähr 20 Wohnungen, bewohnbar, aber unsaniert, 450 000 Mark. So waren damals die Preise. Natürlich hatten wir keine 450 000 Mark, wir hätten Kredite aufnehmen müssen und bekamen Angst. Schon ein Jahr später, nach dem Mauerfall, war das Haus das Drei- bis Vierfache wert. Heute vielleicht das Zwanzigfache. Da würde die Freude über den Reichtum sicher dafür sorgen, dass man kein schlechtes Gewissen hat.

Trotzdem blieb das Viertel lange in der Balance, kein Milieu schien die Oberhand über die anderen Milieus zu gewinnen, das war schon ein kleines Wunder. Jetzt mehren sich die Zeichen der Entmischung. Das Attac-Büro, ein kleiner Kellerladen, ist gekündigt worden. Der Entmieter war ein Mann um die 30, er sagt, dass da jetzt was Gastronomisches reinkommen soll, was total Originelles, vielleicht eine Sushi-Bar. Neue Läden sind meistens gastronomisch, obwohl es davon schon sehr viel gibt. Die Weingenossenschaft konnte die Miete nicht mehr bezahlen, dort wird jetzt renoviert. Ein Haus schräg gegenüber wurde von spanischen Investoren ebenfalls radikal entmietet, der Quadratmeter kostet jetzt etwa 3000 Euro. Das Straßenfest, das immer sehr schön war, ist diesmal ausgefallen. Seit Jahren schon konnte man auf Plakaten lesen, dass sich das Organisationskomitee über mangelnden Nachwuchs beklagt. Die neuen Bewohner haben viel zu tun, klar, sonst können sie ihre Mieten und ihre Kredite nicht bezahlen. Das alles vollzieht sich in Zeitlupe, nicht radikal, nicht schnell, sondern Schritt für Schritt, Haus für Haus.

Und ich weiß genau, dass hier etwas entsteht, entstehen könnte, was denen, die herziehen und die ja keine Monster sind, sondern ganz normale Leute, nur halt mit guten Jobs, nicht gefallen dürfte. Indem man kommt, macht man es kaputt, genau wie der Rucksacktourist, der einen einsamen Strand entdeckt, an dem dann zehn Jahre später ein Klubhotel steht. Ich habe es erlebt, als ich nach München zog. Das Glockenbachviertel sei eine wunderbare Gegend, hieß es. Ich schaute mir das Glockenbachviertel an und verstand die Welt nicht mehr. Das war, in meinen Berliner Augen, völlig langweilig und öde. Spiegelglatt, totsaniert. Lauter Wohlhabende. Ich war zu spät dran.

Offenbar ist es so, dass erst die Armen das Viertel, für die Augen der Wohlhabenden, so attraktiv machen. Der alte Mann, der mit seinem Hund immer am offenen Fenster sitzt, umgeben von bunten Plastikblumen, die leutseligen Biertrinker vor Getränke-Hoffmann, die Hausmeister, die Rentnerinnen in Kittelschürzen und die tiefergelegten BMWs der Türken, die mit voll aufgedrehter Anlage vom Kottbusser Damm mal kurz rübercruisen, das alles gehört dazu und macht den Reiz aus, so, wie die Wäsche auf den zwischen Häusern gespannten Wäscheleinen den Reiz einer Mittelmeerstadt ausmacht. Dieser Blick ist folkloristisch, auch klischeehaft, und nicht sozialpolitisch, er weiß nichts von den Nöten und Ängsten der Unterschicht. Aber er bedeutet, dass es am Ende, wenn der Prozess der Gentrifizierung abgeschlossen ist, keine Gewinner geben wird, sondern nur Verlierer. Die Armen wohnen woanders, und den Reichen gefällt es nicht mehr. Denn sie wollten eigentlich gar nicht unter sich sein. Sie wollten niemanden vertreiben. Sie wollten es doch nur schön haben, lebendig, ohne Monokultur.

Noch etwas: Die Zahl der Wohnungseinbrüche steigt. Ich war auch schon dran.

Fernsehstars

Von Berlin aus nimmt man am besten den Flieger bis München, dann den Zug nach Linz in Oberösterreich. Dort steigt man in die rappelige Rumpelbahn nach Kirchdorf an der Krems. In Kirchdorf fährt ein Bus Richtung Garsten. An der Wegkreuzung nach Frauenstein hält der Fahrer. Die letzten Kilometer geht es im Reinhold-Messner-Stil bei starkem Wind zu Fuß durch den Schnee, zuerst ins Tal der Steyr hinab, im Nationalpark Kalkalpen, dann über mehrere Steilkurven wieder hinauf, bis zu dem kleinen Bauerndorf Frauenstein mit der winzigen Wallfahrtskirche oben auf dem Berg. Hinter der Kirche Unserer lieben Frau am Stein liegt der Friedhof. Dann hat man's geschafft. Dann steht man vor dem Grab von Hans Joachim Kulenkampff, genannt Kuli.

Fünf goldene Bildschirme. Zwei goldene Kameras. Ein Bambi. Bremer des Jahres 1990. Gestorben 1998.

Vor etwa 50 Jahren ist in Deutschland eine neue Art von Stars entstanden. Die Fernsehstars. Wenn man mal genau hinschaut: alles Männer. Sie waren Helden, für uns, für die Kinder der Nachkriegszeit. Jetzt sind sie tot. Wie sieht ihr Nachruhm aus? Wie bei den Theaterstars, an die sich irgendwann niemand mehr erinnert, außer den Experten? Oder wie bei den Filmstars, deren Ruhm lange bleibt? Man weiß es noch nicht genau.

Kuli zum Beispiel liegt neben seiner Frau in einer Urne.

Schöner Bergblick. Auf dem Grab steht allerdings nur sein Name. Den Stein der Vormieter – falls man das so sagt – haben sie stehen lassen, weiß, mit verwitterten Buchstaben und dem verblassten Foto eines jungen Mädchens. Kulis Frau stammte aus Linz, ein paar hundert Meter entfernt stand das kleine, unauffällige Ferienhaus ihrer Eltern. Dort haben die Kulenkampffs ihre freien Wochenenden verbracht.

Im Sommer ist Kulis Grab eine Wallfahrtsstätte für deutsche Touristen. Das sagt die Wirtin vom Gasthof Federlehner, direkt neben der Kirche. Kuli war bei ihr Stammgast. Jetzt macht sie in Zeitschriftenanzeigen damit Reklame, dass Kuli Stammgast war. In der Nacht vor der Beerdigung hat sie gemeinsam mit der Witwe am Sarg gewacht.

Die Wirtin trägt einen langen Zopf, sie ist um die 40 und nervös, denn sie muss jetzt gleich ein Schwein schlachten. Vorher zeigt sie von der Terrasse aus das Haus, in dem Kuli immer gewohnt hat. Sie hat darin Routine.

»Und was ist jetzt mit dem Haus?«

»Es steht leer. Manchmal gibt die Tochter Freunden den Schlüssel. Die ist Künstlerin. Eine Ausgeflippte.«

Zum 80. Geburtstag des toten Vaters hat sie im Gasthof eine Kulenkampff-Gedächtnisparty gegeben, mit sämtlichen ausgeflippten Freunden und einer besonders ausgeflippten Band. Das hätte Kuli vermutlich gefallen.

Kulenkampff hat uns Deutschen den frechen britischen Stil gebracht. In der lieben, braven, soßenartigen Showbranche war er der Einzige, der gelegentlich sarkastisch wurde. Er war links, weil er mehrfach gegen alle Vorschriften »die Zuschauer in der DDR« begrüßte. Er galt als irgendwie intellektuell, weil er Volvo fuhr und Scampi aß. Außerdem machte er Werbung für Willy Brandt und für den Weinbrand Chantré. Kulis Honorar betrug, Anfang der Siebziger, legendäre 40000 Mark pro Sendung. Sein Quiz »Einer wird gewinnen« war ein heimliches Umerziehungsprogramm. Deutsche zu Europäern. Aus der Aussöhnung mit den Nachbarvölkern hat Kuli eine Show gemacht. War das, alles in allem, nicht genial? Im Krieg sind ihm die Fußzehen abgefroren. Er trug ein Toupet. Wenn Gäste aus Israel kamen, wirkte Kuli manchmal etwas hibbelig.

Als alter Knabe hat er versucht, ins junge Privatfernsehen zu wechseln. Das war Harakiri. Am Ende hat er tatsächlich das Kunststück geschafft, wegen zu schlechter Quote aus dem dritten Programm gekippt zu werden. Die Show trug den unheilverheißenden Namen »Zwischen gestern und morgen«. Zuletzt klagte er häufig über »das heutige Niveau«. Das ist immer ein schlechtes Zeichen, für den, der klagt.

Kuli sagte: Gottschalk ist mein Nachfolger. Aber das stimmt nicht. Gottschalk ist ein Ami. Kein britischer Gentleman. Kulis Sarkasmus, sein Image als Vorzeige-Intellektueller und als einer, der die Autoritäten im Sender bestenfalls ignoriert, all das hat eher Harald Schmidt geerbt.

Aber wer ist der Urahn von Günther Jauch? Dazu muss man den Zug nach München nehmen.

Zwei Goldene Bildschirme. Eine Goldene Kamera. Zwei Bambis. Bayrischer Verdienstorden. Gestorben 1989.

Dichtes Schneetreiben. Rabenvögel kreischen. In Bogenhausen liegt der ins Unbürgerliche hinüberschillernde Teil der Münchner Prominenz – Fassbinder, Sedlmayr –, aber Robert Lembke liegt natürlich auf dem Westfriedhof, bei den Honoratioren und nicht weit weg von der Schlagersängerin Alexandra. Gegenüber ruhen Englische Fräulein, Ordensschwestern, meistens zu zweit, Bernolda neben Irmenhilde, Engelharde neben Eucheria.

Lembke hat die erfolgreichste Quizshow der frühen Jahre gemacht, das »Heitere Beruferaten«. Am frühen Abend empfing Robert Lembke immer sein berühmtes Rateteam zum Essen, danach machten sie um 20 Uhr 15 eine Livesendung und zeichneten ab 21 Uhr 30 eine zweite Sendung auf, jedes Mal, jahrzehntelang. Die Quote lag bei 75 Prozent. Nebenbei schrieb er heitere Aphorismen. »Liebe ist eine Krankheit, bei der auf einen Schlag zwei Patienten bettlägerig werden.« Oder: »Anerkennung ist eine Pflanze, die vorwiegend auf Gräbern wächst.«

Der Stein ist klein und schlicht. Lembke liegt neben seinen Eltern und seiner Ehefrau, obwohl er getrennt von ihr lebte. In einem alten Standardwerk über die Fernsehstars stehen sie, diese alten Geschichten: Dass Lembke die Nazis nicht mochte und deshalb 1933 den Journalistenberuf an den Nagel gehängt habe. Dass er aus innerer Opposition Chemiearbeiter bei der IG Farben geworden ist. Sein Vater sei sogar ins Exil gegangen.

Die Wirklichkeit sah ein bisschen anders aus. Robert Lembkes Vater ging nicht ins Exil. Er floh. Er war Jude. Besser gesagt: Er war Christ mit jüdischen Vorfahren. Robert Lembke hatte also gar keine andere Wahl, als 1933 seine journalistische Karriere zu beenden.

Solche Geschichten hängte man in den frühen Fernsehjahren nicht gerne an die große Glocke. Es herrschte eine heute schwer zu begreifende Scham – bei den Opfern, bei Leuten wie Robert Lembke oder Hans Rosenthal. Das Publikum bestand schließlich mehrheitlich aus Leuten, die damals, im weitesten Sinn, auf der anderen Seite gestanden hatten. Das Publikum hat immer recht, oder?

Eine goldene Kamera. Ein Bambi. Gestorben 1995.

Dieser Mann hier hätte in seinem Sender alles werden können. Jahrelang haben sie ihm die wichtigen Posten auf silbernen Tabletts hinterhergetragen. Er aber wollte immer nur moderieren. Kameras! Publikum! Sein Erfolg beruhte zu einem nicht geringen Teil darauf, dass er ein ganz normaler Typ war, sagen wir ruhig: Durchschnitt. Nur ein bisschen größer und dicker als die anderen. Kein Pfau, kein Rennpferd, eher ein treuer Bernhardinerhund. Jetzt liegt Big Wim also an einem grünen Maschendrahtzaun in Engenhahn.

Mit 17 wurde Wim Thoelke als Soldat verwundet. Mit 50 hatte er eine Quote von 68 Prozent. Für das ZDF hat Wim Thoelke in idealer Weise die beiden edelsten Sendeaufträge verkörpert. »Der große Preis«, das Quiz zugunsten der Aktion Sorgenkind, bedeutete »Unterhaltung« plus »Bildung« und verband beides – Bingo! – auch noch mit Wohltätigkeit.

Thoelke, der Superstar, wechselte nie den Sender. Sein Leben hat er dem ZDF geweiht wie ein Samurai seinem Kaiser. Er war dann der Erste, dem man im Fernsehen beim Sterben beinahe zuschauen konnte. 1991, nach einer dreifachen Bypass-Operation, moderierte er abgemagert und im Sitzen seine 200. Sendung. Das aber wollten die Leute nicht sehen. Auf diesem Weg wollten sie ihren Wim dann doch nicht begleiten. Und so trennte sich das ZDF von seinem kranken Bernhardiner, ersetzte Big Wim durch den deutlich älteren Kuli, der ebenfalls längst auf dem absteigenden Ast war und die Show dann auch prompt gegen den Baum fuhr. Der rachedurstige Wim schrieb mit letzter Kraft ein Enthüllungsbuch über das ZDF. Das ZDF, ein Abgrund an Korruption. Als der Sender sich erwartungsgemäß wehrte, konnte oder wollte er seine Vorwürfe nicht belegen. Er gab klein bei und starb an gebrochenem Herzen.

Engenhahn im Taunus ist ziemlich öde. Man denkt unwillkürlich: »Hier sind die Grundstücke bestimmt nicht so teuer wie in Kronberg.« Rund um den Friedhof werden folglich mittelgroße Eigenheime hochgezogen, es ist ziemlich laut, an den frisch gepflanzten mittelgroßen Bäumen klebt noch Plastikfolie, und auf den Grabsteinen steht meistens der gesellschaftliche Rang des Verblichenen. »Bürgermeister« oder »Zimmermeister« oder auch »Dr.-Ing.«.

Bei Thoelke steht nur »W. T.«. Sein Grab liegt versteckt und ist so ziemlich das kleinste in Engenhahn. Ein Einpersonengrab.

Ein junger Mensch kommt aus einem Eigenheim, Ende zwanzig, Kunstlederjacke. »Guten Tag. Meine Name ist Dr. von Quitzow. Sie interessieren sich auffällig für unseren Friedhof. Darf ich fragen, wer Sie sind und was Sie hier tun?«

Sie passen gut auf in Engenhahn. Dr. von Quitzow berichtet ungefragt, dass Big Wim bis zuletzt auffällig viele Frauengeschichten gehabt habe, trotz seiner schwachen Gesundheit, jawohl. Deswegen habe die Familie das Grab so klein gehalten. Zur Strafe, gewissermaßen. Die Frage, ob viele Besucher ans Grab kommen, erübrigt sich wohl.

Weder im Leben, mit den Menschen vom ZDF, noch im Tode, mit seinem Nachbarn in Engenhahn, hat Wim Thoelke den großen Preis gezogen.

Eine Zugfahrt durchs Rheintal. Nebel. Köln. Hier also haben wir den berühmtesten deutschen Fernsehjournalisten. Moderator der ersten politischen Talkshow, sozusagen Vorgänger von Sabine Christiansen, Anne Will und Frank Plasberg. Ein Gigant. Der Mann, der bescheiden von sich sagte: »Mehr als ich kann man nicht erreichen«, und zu dessen Geburtstag der Bundespräsident einen Empfang gab. Kein Wunder, dass hier alles bürgerliche Großzügigkeit atmet. Auffällig großer Stein, viel Platz, auffällig große Birke.

Eine goldene Kamera. Deutscher Weinkulturpreis. Gestorben 1997.

Sogar aus manchen Nachrufen geht in vorsichtig gesetzten Worten hervor, dass Werner Höfers herausragendste Eigenschaft nicht die Liebenswürdigkeit war. Brillant war er, das schon, kreativ, ein Förderer von Talenten, das auch, aber dabei autoritär und aufbrausend. Höfer war Jahrgang 1913, genau wie Lembke. Als der Jungjournalist Lembke wegen seines Vaters Blut den Job verlor, war Jungjournalist Höfer schon längst in der NSDAP. Nach 1945 machten beide ziemlich parallel Karriere, nicht nur als Moderatoren, sondern auch in ihren Sendern. Beide wurden Direktoren. Als Fernsehdirektor des WDR war Höfer zeitweise für 25 Prozent des ARD-Programms zuständig. Nur Intendant wurde er nie. Darunter soll er sehr gelitten haben.

Der *Spiegel* stürzte Höfer durch eine scheinbare Enthüllung. Das NSDAP-Mitglied Höfer sei tatsächlich Nazi gewesen. Dass er im Krieg ein paar blutrünstige Hetzartikel geschrieben hatte, war aber längst bekannt und hatte bis dahin nie jemanden gestört. Deswegen wird bis heute vermutet, dass Höfers Sturz eine Intrige aus dem WDR zugrunde lag. Vielleicht wollten sie den Alten einfach loswerden.

Höfer erklärte, dass man ihm die schlimmsten Passagen in seinem damaligen Text hineinredigiert habe, und beschritt hocherhobenen Hauptes den Rechtsweg. Die alte Geschichte: Wahrscheinlich hätte man ihm verziehen, wenn er Reue gezeigt hätte oder Einsicht oder wenigstens Nachdenklichkeit. Aber das hat, außer Albert Speer, kaum ein Nazi gekonnt. Ein Gericht musste Werner Höfer, dem berühmtesten deutschen

Journalisten, erklären, dass die Bezeichnung »Schreibtischtäter«, gemünzt auf ihn, vom Recht auf freie Meinung abgedeckt sei. Der berühmteste deutsche Journalist, dieser Chefdebattierer und Meinungsfabrikant, wusste also nach mehr als 30 Jahren Demokratie immer noch nicht, was Meinungsfreiheit ist. Das war, beruflich und politisch, sein Ende. Als er seinen Schreibtisch ausräumte, soll er gesagt haben: »Ich hätte gern, wenn niemand weiß, wo mein Grab ist.«

Es war folglich eine eher kleine Beerdigung. Der Friedhofswärter, der zum Grab führt, trägt Pferdeschwanz und lacht viel. Klar, den »Frühschoppen« hat er immer gerne gesehen. Es ist ein Stadtrandfriedhof mit vielen herumhoppelnden Kaninchen und genau drei Prominenten, Werner Höfer, Ralph Siegel senior und der Familie des Fußballtrainers Erich Ribbeck. Das Hauptproblem der heutigen Zeit, sagt der Friedhofswärter, sei eindeutig die Kaninchenplage. Sie schließen jetzt gelegentlich tagsüber den Friedhof und machen Jagd, mit Schlingen und mit Gift.

Gräber sehen sich ähnlich. Das ist nun mal so. Aber warum sehen sich die Geschichten so ähnlich? Kein Happy End, bei keinem. Sie kommen alle aus dem Krieg, sie kommen groß heraus und dann stürzen sie ab, in den Skandal, ins Quotenloch, in die Verbitterung, was auch immer. Keiner, der in Glanz und Gloria abgetreten wäre und seinen Nachruhm genossen hätte. Kein Abschiedsspiel wie bei alt gewordenen Fußballern. Kein Revival, wie bei den Bee Gees oder Abba. Das beste mögliche Ende war noch ein plötzlicher Tod, wie bei Robert Lembke.

Kuli hat immer noch die meisten Fans. Peter Frankenfeld, die ewige Nummer zwei, ruht in Wedel, Schleswig-Holstein, so weit weg von seinem Rivalen wie nur möglich. Sie waren keine Feinde, die beiden, sie hatten sogar mal eine gemeinsame Radiosendung. Sie konnten nur wenig miteinander anfangen. Im Krieg war Frankenfeld zeitweise im Strafbataillon, wegen der frechen Schnauze. Frankenfeld kam vom Zirkus, tatsächlich, das war sein erster Job. Kulenkampff kam von der Bühne. Theater und Zirkus sind die beiden Vorfahren des Fernsehens. Heute verkörpern Harald Schmidt und Stefan Raab diesen Gegensatz.

Ein goldener Bildschirm. Eine goldene Kamera. Gestorben 1979.

Wedel liegt hinter Blankenese und ist ein bisschen weniger edel. Ein typischer Ferrnsehstar-Friedhof, in unauffälliger Umgebung, Eigenheime, Sportplätze, alles unspektakulär, ohne große Denkmäler oder nennenswerte historische Bedeutung. Auffällig viele Bäume. Auf dem Grabstein: Frankenfelds Unterschrift, in Metall gegossen. Das wirkt geschmacklich ein bisschen fragwürdig, ähnlich wie seine karierten Jacketts früher.

»Er ist unser einziger echter Prominenter«, sagt der Friedhofsangestellte. Wieso der einzige echte? »Tja, es liegen hier einige Kiezgrößen. Aus St. Pauli. Das sind immer sehr aufwendige Beerdigungen mit viel Publikum.« Pause. »Wir sind schon froh, dass wir den Herrn Frankenfeld hier haben dürfen. Fällt Ihnen etwas auf an Wedel?«

»Schön grün hier.«

»Ja. Herr Frankenfeld hat in Wedel ungefähr 10 000 Bäume setzen lassen. Im Sommer, wenn es heiß ist, denken die Leute manchmal an ihn. Wegen des Schattens, wissen Sie.«

Die drei Friseure

Bei Udo. Am Telefon nimmt eine Frau den Terminwunsch entgegen, genauer gesagt, eine echte Berlinerin. »Zu wem wollnse denn?« Ich war noch nie da. Ich will es einfach mal ausprobieren. »Ick traare Sie denn mal bei dem Jean an.« Sie spricht es »Dschang« aus.

Udo Walz selbst frisiert nur Frauen, außer, der Mann ist Bundeskanzler oder etwas in dieser Richtung. Udo Walz konnte deshalb eine eidesstattliche Erklärung abgeben, des Inhalts, dass Gerhard Schröder seine Haare nicht färbe. Als Udo Walz seinen 60. Geburtstag feierte, mit 300 Gästen, von denen die meisten im weitesten Sinn prominent waren, wurde auch ein handgeschriebener Glückwunschbrief des Kanzlers verlesen. »Wenigstens«, sagte einer der Gäste zu seiner Tischdame, »ist Schröder nicht selber da.« Es geht in dieser gesellschaftlichen Zone manchmal recht maliziös zu.

Der Aufstieg von Udo Walz zu einer der scheinbar oder auch nur anscheinend wichtigsten Figuren der Hauptstadtsociety wird allmählich auch dieser Society selber unheimlich. Zufall ist es jedenfalls nicht. Udo Walz hat, das beweisen frühe Fotos des ganz jungen Udo mit Hildegard Knef und Marlene Dietrich, von Anfang an mit großer Zielstrebigkeit die Nähe prominenter Menschen gesucht, ein Bub aus Waiblingen, Vater Lastwagenfahrer, Mutter Fabrikarbeiterin, den es in das Westberlin der 70er Jahre zieht.

Er arbeitet viel. Das sagen alle. Er ist diskret. Und wenn eine Kamera in der Nähe ist, reißt er ganz weit den Mund auf, so, als ob er einen heranfliegenden Pingpongball mit dem Mund auffangen möchte. Das ist das typische Udo-Walz-Lächeln.

Der Friseursalon Udo Walz liegt zu dieser Zeit in der Uhlandstraße 181, dort, wo Westberlin gerade noch einen halbwegs präsentablen Eindruck macht. Ein paar Meter weiter spürt man schon den Niedergang, an der Mazurka-Bar oder der verlassenen Pizzeria Capri oder beim benachbarten Salon »Ratz-Fatz«, Herrenschnitt 11 Euro 90. Walz hat mehrere Salons, auch auf Mallorca. Dieser hier ist weitläufig und ein bisschen verwinkelt, nicht sonderlich edel, das Mobiliar sieht nach Ikea aus. Am Eingang steht ein Büchertisch, Publikationen von und über Udo. Und da ist er auch selber. Aufgeknöpftes Hemd, darunter das Unterhemd. Schleppender Schritt. Gewaltiger Bauch. Ein Teil davon ist zur Besichtigung offiziell freigegeben, weil das Unterhemd relativ kurz ist. Udo müsste dringend mehr Sport treiben. Er hält ein Handy ans Ohr. Bald darauf zündet er sich eine Zigarette an.

So, mit Handy und Zigarette und im zu kurzen Unterhemd, läuft er im Salon auf und ab und bespricht recht laut einen Termin mit einem Drehteam, der Sender wird nicht ganz klar. Ein junger Mann mit viel Gel im Haar zupft Udo hin und wieder Fussel vom Kragen, während dieser auf und ab geht. Im Hintergrund läuft ein Fernseher.

Einer seiner Freunde sagt: »Was die Promis an Udo Walz mögen, ist, dass er ein so normaler Typ ist. Die wollen einfach mal unter normalen Leuten sein.«

Einer der Friseure bringt Wasser im Plastikbecher. Dann wäscht er die Haare, die Brille muss man dabei in der Hand halten, ein Tischchen zum Ablegen gibt es nicht. Die Friseure sind alle ziemlich junge, hübsche Burschen. Der Hübscheste wedelt, ohne erkennbaren Grund, mit einem riesigen Fächer.

Die Kunden sind alle ältere Damen. Das liegt vielleicht an der Tageszeit, früher Nachmittag. Jetzt kommt der Dschang. Er ist als Einziger über 30. Jeans, schwarzes T-Shirt. Er fragt: »Was soll denn gemacht werden?«

Dschang ist keine Quasselstrippe, man muss ihm jeden Satz aus der Nase ziehen. Frage: Was ist denn zurzeit der Trend bei den Herren, haarmäßig? Antwort: »Das, was die Fußballer machen. Die Fußballer setzen den Trend.« Neulich sei eine ganze Mannschaft bei Udo Walz gewesen, hier im Salon. Aber er weiß nicht, welche.

Nun betritt ein weiterer Herr den Salon, ein älteres Semester, um die 70, lange Mähne. Aus den hinteren Salonbereichen schwebt zum ersten Mal eine Friseurin herbei, ein gazellenartiges Geschöpf mit riesigen Augen und einem Dekolleté, das in der Nähe des Erdmittelpunkts endet. Sie ist für den alten Knaben zuständig, man kann ihn fast im ganzen Raum schnurren hören, so gut gefällt ihm das.

Das Prinzip des Salons scheint darin zu bestehen, Gazellen und Senioren zusammenzubringen sowie Seniorinnen und junge Hirsche.

Es kostet 35 Euro. Das geht, oder? Jean hat es auf seine wortkarge Art aber tatsächlich geschafft, seinem Kunden eine Flasche Udo-Walz-Shampoo zu verkaufen. 20 Euro. Für Shampoo! Wahnsinn. Jeder Kunde kriegt aber an der Kasse gratis den Sonderdruck der *Bunten* zum Udo-Walz-Geburtstag. 16 Seiten mit genau 50 Fotos von Udo Walz. Auf manchen Fotos sieht er aus wie der Alterspräsident des Reinickendorfer Harley-Davidson-Klubs. Aber der Schnitt von Dschang ist gut. Das sagen alle. Danke! Und Entschuldigung, weil ich kein

Trinkgeld gegeben habe, das war der Schock, wegen des Shampoos.

Bei Gerhard. Gibt es etwas Dekadenteres, als zum Friseur nach München zu fliegen? Und das genau eine Woche nach dem letzten Friseurbesuch?

Gerhard Meir hat zu diesem Zeitpunkt vier Salons, er ist elf Jahre jünger als Walz. Außerdem ist er mehr der intellektuelle Typ, er trägt eine Florian-Illies-Brille, hat Romane geschrieben, und das »SZ-Magazin« veröffentlicht unter seinem Namen eine Kolumne. So was besorgen Ghostwriter, aber trotzdem. Der Wille zählt.

Meir wurde durch das Relaunch von Fürstin Gloria berühmt, er hat ihr damals den Irokesenschnitt verpasst. Er gibt sich in Interviews gerne frech, über die Fernsehgeilheit von Udo Walz finden sich in den Romanen spöttische Passagen. Walz heißt dort »Bruno Lansky«.

Promifriseure sind kein speziell deutsches Phänomen. Der Brite hat Aidan Phelan (David Beckham!) und Nicky Clarke (Nicole Kidman! Gwyneth Paltrow!), der Franzose hat Franck Provost (Lady Di, ihr letzter Schnitt vor dem tödlichen Unfall), bei den Amis sind es Nick Chavez (ganz Beverly Hills) und John Frieda (Meg Ryan! Tom Cruise!). Mit 460 Dollar für einen Nassschnitt gilt Frieda als teuerster Friseur der Welt.

Warum gerade die Friseure in letzter Zeit so wichtig geworden sind? Unter Köchen gibt es neuerdings auch viele Stars. Vielleicht sind die Friseure im Zuge der allgemeinen Promikultur einfach automatisch mit nach oben gespült worden. Sie sind eine Art Prominentenproletariat. Höflinge. Satelliten der echten Prominenz. Sie gehören dazu, aber werden nicht wirklich ernst genommen.

Eines aber muss man ihnen zugutehalten – sie können etwas. Sie sind nicht reine Selbstdarsteller.

Am Telefon war es bei Meir völlig anders als bei Walz. Die Frau erkundigte sich genau danach, was gemacht werden soll, und sie fragte: »Möchten Sie lieber von einer Dame oder von einem Herrn bedient werden? Ist der Günther recht? Jaaaa?« So sind sie, die Münchner. Überhaupt muss es jetzt leider eine etwas klischeehafte Geschichte werden, ich kann nichts dafür, die Wirklichkeit ist eben so. Hier Berlin, dort München.

Der Meir-Salon heißt »LE COVP« und liegt am Promenadeplatz, ganz in der Nähe von »Schumann's Tagesbar«. Davor parken, und das ist wirklich nicht erfunden, zwei Porsches und ein Mercedes Cabrio. Im Eingangsbereich stehen Säulen, es wirkt sehr pompös, fast ein bisschen Mussolini-faschistisch, das ist nicht politisch gemeint, nur vom Stil her. Vor dem Salon: eine Bar. Dort kann man sich hinsetzen, auch wenn man keinen Termin hat. Der Herr, der einen bedient, trägt Nadelstreifenanzug und Brille, er könnte bei jeder Party ohne weiteres als neuer Feuilletonchef der FAZ auftreten. Die Bar wird von der lebensgroßen Statue eines sich dahinfläzenden Jünglings beherrscht, im griechisch-römischen Stil, welcher dem Betrachter sein Geschlecht entgegenreckt, oder auch der Betrachterin.

Durch einen Gang mit Wandleuchtern gelangt man in den Salon, eine langgestreckte Halle mit hohen Fenstern und Spiegeln, auf der einen Seite die Plätze zum Waschen, auf der anderen Seite die Schneideplätze. Es ist so angelegt, dass die Kunden einander in ihrer ganzen Schönheit ausgiebig studieren können, im Gegensatz zu der verwinkelten Situation bei Walz. Das Wasser kommt in einem Glas und auf einem Barwagen. Für das Haarewaschen ist eine füllige Schwarze zuständig. Eine würdevolle alte Dame, von der man zuerst denkt, es sei vielleicht die Mutter von Meir, räumt das Geschirr ab. Und da ist er auch selber. Himmelblaue Krawatte, kariertes Hemd. Aber um die Hüfte herum spannt es auch bei ihm schon ganz schön.

Was man dank *Bunte* und *Gala* alles weiß über so einen Menschen! Ich weiß, dass Gerhard Meir vor acht Jahren auf Mykonos einen ganz üblen LSD-Trip hatte und dabei die ganze Zeit »Deck mich! Deck mich!« gebrüllt hat. Stundenlang! Ich weiß, dass er Stoiber gut findet, obwohl er meint, dass Stoiber auf dem Kopf ein bisschen wuscheliger sein sollte. Ich weiß, dass er gegen seinen Exlover prozessiert hat und schon mittags Weißwein trinkt. Ich weiß, dass es seiner Ansicht nach etwa 1000 gute Friseure gibt in Deutschland, 1000 von insgesamt 65 000. Am Anfang hat er, um als Promifriseur hochzukommen, Prominente umsonst frisiert.

Günther trägt Glatze und Brillie im Ohr. Sein restliches Outfit erinnert stark an eine Knastuniform. Er streitet sich mit einem Typ in schwarzem Unterhemd, der ihm wütend vorwirft, dass er ihn beim Essenbestellen vergessen hat, absichtlich womöglich. »Du Zicke!«, ruft Günther. Das sitzt. Er muss aber laut rufen. Es ist laut im Salon, man versteht kaum was. Darunter leidet die Konversation. Zum Glück. Meir hat über Gespräche im Salon mal gesagt: »Wenn eine Kundin mich zumüllt, schüttel ich ihren Kopf einmal kräftig durch und übergebe die Dame an meine Assistenten.«

Günther findet, dass der letzte Friseur es nicht gut gemacht hat. Der Schnitt sei so lala. Man muss das alles noch mal nachschneiden, und diese Übergänge am Hinterkopf, um Gottes willen. Ich traue mich gar nicht zu sagen, dass es bei Udo Walz war. Und Günther versucht nicht, Shampoo zu verkaufen, angenehm, dafür macht die Rechnung 45 Euro. An der Kasse wartet er auffällig unauffällig auf ein Trinkgeld, aber in der Brieftasche ist zufällig nur ein 50-Euro-Schein, nein, Günther, mehr geht nun wirklich nicht.

Bei Marlies. Im Internet kann man ein Bild von Marlies Möller betrachten, sie ist also eine superflotte Strähnchenträgerin von Ende 30, Anlaufstation Nummer eins der besseren Hamburger Gesellschaft und Besitzerin zahlreicher Titel. Trägerin des Prix de Beauté, Commandeur d'Intercoiffure, Lehrbeauftragte für Frisuren- und Gesichtsgestaltung an der Uni Hamburg ... Halt, stopp, wann hat sie ihren ersten Salon eröffnet? 1962? Irgendwas stimmt da wohl nicht mit dem Foto.

Von Marlies Möller stammt das Grundlagenwerk »Philosophie des Trockenschneidens«, das sich stellenweise liest wie Hegels Phänomenologie des Geistes. Marlies Möller: »Beim Schneiden kann der negative Fall des Haares zum Positiven sichtbar gemacht werden.« Sie behauptet, kurz gefasst, dass Haareschneiden in trockenem Zustand Ängste abbaut, während das Nassschneiden die Ängste im Volk eher schürt. An ihrem Laden, Neuer Wall 61, edle Gegend, läuft man erst mal vorbei. Eine graue Schieferfassade mit schießschartenartigen Fenstern, der Name extrem dezent in den Stein eingelassen. Wie eine Privatbank. Drinnen eine Empfangstheke, hinter der, aufgereiht wie Perlen, sechs weißgekleidete Damen stehen, die alle gleichzeitig die extrem weißen Zähne zu einem synchronen Begrüßungslächeln entblößen, fast wie in einer Tigerdressur von Siegfried und Roy. Wenn das keine Ängste schürt, bitte sehr, was dann?

Vor ihnen liegen riesige Terminpläne. Der Salon hat drei Stockwerke. Hier in Hamburg siezt man die Friseure, meiner heißt »Herr Balser«. Der Besuch in München liegt erst vier Tage zurück. Ich sage: »Ach, nur waschen und föhnen und so.« Herr Balser führt in einen Raum, in dem alles strahlend weiß ist, die Wände, die Möbel, das Licht, fast möchte man eine Sonnenbrille aufsetzen. Und alle Friseure und Friseurinnen sind hellblond. Alle! Es ist wie in diesem Horrorfilm mit den außerirdischen Kindern, die auch alle hellblond sind. Wenn in Berlin der Promifriseur proletarisch ist und in München griechisch-römisch, dann ist er hier vor allem sehr, sehr hell und extrem fleckempfindlich. Das Irrste: Die Plätze haben sogar einen eigenen Computer, einen Apple. Beim Föhnen darf im Internet gesurft werden. Hamburg, Tor zur Welt.

Herr Balser sagt: »Sie waren aber schon lange nicht mehr hier, Herr Martenstein.« Dabei kennen wir uns doch gar nicht! Da muss man bluffen.

»Viel zu tun. Wird immer schlimmer. Wie geht es unserer Marlies?« Frau Möller habe sich seit einiger Zeit aus dem aktiven Geschäft zurückgezogen und wirke nur mehr im Management.

Herr Balser beginnt ansatzlos, die Philosophie des Trockenschneidens zu preisen, es gebe dazu auch eine interessante Produktlinie. Jeder Möllerfriseur besitze eine Zusatzausbildung in der Philosophie des Trockenschneidens. Und ich will ausdrücklich einen Nassschnitt! Das ist, als ob du im Hofbräuhaus Weißwein bestellst. Aber Herr Balser lässt sich nichts anmerken. Der Haarschnitt, den ich da hätte, na ja, da müsse man schon noch mal ein bisschen was machen. Am Hinterkopf sei das viel zu schwer. Die Leichtigkeit fehlt. Und die Übergänge, die seien, pardon, etwas unbeholfen, nicht ganz stimmig, im Ganzen zu schwer. Die bajuwarische Meirschwere. Herr Balser bringt Hanseatenschwung hinein, es sieht echt gut aus. Statt der üblichen 38 Euro verlangt er für Waschen, Föhnen, Nachschneiden auch nur 29 Euro 50 und wartet unauffällig neben der Kasse. Er wartet nicht vergeblich. Herr Balser, so sagen meine Bezugspersonen, war der Beste von allen. Bei drei Prominentenfriseuren und insgesamt vier Stunden Aufenthaltsdauer habe ich übrigens nur zwei echte Prominente gesehen, dies waren Udo Walz und Gerhard Meir.

Tugendrepublik Deutschland

Vor einigen Wochen hat die Welt Genevieve Cook kennengelernt, eine Australierin des Jahrgangs 1957. Frau Cook war 1983 für kurze Zeit die Freundin von Barack Obama, der ein bisschen jünger ist als sie und damals studierte. Man weiß jetzt, wie es beim ersten Mal war: Sie kochten gemeinsam, danach, so Frau Cook, »fühlte es sich an, als müsse es geschehen«. Man weiß jetzt, dass Barack Obama, als »es« geschah, »zärtlich, aber gleichzeitig kühl« war, dass er nach Schweiß und Rosinen roch und dass er als Student sonntags mit nacktem Oberkörper das Kreuzworträtsel in der *New York Times* zu lösen pflegte.

Ich habe das in der Zeitung gelesen.

Wer regelmäßig in *Bild* hineinschaut, kann dort auch Angela Merkel beim Einkauf betrachten, *Bild*-Leserreporter haben sie dabei fotografiert. Auch der Inhalt des Einkaufskorbes ist bekannt: tiefgekühlte Forellen und ein Braten. Philipp Rösler hört beim Einkaufen übrigens Musik aus seinem iPod. Davon gibt es ebenfalls Fotos.

Das sind alles harmlose Dinge. Obama war damals noch lange nicht mit Michelle zusammen. Harmlose Dinge, nichts ist das, gar nichts – außer vielleicht ein Zeugnis der Tatsache, dass jede halbwegs interessante Person und jede alltägliche Handlung heute ein Gegenstand nahezu ununterbrochener Beobachtung sind, nicht zuletzt wegen der Leserreporter, aber auch wegen der tausend Möglichkeiten des Internets und wegen der Handykameras. Vor allem aber deshalb, weil der Mensch ein neugieriges Wesen ist und weil die Neugierde, wie jedes Bedürfnis, sich in einer Warengesellschaft ökonomisch nutzen lässt.

Der sogenannte »Skandal« bringt dann die kollektive Seele zum Kochen, wobei man unter einem »Skandal« in der Sprache der Boulevardmedien jedes Verhalten versteht, das nicht ganz der Norm entspricht – eine Mogelei, einen Seitensprung, einen Wutanfall, den Kauf einer Flasche harten Alkohols, eine Umweltverschmutzung, vielleicht schon ein unvorteilhaftes Foto in der zu knappen Badehose.

In Wirklichkeit ist der sogenannte Skandal natürlich der menschliche Normalfall. Jede Gesellschaft hat Normen, Moralvorstellungen, eine Idee von »richtig« und »falsch«. Gleichzeitig hat es, vermute ich, noch nie eine Gesellschaft gegeben, in der sich alle ständig an diese Normen gehalten hätten. Das ahnt jeder, und fast jede Gesellschaft nimmt es hin. Sogar im Iran gibt es Klubs, in denen Whiskey getrunken wird und in denen Frauen alles andere als verschleiert sind, Klubs, von denen die Obrigkeit weiß, die sie aber duldet. Selbst so extreme Systeme wie der Stalinismus und der Nationalsozialismus ließen vereinzelt Nischen zu, ein paar Ventile, Schwarzmärkte, Bordelle, Treffpunkte für Homosexuelle.

Es gab immer eine Fassade, und hinter der Fassade gab es immer eine zweite, eine etwas realistischere Moral.

Moralische Normen und Gesetze können nämlich keine perfekten Menschen aus uns machen. Sie verhindern lediglich durch Sanktionen, zu denen auch der Gesichtsverlust und die Blamage gehören, dass allzu viele allzu sehr über die Stränge schlagen. Es wird immer Diebe geben, Betrüger, Lügner, fast jeder von uns hat schon gelogen. Aber wenn wir uns mit der Lüge und dem Diebstahl abfinden, dann brechen alle Dämme.

Wir, die Deutschen von heute, glauben, freier zu sein als alle Generationen vor uns, in gewisser Hinsicht stimmt das auch. Wir dürfen unsere Regierungen kritisieren, die meisten leiden nicht unter materieller Not, wir leben lang und haben einige Krankheiten besiegt. Wenn wir unsere Sexualität jenseits der heterosexuellen Monogamie entfalten möchten, dann geht das. Gleichzeitig aber stand noch nie eine Gesellschaft, die keine Diktatur ist, so sehr unter Kontrolle.

Wir kehren auf Facebook und in den unendlich vielen Shows unser Inneres nach außen, es wird von uns erwartet, nahezu ununterbrochen zu kommunizieren, wie die Ameisen es tun. So werden wir nach und nach zu Menschen ohne Geheimnis. Sein und Schein sollen sich, einmalig und erstmals in der Geschichte, nicht mehr unterscheiden. Alles soll gut ausgeleuchtet sein, transparent. Keine Geheimsitzungen mehr, so fordern es manche aus der neuen Erfolgspartei, den Piraten. Keine Doppelmoral mehr, keine Grauzone.

Colin Powell, der ehemalige US-Außenminister, klagt darüber, dass er sogar auf öffentlichen Toiletten von Handyfotografen verfolgt wird. Als er einmal falsch parkte, wurde ein Foto seines Autos ins Internet gestellt.

Von den großen Figuren der Geschichte hätte, nach unseren heutigen Maßstäben, vermutlich kaum eine Bestand vor dem permanent tagenden Gericht der öffentlichen Meinung. Die Geschichte ist ein einziger Skandal, weil es in der Geschichte immer einen Unterschied zwischen dem offiziellen Leben, das mehr oder weniger inszeniert war, und dem tatsächlichen Leben gegeben hat. Katharina die Große und ihre zahlreichen Liebhaber. Napoleon und seine Sexsucht. Der amerikanische Präsident Thomas Jefferson und die schwarze Sally Hemings, seine Nebenfrau, der Trinker Goethe, der manchmal tagelang wegen seiner Depressionen unansprechbare Willy Brandt, das sind nur ein paar Beispiele aus dem Fundus dessen, was man weiß. Diese Dinge waren bekannt, nicht allen, aber einigen. Sie standen allerdings nicht in der Zeitung.

Heute ginge das nicht mehr. Angela Merkel könnte nicht tagelang mit einem Lover abtauchen, sie könnte wahrscheinlich nicht mal in einem Ausflugslokal in Ruhe eine Zigarette rauchen. Barack Obama könnte gewiss keine Dauergeliebte aus dem politischen Gegenlager haben. Es stünde in der Zeitung. Das Internet würde überlaufen. Der Druck würde täglich wachsen. Die Aura ginge kaputt.

Fast keines der politischen Idole aus der Vergangenheit würde unter heutigen Verhältnissen übrigbleiben – nur die Allergeschicktesten und die Tugendbolde. Bleibt die Frage, ob die Bravsten und Angepasstesten dann auch wirklich die Besten sind für das Amt, das sie bekleiden.

In der Nazizeit haben in Deutschland einige Tausend Juden überlebt, weil sie von Freunden und Nachbarn versteckt wurden, in Gartenlauben und Hinterzimmern, oder weil sie mit gefälschten Papieren plötzlich in einer anderen Umgebung auftauchten, wo niemand sie kannte. Ginge so etwas heute noch? Ich glaube nicht daran. Man würde sofort ihre Spuren entdecken, im Internet oder dank einer Fernsehsendung, in der öffentlich zur Jagd geblasen wird.

Wenn ein Politiker gern christliche Werte im Mund führt und mit Fotos seiner angeblich perfekten Familie für sich wirbt, darf man die Öffentlichkeit meiner Ansicht nach darüber informieren, dass dieser Mensch demnächst Vater wird, und zwar außerehelich. Aber was ist, zum Beispiel, mit dem sechzehnjährigen Daniele? Der Junge war Kandidat in der Castingshow *Deutschland sucht den Superstar*. Gewonnen hat er nicht. Ein paar Tage nach seiner Niederlage ging er in Regensburg in eine Diskothek. An diesem Abend stand eine Sexshow auf dem Programm. Eine Pornodarstellerin setzte sich, ziemlich nackt, auf seinen Schoß, anfassen ließ sie sich auch. Tags darauf erschienen Fotos und die Meldung: »Das Jugendamt schaltet sich ein.«

Der Schauspieler Fritz Wepper hat nie so getan, als sei er ein Heiliger. Wer sich für solche Dinge interessiert, weiß, dass seine Ehe von schweren Stürmen gezaust wird und dass er mit seiner, naturgemäß jungen, Geliebten ein Kind hat. Aber das genügt nicht. Leserreporter der *Bildzeitung* schossen Fotos, die Wepper beim Betreten und beim Verlassen der Wohnung seiner Freundin zeigen, mit Uhrzeit. Auf dem ersten Foto trägt er ein weißes Hemd, auf dem zweiten ein blaues. *Bild* weiß sogar, was das Hemd gekostet hat, etwa 100 Euro. Die Reporter verrieten, dass es Weppers Ehefrau war, die sie auf die Pirsch geschickt hat.

Vor der Tugendwacht ist niemand sicher, nicht der Jugendliche mit alterstypischem Erfahrungshunger, nicht der Ehemann auf Abwegen, auch nicht die junge Mutter. Die Schauspielerin Sienna Miller ist von Fotografen dabei ertappt worden, wie sie in schwangerem Zustand ein Glas Prosecco getrunken hat, vermutlich zumindest, das Glas in ihrer Hand sieht jedenfalls ganz nach Prosecco aus. Bildtext: »Tut Mama so was? Nein!«

In Bayern wurde vor einiger Zeit das Rauchen auf Ausflugsschiffen verboten. Wann sehen wir Fotos von rauchenden Matrosen?

Die Tochter einer Kollegin geht in die sechste Klasse, diese Klasse machte eine Tugendfahrt in eine Klinik, um sich dort Raucherlungen und Raucherbeine zeigen zu lassen. Die Kinder sind elf.

Nach dem Rauchen ist, wie zu erwarten, das öffentliche Trinken von Alkohol ins Visier geraten. Zum Beispiel darf in den Hamburger U-Bahnen kein Bier mehr getrunken werden.

In Kiel wurden 500 Schilder mit der Aufschrift »Kein Ort für Neonazis« aufgestellt, der Oberbürgermeister befestigte eines höchstpersönlich am Rathaus. Er will nicht, dass Menschen mit unerfreulicher politischer Einstellung hereinkommen. Das heißt in letzter Konsequenz, dass Rechtsradikale keine Personalausweise mehr bekommen und sich nicht mehr anmelden können, den Kampf gegen rechte Kriminelle dürfte dies nicht erleichtern. Ein Lübecker Kommunalpolitiker von der SPD hat gefordert, dass in der Stadt Rechtsextreme nicht mehr in Restaurants essen gehen dürften. Und eine Kollegin von der Linkspartei hat ihm mit den Worten beigepflichtet: »Gesinnung muss wichtiger sein als wirtschaftliche Interessen.«

Der Philosoph Hegel hat das 1837 noch anders gesehen. Er schrieb: »Die subjektive Tugend, die bloß von der Gesinnung aus regiert, bringt die fürchterlichste Tyrannei mit sich.« Schlagzeilen machte vor einiger Zeit auch der Prozess um einen NPD-Politiker, der in einem Hotel Urlaub machen wollte. Das Hotel wies ihn ab – wegen seiner politischen Ansichten. Andere Gäste, so die Begründung, könnten sich durch seinen Anblick belästigt fühlen. Der von dem Abgewiesenen angestrengte Prozess ergab, dass so etwas grundsätzlich zulässig ist.

Beim Reisen sollen wir auf unsere CO_2-Bilanz achten. Wir

können Zertifikate kaufen, um unser Gewissen zu beruhigen, von dem eingenommenen Geld werden Bäume gepflanzt. Zu Luthers Zeiten kannte man so was auch schon, damals nannte man es Ablasshandel.

Beim Kauf von Kaffee und von Kleidung werden wir darüber informiert, dass der Kaffee aus fairem Handel stammt und das T-Shirt ohne Kinderarbeit entstanden ist. Auf der Einkaufstüte steht: »Waldschützend hergestellt«. Wenn im Radio Werbung für Lotto läuft, dann warnt uns anschließend eine Frauenstimme: »Glücksspiel kann süchtig machen.«

Wer sich im Auto nicht anschnallt, wird in den neueren Modellen durch Gebimmel oder Gebrumm auf seine Pflicht zum Selbstschutz hingewiesen, in manchen Wagen wird das Geräusch immer lauter und penetranter, nicht in allen Autos lässt es sich abschalten. Andere Modelle weisen, mit menschlicher Stimme, darauf hin, dass der Fahrer oder die Fahrerin die vorgeschriebene Geschwindigkeit nicht einhält. Eine Maschine überwacht unser Verhalten. Natürlich geschieht dies alles zu unserem Besten. Und zum Schutz unserer Mitbürger.

Der Große Bruder meint es gut mit uns. Vielleicht wird er uns eines nicht einmal fernen Tages einen kleinen Chip ins Hirn pflanzen, der uns alle endgültig zu Menschen macht, die sämtliche Vorschriften einhalten.

Willkommen in der Tugendrepublik Deutschland! In der Tugendrepublik verschmelzen drei geistige und politische Tendenzen der letzten Jahre. Erstens die Tendenz zur Transparenz, die neue Geheimnislosigkeit. Zweitens die Idee, dass ein moralisch einwandfreies Leben des Individuums staatlich durchsetzbar sein könnte. Drittens der Gedanke der möglichst vollständigen Risikovermeidung, wobei die Entscheidung über individuelle Risiken nicht etwa im Ermessen des

Individuums steht. Die Entscheidung über individuelle Risiken ist vielmehr Sache des Staates, der dabei von einem Heer aufmerksamer Hobbydetektive und emsiger Leserreporter unterstützt wird.

Es handelt sich dabei nicht um ein deutsches Phänomen, sondern um eines der modernen demokratischen Gesellschaften. Bei der Wahrung von Sitte und Anstand sind die USA noch um einiges radikaler, schwer zu sagen, ob immer noch oder schon wieder. Ein Sechsjähriger aus Colorado hat kürzlich einer Mitschülerin den Refrain eines Pophits vorgetragen, er heißt: »*I'm sexy and I know it.*« Das Kind wurde wegen sexueller Belästigung für drei Tage der Schule verwiesen.

Viele Vorschriften und Verbote sind, für sich betrachtet, vernünftig. Auch gegen das Vorhandensein moralischer Prinzipien ist nichts einzuwenden, im Gegenteil. Ich möchte ungern missverstanden werden, etwa als jemand, der sich für Kinderarbeit, gegen Nichtraucherschutz und für die NPD einsetzt. Es kommt aber, wie in der Medizin, auch beim Moralismus und bei der Risikovermeidung auf die Dosis an. Das Streben nach sozialer Gerechtigkeit ist zum Beispiel ganz gewiss ehrenwert. Der Versuch, eine vollkommen gerechte Gesellschaft zu errichten, kann aber nachweislich im Stalinismus enden.

Es kommt auf die Dosis an. Es muss Grenzen geben. Als die Plagiatejäger im Internet die Doktorarbeit des Ministers Guttenberg zerpflückt haben, war das ein Dienst an der Allgemeinheit. Ein Blender wurde enttarnt, rechtzeitig, bevor er womöglich Bundeskanzler geworden wäre. Muss deswegen jetzt jede lang zurückliegende mittelschwere Schlamperei in jeder Promotion jeder mittelbedeutenden Persönlichkeit an den Pranger gestellt werden? Ich finde, nein. Eine Gesellschaft, in der kleine Verfehlungen und marginale Abweichungen vom rechten Pfad noch nach Jahrzehnten zum Ende einer Berufslaufbahn und zu einer öffentlichen Charakterhinrichtung führen, ist unmenschlich.

Kaum etwas kommt mir vernünftiger vor als der Schutz der Nichtraucher vor Belästigung. Muss man deshalb den Rauchern, auch denen, die Rücksicht nehmen, das Leben so schwer wie möglich machen? Muss man ihnen verbieten, sich auf einem bayrischen See eine Zigarette anzustecken? Muss man einem rauchenden Wirt verbieten, seinen rauchenden Gästen eine Suppe zu verkaufen?

Das Standardargument ist dabei bekanntlich die Belastung der Allgemeinheit, die ein Raucher angeblich verursacht. Wer bezahlt für die Behandlung seiner Krankheiten? Antwort: die Gesellschaft. Die Solidargemeinschaft der Versicherten.

In Wirklichkeit führen sich solche Rechnungen, wenn man sich wirklich einmal darauf einlässt, selbst ad absurdum. Denn der Raucher, der früher stirbt, als die Statistik es vorsieht, spart seiner Rentenversicherung ja zweifellos auch einen Haufen Geld. Das Gleiche gilt für den nicht angeschnallten Autofahrer, der im für die Allgemeinheit günstigsten Fall sofort hinüber ist, sagen wir, mit 50 Jahren, und dabei die Gemeinschaft der Versicherten, neben der Rente, sogar von den voraussichtlich immensen Kosten befreit, die er als 80- oder 90-Jähriger durch seine Alterskrankheiten verursacht hätte.

Der für die Staatskasse günstigste Lebenslauf, der finanzielle Idealfall also, wäre zweifellos der plötzliche Herztod kurz nach dem Erreichen des Rentenalters – ein typisches Raucherschicksal, könnte man sagen.

Einerseits hören wir oft von der alternden Gesellschaft, die vielen Alten sind ein Problem. Gleichzeitig werden wir immer wieder dazu ermahnt, gesund zu leben, wir sollen Sport treiben, wir sollen nicht rauchen, wir sollen Gemüse essen. Wir sollen 100 werden. Das ist beinahe schon eine staatsbürgerliche Pflicht. Unser Körper gehört nicht mehr uns alleine, wir haben unseren Körper offenbar vom Staat großzügig zur Verfügung gestellt bekommen, und der Staat verlangt, dass wir mit dieser Leihgabe pfleglich umgehen.

Im Radio habe ich gehört, dass die 1,5-Liter-Behälter für Cola in den New Yorker Kinos verboten werden. Die Leute sind zu dick. Ein deutscher Medizinprofessor wurde dazu vom Sender interviewt. Auf die Frage der Moderatorin, ob Erwachsene nicht selbst darüber bestimmen könnten, wie viel Cola sie im Kino trinken, antwortete der Professor: Der Mensch brauche Leitlinien, auch der erwachsene Mensch. Kim Il Sung hätte es nicht besser ausdrücken können.

Je älter wir im Durchschnitt werden und je gesünder wir im Durchschnitt sind, desto mehr Sorgen macht man sich um unser Wohlergehen und desto größer wird der Druck, noch älter und noch gesünder zu werden. Die Sachwalter der Gesundheit sind wie geldgierige Manager – je mehr sie haben, desto mehr wollen sie.

Die Helmpflicht für Radfahrer gehört zu den Herzensanliegen des Verkehrsministers Peter Ramsauer. Die Gewerkschaft der Polizei geht noch ein bisschen weiter, sie fordert auch die Einführung von Kennzeichen, die an das Rad geschraubt werden und die Ermittlung von sogenannten Verkehrssündern erleichtern. Meiner Ansicht nach wird das kommen, beides, früher oder später. In Deutschland gibt es schätzungsweise 70 Millionen Fahrräder, auf denen jährlich etwa 400 Menschen zu Tode kommen. Sehr wahrscheinlich ließe sich die Zahl der Toten durch die Helmpflicht senken, und natürlich auch durch die Gründung einer neuen Behörde, die den Radverkehr überwacht.

Alles hat einen Preis. Der Preis für die Helmpflicht ist ein Verlust an individueller Freiheit. Die Entscheidung, ob man lieber angenehmer und riskanter fahren möchte oder weniger angenehm und weniger riskant, wird dem Individuum von seiner fürsorglichen Obrigkeit abgenommen. Freiheit und Risiko hängen nun einmal untrennbar zusammen. Egal welche Freiheit sich einer nimmt, egal was einer tut, er oder sie muss dafür immer den Preis des Risikos zahlen. Dem Bergsteiger droht der Absturz, dem Unternehmer droht die Pleite, dem Regisseur droht der Verriss. Die einzigen relativ sicheren Orte sind wahrscheinlich das Sanatorium und die Einzelzelle im Gefängnis.

Nein, es geht beim Rauchverbot auf bayrischen Seen nicht darum, der Allgemeinheit Geld zu sparen. Es geht um eine Idee: die Idee vom richtigen Leben. Es geht darum, angeblich richtiges Verhalten durchzusetzen. Es geht also, im weitesten Sinn, um Herrschaft.

Die Idee vom richtigen Leben und vom richtigen Verhalten ändert sich allerdings ständig. Das Wort »Tugend« ist etwa ab dem Jahr 1000 in Gebrauch, es stammt von dem Verb »taugen« ab. Seitdem variiert die Vorstellung davon, welche Eigenschaften darunter im Einzelnen zu verstehen sind. Die Kardinaltugenden heißen Klugheit, Gerechtigkeit, Tapferkeit und Mäßigung. Das klassische Bürgertum schätzte eher Eigenschaften als besonders tugendhaft, die sich in der Fabrik oder im Büro gut nutzen lassen, Pünktlichkeit, Fleiß, Reinlichkeit, daneben gibt es christliche, preußische und buddhistische Tugendkataloge. Jeder, wie er es braucht oder mag.

Nur der Typus des Tugendwarts bleibt dabei gleich. In den

60er Jahren kontrollierten gewisse Hausmeister und aufmerksame Nachbarn das Tun und Treiben im Wohnblock, und im Büro tuschelte man über den ledigen Kollegen, der angeblich schwul sei. Zum Ausgleich durfte geraucht und getrunken werden, was das Zeug hält, und eine Sekretärin, die sich über einen Klaps auf den Po beschwerte, galt als verklemmt. Von dieser versunkenen Welt, die eng war und kleinlich, handelt die erfolgreiche amerikanische Serie *Mad Men*, die Anfang der sechziger Jahre spielt.

Allerdings war es damals leichter als heute, sich zu verstecken, in einer Welt ohne allgegenwärtige Fotoapparate, ohne soziale Netzwerke, ohne Twitter, ohne YouTube, *Bild*-Leserreporter und WikiLeaks. Und die Bereitschaft, wegzuschauen, war vielleicht sogar größer. Ein gutes Beispiel ist der erste Außenminister der Bundesrepublik, Heinrich von Brentano, CDU. Jeder aus dem engeren Kreis der Spitzenpolitiker wusste, dass er homosexuell war, auch Adenauer, der konservative und streng katholische Bundeskanzler. Brentano wahrte die Fassade, deshalb ließ man ihn in Ruhe – das ist die menschliche Seite der Doppelmoral, sie geht gnädig mit denen um, die sich bemühen, ihr unangepasstes Verhalten zu verstecken.

Heute gibt es diese Option fast nicht mehr.

In mancher Hinsicht ist die heutige Welt tatsächlich freier und angenehmer als die Welt der *Mad Men*. Es bedeutet in den Augen der Öffentlichkeit kein so großes Problem mehr, eine andere sexuelle Orientierung zu besitzen, wie man heute sagt, oder behindert zu sein oder ein aufsässiges Kind zu haben. Kinder werden zum Glück auch nicht mehr so oft verprügelt. Aber wenn das Kind eine Schlägerei auf dem Schulhof anfängt, ist es nicht mehr – wie früher – damit getan, dass die zerrissene Hose des Kameraden ersetzt wird. Das Kind muss jetzt zum Psychologen. Ein Rüpel wie der kleine Ludwig Thoma – der sich später als berühmter Schriftsteller in seinen bayrischen *Lausbubengeschichten* erinnerte, wie er als Bub einer Nachbarskatze Feuerwerkskörper an den Schwanz band – säße heute in der Jugendpsychiatrie, um dort von besorgten Therapeuten an die Normen der Gesellschaft herangeführt zu werden. Der Ehrgeiz der Moralwächter hat sich eben verlagert, auf neue Felder.

Von der Tugendrepublik handelt das Theaterstück *Der Gott des Gemetzels*, es ist auch verfilmt worden. Die französische Autorin Yasmina Reza beschreibt die Begegnung zweier Elternpaare, wohlhabender Leute von heute. Die Kinder haben sich geprügelt, nun statten die Eltern des Täterkindes den Eltern des Opferkindes einen Besuch ab, um sich zu entschuldigen. In der Welt von *Mad Men* wäre man über die Prügelei vermutlich achselzuckend hinweggegangen. In einer Tugendrepublik wird alles in ein helles Licht gerückt, es wird nach Ursachen gesucht, bis man welche findet, es wird geredet, bis alles geklärt ist, nichts wird so leicht vergessen oder vergeben, und das wichtigste Bußritual ist die Entschuldigung, die bei einer öffentlichen Person natürlich eine öffentliche Entschuldigung sein muss. Erwartungsgemäß endet *Der Gott des Gemetzels* in gegenseitiger Demütigung und Selbstzerfleischung. Wenn über alles geredet wird, dann wird halt auch alles zerlegt.

Die Maßstäbe für richtiges und falsches Verhalten hat lange Zeit die Religion gesetzt. Es gab einen Katalog von Sünden, es gab genau definierte Bußrituale, es gab auch die schöne Idee der Gnade und der Vergebung. Religion war ein Regelwerk zur Bearbeitung von Schuld. Seit die Mehrheit nicht mehr und höchstens pro forma religiös ist, wird das Gewicht einer Sünde vom Barometerstand der öffentlichen Meinung bestimmt, vom geschickten oder unbeholfenen Verhalten des Sünders, und an die Stelle der Gnade ist das Vergessen getreten; weil so viel auf sie einstürzt, vergessen die Leute schnell. Nur das Internet vergisst nichts. Die »Jugendsünde« ist deshalb vom Aussterben bedroht, ebenso wie das Recht, jung und dumm zu sein. Die Verfehlungen eines heute Sechzehnjährigen können ihm zwanzig Jahre später die Karriere zerstören. Wo Gott war, da ist jetzt eben Google.

Ein besonders bizarrer Vorfall hat sich 2012 in Hamburg ereignet: der Negerpuppen-Skandal. Die Autorin Sarah Kuttner, 33 Jahre alt, stellte einen Roman mit autobiografischem Hintergrund vor. In »Wachstumsschmerz« geht es um Dreißigjährige, die Schwierigkeiten damit haben, ihre Jugend hinter sich zu lassen und ins Lager der endgültig Erwachsenen überzuwechseln. Sarah Kuttners Protagonistin hat als Kind eine Negerpuppe besessen, ein Geschenk ihrer Eltern. Die Romanfigur wundert sich rückblickend über dieses rassistische Spielzeug mit seinen »prallen, aufgenähten Wurstlippen«, sie wundert sich über ihren »unschuldigen Rassismus« von einst und kommt zu dem Schluss: »Undenkbar, dass so etwas heute noch verkauft würde.«

Im Publikum sitzt ein dunkelhäutiger Mann. Er regt sich auf. Er fühlt sich rassistisch beleidigt. Er hört nur die Worte – Negerpuppe, Wurstlippen – und begreift in seiner Aufregung nicht, dass er gerade eine antirassistische Geschichte gehört hat. Er versteht nicht, dass man auch die Dinge, von denen man sich distanziert, erst einmal klar benennen muss und dass es in Texten immer auf den Zusammenhang ankommt. Es wäre ja auch unmöglich, über Nazipropaganda zu schreiben, ohne mit Hilfe von Zitaten klarzumachen, worum es sich dabei handelt. Das alles versteht der Mann nicht. Er geht nach der Lesung in Sarah Kuttners Garderobe. Die Autorin sagt ihm, dass sie dieses unangenehme Wort »Negerpuppe« verwendet habe, weil solche Puppen in ihrer Kindheit nun einmal existiert hätten und so genannt worden seien. Daraufhin ruft der Mann die Polizei. Zwei Polizisten erscheinen, während Kuttner signiert. Sie nehmen die Anzeige des Mannes auf. Es gibt ein Aktenzeichen.

In der Welt erscheint die Überschrift »*Minderbemittelte*« *Kuttner faselt über* »*Negerpuppe*«. Das Wort »minderbemittelt« ist ein Zitat. Kuttners ehemaliger Moderatorenkollege Mola Adebisi, er ist schwarz, nennt sie so. Kuttner habe sich auch früher schon rassistisch geäußert, in Witzen. Adebisi sagt: »Ich würde mich freuen, wenn sie mal Judenwitze machen würde, dann wäre ihre Karriere nämlich beendet.« Auf Kuttners Facebook-Seite stehen bald darauf etwa tausend Hasskommentare.

Böse sind immer die anderen. Man selber darf eine Kollegin ohne weiteres »minderbemittelt« nennen.

Die gemeinsame Eigenschaft aller Tugendwächter ist ihr gutes Gewissen. Die Tatsache, dass sie im Netz anonym bleiben können, hilft ihnen, gewisse Hemmungen zu überwinden. Und wenn mehrere Tugendwächter zusammenkommen, entsteht der Mob.

Im Frühjahr 2012 veröffentlichten Autoren einen Aufruf zu einem aktuellen Thema, über das es verschiedene Meinungen gibt, zum Urheberrecht. Wenig später standen die Telefonnummern vieler Unterzeichner im Netz, sie wurden zur Belästigung und Beschimpfung freigegeben.

Etwa zur gleichen Zeit wurde in der Stadt Emden ein elfjähriges Mädchen missbraucht und ermordet, die Polizei nahm einen Verdächtigen fest, 17 Jahre alt, Berufsschüler. Der Verdächtige stellte sich später, wie so mancher Verdächtige, als unschuldig heraus. Seine Verhaftung wurde allerdings beobachtet. Die Botschaft und die Identität des Jungen verbreiteten sich über Facebook und andere Netzwerke. Bald darauf rotteten sich vor der Polizeiwache etwa 50 Personen zusammen, Männer und Frauen. Sie forderten die Herausgabe des Jungen, damit sie ihn lynchen könnten.

In den beiden Fällen geht es, auf den ersten Blick, nicht um Tugend. Beim Urheberrecht geht es um einen politischen Streit und in Emden um ein Verbrechen. Beide Male spielte allerdings auch die totale Transparenz eine wichtige Rolle, der gläserne Mensch, in den wir uns nach Ansicht der Tugendwächter verwandeln sollen, einer, von dem die Allgemeinheit alles wissen muss, auch die Telefonnummer und, vor allem, das Vorstrafenregister. Die Allgemeinheit ist dabei gleichzeitig Ermittlungsbehörde, Richter und Vollstrecker.

Die Springer-Presse steht bei der Verteidigung der Tugend fast immer an vorderster Front. *Bild* ist ein Rollenmodell für viele Hasskommentare auf Facebook. Von dem Mainzer Medienwissenschaftler Hans Mathias Kepplinger stammt der Satz: »Die *Bild*-Zeitung ist eine der wichtigsten Quellen für moralische Urteile in der Bevölkerung.« Aus einem Urteil des Berliner Landgerichts, in dem es um den *Bild*-Chefredakteur Kai Diekmann ging, stammt der Satz, dass dieses Blatt »bewusst seinen wirtschaftlichen Vorteil aus der Persönlichkeitsrechtsverletzung anderer sucht«.

In einem Interview hat der Vorstandsvorsitzende des Hauses Springer, Mathias Döpfner, über die Tugendrepublik etwas sehr Richtiges gesagt: »Totale Transparenz ist totalitär. Ich vergesse nie eine Aussage von Mark Zuckerberg: ›Wer nichts zu verstecken hat, hat auch durch Transparenz nichts zu befürchten.‹ Ein fürchterlicher Satz, der hätte auch von der Stasi kommen können.«

Oder von *Bild*.

Zu den inneren Widersprüchen der Tugendrepublik gehört die Tatsache, dass sie einerseits das Risiko brandmarkt, solange es um Alltägliches geht, das Rauchen, das fette Essen, das Nichtanschnallen. Gleichzeitig werden Reservate geschaffen, in die das Risiko ausgelagert wird, es genießt dann durchaus ein gewisses Ansehen und heißt »Abenteuer« – Bungeejumping, Tauchen, Drachenfliegen, Freeclimbing. Ein anderer Widerspruch: Über amoralisches Verhalten von Konzernen in großem Maßstab regt das Publikum sich in der Regel weniger auf als über persönliche Verfehlungen. Es muss sich personalisieren lassen. Und natürlich: Es muss ein Foto geben.

Am Beginn der modernen Gesellschaft, bürgerlich, frei, kapitalistisch, steht die Französische Revolution, und zwei Führungspersönlichkeiten spielen dabei eine besondere Rolle. Sie heißen Danton und Robespierre, Georg Büchner hat ihnen ein Drama gewidmet. Sie gehören beide zu den Jakobinern, den radikalen Verfechtern von Freiheit, Gleichheit, Brüderlichkeit. Danton, ein Anwalt, steigt in der Revolution zum Justizminister auf. Er ist korrupt, er ist fett, er säuft, er frisst, er geht ins Bordell. Sein Gegenspieler Robespierre ist die Tugend selbst, keine Skandale, keine Schmiergelder, keine Frauengeschichten.

Aber es wird der verkommene Danton sein, der sich schließlich dem revolutionären Terror entgegenstellt: Er fordert ein Ende der Hinrichtungen. Zur Strafe wird er selbst ein Opfer der Guillotine. Robespierre, der Tugendsame, strebt die

Weltherrschaft der Tugend an. So etwas geht immer böse aus. Sogar für Robespierre. Am Ende trennt die Guillotine auch ihm das tugendhafte Haupt vom Rumpf.

In Büchners Drama heißt es, der Mensch dürfe »vernünftig oder unvernünftig, gebildet oder ungebildet, gut oder böse sein, das geht den Staat nichts an«. Für die Robespierres dieser Welt aber ist der Staat eine Erziehungsanstalt. Leider hat sich deren Position langfristig im Großen und Ganzen durchgesetzt. Zum Glück ist wenigstens die Guillotine abgeschafft und durch den Shitstorm im Internet ersetzt worden.

Danton neigte zur Milde, weil er, aus eigener Erfahrung, die Fehlbarkeit des Menschen kannte und um seine Schwächen wusste. Halten sich die Leute heute beim Schreiben ihrer Hasskommentare wirklich selbst für so tugendsam und für unfehlbar? Übersteigt es tatsächlich ihre Phantasie, dass, wenn wieder einmal jemand am Pranger steht, demnächst genauso gut sie selbst dort stehen könnten?

Nürburgring

Je näher man an den Nürburgring herankommt, desto schneller fahren die Leute. In Altenahr denkt man noch, na prima, der Verkehr läuft hier schön zügig. Kurz vor Adenau kriegt man Angst. Hinter Adenau liegt dann das Durchschnittstempo 20 Kilometer über dem, was im Rest von Deutschland gerade noch als menschenmöglich gilt. In der Nähe von Nürburg fängt man automatisch selber an, die Kurven mit 80 zu nehmen und sagt sich: Whow, das ist grenzwertig. Aber die anderen röhren sogar mit 130 an einem vorbei. Sie haben alle Alufelgen und Spoiler, und das Auto ist meistens tiefergelegt. Es ist der Wahnsinn. Es ist härter als Brandenburg kurz nach der Wende.

Wir sind in Rheinland-Pfalz. Auf der Fahrt durch die Eifel sieht man Mischwald, Bergkuppen mit und ohne Burg darauf, zahlreiche Bäche und Campingplätze sowie das Gasthaus »Zum Wurstkessel«. Man denkt vor sich hin: »Deutscher als dies hier kann eine Landschaft nicht sein.« Die Straßen sind durchweg gut. Wenn auch extrem kurvenreich.

Dann also ist man am Ring. Ein Kassenhäuschen, eine Schranke, ein Parkplatz. Das Lokal »Zur grünen Hölle«, ein Betonbau im Stil der Neuen Hässlichkeit. Auf dem Parkplatz steht das Erhabene neben dem Trivialen, also beispielsweise ein 30 Jahre alter Austin Healey, wunderschönes englisches Sportcabrio, neben einem frisierten Toyota.

Meistens sind es Porsches. Man macht sich, wenn man nicht dort war, keine Vorstellung davon, wie viele Porsches es in Deutschland gibt. Sie sind am Nürburgring alle silberfarben. Nein, einige sind schwarz. Andere Farben kommen nicht vor, kein Rot, Grau oder gar Grün. Ein grüner Porsche, das wäre ja auch wirklich eine bizarre Idee.

Um geöffnete Motorhauben herum versammeln sich Gruppen von Männern und lassen sich erklären, wie der Motor getunt ist. In vielen Autos fehlen die Rücksitze, stattdessen ist ein Gestänge eingebaut, damit beim Überrollen die Überlebenschancen größer sind.

Neben dem Kiosk steht eine Tafel mit Hinweisen. Man soll bei Unfällen nicht vergessen, die Zahl der Verletzten möglichst exakt durchzugeben. Man soll vor Fahrtbeginn auch unbedingt die SOS-Handynummer einspeichern, damit man im Falle eines Falles nur eine Taste drücken muss. Vielleicht kann man sich nur noch schwach oder unter Schmerzen bewegen, da freut man sich schon, wenn es nur eine einzige Taste ist.

Außerdem steht auf der Tafel: »Unterschiedliche Reibwerte der Strecke machen den Eifelkurs zu einer sehr anspruchsvollen Herausforderung.« Eine Runde kostet 14 Euro. Die meisten kaufen Fünferkarten, das gibt Rabatt. Und man hat vielleicht mehr von den Reibwerten.

Der Nürburgring wurde 1927 gebaut, das war unter anderem eine soziale Maßnahme zugunsten der armen Eifelbauern. In der Eifel herrschte schon damals Arbeitsplatzknappheit, Verschuldung, Reformstau und all das. Die Strecke war 22 Kilometer lang und hatte auf 400 Metern Höhenunterschied 118 Kurven. Das war auch Wahnsinn.

Autorennen begannen damals noch zu Fuß. Das heißt, die Rennfahrer standen mit gezücktem Zündschlüssel in einer

Reihe gegenüber von ihren geparkten Autos, beim Startschuss spurteten sie alle los, sprangen rein, starteten und ab. Der Sieger hieß in der ersten Zeit fast immer Rudolf Carracciola im Mercedes, ein Bursche aus einem Dorf der Nachbarschaft, trotz des italienischen Namens. Er fuhr ohne Gurt und Helm. Das war sein Stil.

1934 wurde eine neue Regel eingeführt. Als Höchstgewicht der Rennwagen waren 750 Kilo erlaubt. Der neue Mercedes W25 aber brachte beim Testwiegen 751 Kilo auf die Waage. In der Nacht haben sie die weiße Farbe abgeschmirgelt, am Morgen stand das Auto mit vorschriftsmäßigen 750 Kilo da und in nacktem, silbrigem Blech. Dies war die Geburtsstunde der legendären Silberpfeile.

Deswegen fahre ich am Ring einen silberfarbenen Mercedes. A-Klasse. Vollkasko. Es ist kein Silberpfeil, mehr so eine Art Silberknubbel. In den Kurven kommt Elchteststimmung auf. Die Strecke? Es geht auf und ab, auf und ab, wie Achterbahn. Kurven sind meistens erst im letzten Moment zu erkennen. Kein Mittelstreifen, dafür am Rand der Strecke rotweiße Begrenzungen.

Die Kurven tragen Namen. Quiddelbacher Höhe. Schwedenkreuz. Metzgesfeld. Bergwerk, da hat sich 1928 Vinzenz Junek in seinem Bugatti den Hals gebrochen. Wippermann. Pflanzgarten, wo es 1958 den armen Peter Collins erwischt hat. Der Asphalt ist fast überall üppig bemalt und beschrieben. Mehrere Male wird einer gewissen »Gaby« gehuldigt, einmal heißt es: »Stefan, gib Gummi!« In der Geraden gehen 120 Sachen, in den Kurven 70, mit Mühe.

Aber das nützt nichts. Die Porsches röhren links und rechts an einem vorbei. Außerdem viele Motorräder. Das einzige Fahrzeug, das sich langsam und vorsichtig durch die Strecke tastet, gehört einem holländischen Touristenpaar. Eine Runde im A-Klasse-Mercedes dauert 14 Minuten. Es macht schon Spaß. Es ist wie Carrera-Rennbahn und total anarchistisch. Gefahren wird, so heiß es nur geht, überholt wird, wo und wie es sich gerade ergibt. In den Kurven schleudert man und denkt: »Schon okay. Auf dem Nürburgring nicht zu schleudern, das wäre ja, als ob man einen grünen Porsche fährt.«

Dass so was in Deutschland möglich ist! Es ist dereguliert bis zum Gehtnichtmehr.

Ab 1950 gab es die Formel 1. Der beste Fahrer hieß damals Juan Manuel Fangio. Er war uralt. Das letzte Mal gewann er am Ring mit 46 Jahren. Die Deutschen hatten Graf Berghe von Trips auf Ferrari, geboren in der Nähe von Kerpen, der wegen seiner zahlreichen Unfälle den Spitznamen »Graf Crash« trug. Im Familienwappen stand das Motto: In morte vita, im Tod liegt das Leben, und so ähnlich pflegte Graf Crash die Dinge auch anzugehen. 1961 war er drauf und dran, der erste deutsche Formel-1-Sieger zu werden, das wäre ein nationales Symbol fast von der Größe des Wunders von Bern gewesen. Aber dann kam das Rennen in Monza, wo Graf Berghe von Trips mit Jim Clark zusammenstieß, was Ersteren das Leben kostete.

Immer wieder sagten Rennfahrer: Der Nürburgring ist für die Formel 1 einfach zu gefährlich. Der Ring wurde umgebaut und entschärft, das wichtigste Rennen, der Große Preis von Deutschland, wurde nach Hockenheim verlegt und wieder zurückerobert, jahrelanges Hin und Her. Niki Lauda fuhr auf dem Ring die schnellste Runde aller Zeiten, in 6 Minuten und 59 Sekunden. 1976 hat es ihn im Abschnitt »Bergwerk« schwer erwischt, fast tödlich, das war das Ende des klassischen Rings. Eine neue Strecke wurde gebaut, gleich nebenan,

4,5 Kilometer, 14 Kurven. Dort fahren sie jetzt mit der Formel 1 immer den »Großen Preis von Luxemburg«. Aber die Freizeitpiloten wollen natürlich nicht auf die Weicheierpiste.

Neben dem Ring steht ein Funpark mit Rennsimulatoren, Kartbahn und solchem Zeug. Es gibt ein Kino, wo man sich die Szenen der spektakulärsten Unfälle ansehen kann. Gaston, ein Belgier, führt rum und zeigt, dass es in den Formel-1-Wagen einen Trinkknopf gibt. Die Fahrer haben im Ärmel einen Schlauch, der zum Kragen herauskuckt. Wenn sie am Armaturenbrett auf den Knopf drücken, können sie während des Rennens trinken. Gaston sagt: »Klar, jede Woche erwischt es hier welche. Vor ein paar Tagen haben sie zwei Engländer aus der Kurve gekratzt. Aber es steht selten was darüber in der Zeitung.«

Das Dorf Nürburg besteht im Wesentlichen aus der Dorfstraße mit ein paar Seitenwegen. Es trägt erstaunlicherweise den Titel »Luftkurort«. Rundherum erstreckt sich die Rennstrecke, das heißt, es liegt immer ein leichtes Dröhnen in der Kurluft. Bevor die Rennstrecke gebaut wurde, züchteten die meisten Einwohner Kohlrübensamen. Nürburg war ein Kohlrübensamenzüchterdorf. Es schmiegt sich an den Fuß eines Berges, auf dem die Ruine der Nürburg steht.

Das Dorf wirkt auf den ersten Blick unauffällig, bis auf das große BMW-Center. Dann sieht man die Autos der Dörfler, in den Einfahrten. Sie haben Spoiler. Sie haben Alufelgen und Rennlenker. Sie sind tiefergelegt. Das ganze Dorf Nürburg ist ein komplett tiefergelegtes Gemeinwesen.

Da kommt ein Fahrrad, mit Kind. Das Kind sieht normal aus, aber das Fahrrad nicht. Es hat einen Tacho, eine gigantische Gangschaltung, Rückspiegel, vier Katzenaugen und Wimpel und extrabreite Reifen.

Das sind die schnellen Kinder von Nürburg.

Nachts aber gehen überall gebogene Peitschenlampen an, und das am Tag relativ romantische Nürburg leuchtet taghell wie einst die Zonengrenze. Alle Straßen und Wege sind dann plötzlich mit Porsches und BMWs zugeparkt. Man sieht tatsächlich keinen einzigen Fußgänger, nur silberfarbene Porsches unter Peitschenlampen.

Dann geht man in ein Gasthaus hinein. Es heißt »Pistenklause«. An den Wänden hängen Rennfahrerfotos. An langen Tischen sitzen Gäste, dicht an dicht. 90 Prozent sind Männer zwischen schätzungsweise 45 und 55. Das sind die Porschefahrer. Wenn du jünger bist, hast du das Geld noch nicht. Wenn du älter bist, hast du die Reaktionen nicht mehr.

Die Männer haben fast alle Polohemden an. Einige tragen auch nachts Rennsonnenbrillen, in die Stirn geschoben. Die Männer reden in verschiedenen Sprachen, Englisch, Französisch, Schweizerdeutsch. Zehn Prozent der Gästeschaft bestehen aus Frauen. Sie sind alle zwischen 20 und 30. Das sind offenbar die Freundinnen der Porschefahrer. Es sitzt immer eine einzelne Freundin mit acht oder neun Porschefahrern an einem langen Tisch und trinkt Mineralwasser.

In dem Moment versteht man: Nürburg ist eine Art Kurort für Midlife-Crisis-Kranke. Im Laufe der Zeit haben sie die Dorfbewohner angesteckt. In Nürburg kommt man schon als Midlife-Crisis-Kranker zur Welt. Deshalb haben es sogar die Kinder.

Die Wirtin sagt: »Nein, Tourismus im üblichen Sinn haben wir hier kaum. Die Herren sind alle wegen dem Nürburgring da.«

Was genau machen sie? »Sie buchen im Fahrsicherheitszentrum einen Kurs. Manche kommen seit zehn Jahren oder länger. Die Schweizer Gruppe sogar zweimal im Jahr. Sie üben im Kurs, und dann drehen sie auf dem Ring Runden. Sonst können die Herren ihre Autos ja nirgendwo ausfahren.«

Das Fahrsicherheitszentrum liegt hinter dem Funpark, zwei Übungsplätze und ein Bürogebäude. Viele Hostessen in schwarzen Uniformen laufen umher. »Interessieren Sie sich fürs Intensivtraining oder fürs Perfektionstraining?«, fragt die Hostess und reicht den Prospekt rüber. Im Prospekt steht: »Wie aus dem Nichts schießen vor Ihnen Wasserfontänen aus dem Boden. Eine hydraulisch bewegte Platte zieht Ihrem Auto die Hinterräder zur Seite. Wir sorgen dafür, dass Ihr Auto komplett den Kontakt zur Fahrbahn verliert.« Das also ist das Fahrsicherheitszentrum.

Graf Berghe von Trips verglich das Rennfahren mit den Turnieren der Ritterzeit. Der Tod muss als Möglichkeit mitgedacht werden, daraus besteht der Kitzel. Beim Boxen wollen die Zuschauer ein K. o. sehen, beim Autorennen liegt immer der spektakuläre Unfall in der Luft. Zu sagen, die Zuschauer wollen, dass jemand stirbt, wäre übertrieben. Sie *wollen* es nicht unbedingt, aber die Möglichkeit, dass jemand sterben *könnte*, erhöht die Attraktivität der Veranstaltung schon ein wenig.

In der Dorfchronik von Nürburg steht, dass die Burg etwa 1150 durch Ulrich von Are errichtet wurde. Ulrichs Bruder aber wollte, dass die Erbfolge an seine Linie übergeht. Deswegen, so erzählt die Dorfsage, ließ er den Grafen Ulrich durch einen gedungenen Tunichtgut entmannen. Nicht etwa töten, nein, nur entmannen, so viel Bruderliebe war denn doch. Das ist seltsam: Ein deutscher Ort, der so viel mit Männerritualen und Midlife-Crisis und vielleicht Potenzsymbolen zu tun hat, falls man die populäre These akzeptiert, dass ein Porsche ein Potenzsymbol ist, ein solcher Ort also hat als Dorfsage ausgerechnet eine Kastrationsphantasie. Wirklich sonderbar.

Und oben, auf der Burg, hört man immer dieses Röhren. Es könnten Motoren sein. Aber vielleicht ist es ja tatsächlich das abgetrennte Gemächt des Grafen Ulrich, das hier irgendwo vermodert und bis auf den heutigen Tag röhrend nach Rache ruft.

König Lear, auf schwäbisch

In Stuttgart steht ein Thron, der ist blutig. Es ruht ein Fluch darauf. Aus dem Amt des baden-württembergischen Ministerpräsidenten kommt seit Menschengedenken keiner heil heraus. Es gab einen, der hieß Hans Filbinger und musste gehen, weil er ein Nazirichter war. Spitzname: der furchtbare Jurist. Sein Nachfolger Lothar Späth, enorm tüchtig, genannt das Cleverle, stürzte über unkorrekte Reisen. Ganz früher war da noch Kurt-Georg Kiesinger, genannt Silberzunge, der wurde zwar zum Kanzler befördert, aber er verspielte die Macht der CDU und endete glücklos, abgehalftert, obwohl die Silberzunge doch so schön reden konnte. Was für ein Job.

Und dann kam Teufel.

Jeden Morgen um 6 Uhr 46, Montag bis Freitag, steigt Erwin Teufel in Spaichingen in den Zug, immer ins gleiche Abteil, und fährt eineinhalb Stunden nach Stuttgart zum Regieren. Die erste Viertelstunde liest er Zeitung, danach liest er Post, danach diktiert er Briefe. In Stuttgart, sagt er, habe er so viele Termine, da komme er zu nichts, zum Nachdenken schon gar nicht. In Rottweil steigt seine Sekretärin zu, Hilde Troje, die seit 1970 für ihn arbeitet. In Spaichingen war Teufel als junger Mann Bürgermeister. Jetzt ist er 65 Jahre alt und Ministerpräsident, aber nur noch bis April. Er hätte gerne weitergemacht. Es gab bei ihm keine Skandale. Natürlich nicht. Der Druck seines hochehrgeizigen, hungrigen und wohl auch ein klein wenig intriganten Nachfolgers Günther Oettinger war aber zu groß geworden. Teufel hatte nach verbreiteter Auffassung einfach zu lange regiert, er gab auf. Im Grunde haben sie ihn abgesägt, auch ihn, wie alle Vorgänger, und wie später auch seine Nachfolger Oettinger und Mappus abgesägt werden, der Erste von Angela Merkel, der Zweite von den Wählern.

Darüber, was in ihm vorgeht, kann er noch nicht reden. Dies ist die Bedingung für ein Gespräch mit ihm. »Erwähnen Sie besser gar nicht den Namen Oettinger.« Er gilt als sensibel, auch als verschlossen.

Teufel ist ein Anti-Medien-Politiker. Im Fernsehen wirkt er bieder und langweilig, aber sein Image ist ihm vermutlich egal. Vielleicht ist er der Letzte seiner Art, vielleicht tritt mit ihm ein Typus ab, der Typus der ersten Jahre der Bundesrepublik, als Fernsehen noch nicht so wichtig war. Erwin Teufel ist das Gegenmodell zu Klaus Wowereit, zu Gerhard Schröder, zu Guido Westerwelle. Er hat nie Ehrgeiz erkennen lassen, der über sein Ministerpräsidentenamt hinausginge. Auch deswegen haben ihn im Kernbereich der Macht nicht alle für voll genommen. Ein Provinzler.

Teufel hat zwei Lebensdevisen, die oft zitiert wurden. Erstens: »Das Amt muss zum Mann kommen und nicht der Mann zum Amt.« Zweitens: »Erst kommt das Land, dann die Partei, dann die Person.«

Erwin Teufel ist an diesem Tag in Berlin mit dem Philosophen Rüdiger Safranski zum Mittagessen verabredet. Teufel hat Safranski um das Treffen gebeten, weil er dessen Schiller-Biographie so großartig findet. Der scheidende Ministerpräsident ist ein Bauernsohn, acht Geschwister, studiert hat er nie, trotzdem war er wahrscheinlich der belesenste Spitzenpolitiker. Der Sonntag ist bei ihm meistens dem zweckfreien Lesen gewidmet, ohne Politik. Talkshows sieht er selten. Der Sonntag sei ja auch der einzige Tag, an dem er mal länger mit seiner Frau zusammensitzen könne. Das finde er wichtiger.

Wenn man ihn nach Lieblingslektüre fragt, nennt er unter anderem Neil Postman, die Kulturzeitschrift »Merkur« und verschiedene Feuilletons. Wenn man ihn danach fragt, was an ihm typisch schwäbisch sei, sagt er, dass er Mundart spricht, aber zuerst denkt und dann erst spricht, dass er sich geweigert hat, in die Dienstvilla zu ziehen, außerdem, dass er seine Heimat liebe. Dann macht er eine Pause und sagt, wie zu sich selbst: »Eigenlob stinkt.«

Teufel sitzt also in seinem Büro, in der Berliner Landesvertretung. In die moderne Architektur passt er natürlich nicht hinein. Einmal hat er, als ein Reporter ihn besuchte, im Regal aus Versehen eine Dose billiges Haarspray stehen lassen. Als er sich zum ersten Mal die Haare färben ließ, war nicht das Ob in Baden-Württemberg ein Thema, sondern das Wie. Die Haare waren statt schwarz leider rötlich ausgefallen, nach anderen Beschreibungen sogar lila. Teufel hatte beim Friseur zu sehr gespart.

Er hat sich auch nur ein relativ günstiges Fertighaus geleistet, weil man, wie er sagt, sonst durch die Schulden zu abhängig wird. Urlaub macht er jedes Jahr am Bodensee, in seiner Ferienwohnung, eine kleine Wohnung, wie er betont. Einmal hat er dort in der Gegend Martin Walser kennengelernt und dessen inzwischen gestorbenen Verleger Siegfried Unseld, seitdem trafen sie sich einmal im Jahr zum Essen, Teufel, Walser, Unseld sowie Unselds Frau Ulla Berkéwicz. Walser schrieb zu Teufels 60. Geburtstag sogar ein Lobgedicht auf ihn, seinen Ministerpräsidenten.

Die Frage, ob Walser sein Freund sei, wehrt er ab. Wer soll das entscheiden? Zu Unseld der Satz: »Unseld ist Ulmer.« Damit scheint aus Teufels Sicht über Unseld alles gesagt zu sein.

Wenn man sich umhört unter denen, die ihn seit Jahrzehnten beobachten, hört man Worte wie »rechtschaffen« und »verlässlich«. Man dürfe aber nicht den Fehler machen, ihn zu unterschätzen. Der ist auch ein Biest, der kann eiskalt sein, sagt ein Journalist. Der hat auch Kerben auf dem Revolver. Er verdrängt, sieht nur, was er sehen will, hat in der Partei wenige echte Freunde. Ein Eigenbrötler, ja, das sei er. Und konservativ natürlich. Seine Tochter hat jetzt allerdings ein Kind und will arbeiten gehen, seitdem redet er in der Familienpolitik plötzlich moderner.

Er, der Aufsteiger, hat früher als andere begriffen, dass es auf die Bildungspolitik ankommt. Seit er regiert, seit 1991, hat er systematisch Geld in Kinderhorte, Schulen und Universitäten geschaufelt. Er hat nicht herumexperimentiert, sondern einfach 15 500 zusätzliche Lehrerstellen geschaffen, und wenn heute Baden-Württemberg in den Wirtschaftsdaten relativ gut dasteht, dann auch deswegen. Von den zehn Universitäten, die in den diversen deutschen Rankings führen, liegen meist sechs in Teufels Land.

Was jetzt in Teufel vorgeht, kann man sich vorstellen, wenn man seine Biographie betrachtet. Vor fast 50 Jahren gab es in Villingen-Schwenningen zwei Mitglieder der Jungen Union, die oft gemeinsam zu Diskussionsveranstaltungen gingen und bis heute enge Freunde blieben, Erwin Teufel und Heiner Geißler. Er teilt nicht alle Auffassungen Geißlers, manche schon. Zum Beispiel sagt er: »Die CDU muss auch als Partei der kleinen Leute wahrgenommen werden, sonst ist sie nicht mehrheitsfähig.« Auf der anderen Seite stand im Ort ein Jungsozialist, der immer gegen sie anstänkerte, der hieß Erhard Eppler. Man blieb lebenslang in Kontakt. Wenn man Teufel fragt, vor welchem Sozialdemokraten er Hochachtung empfinde, fällt als einer der ersten der Name Eppler.

Als Lothar Späth im Affärenstrudel versank, blieb Teufel loyal bis zum letzten Tag, obwohl klar war, dass er die Nummer eins war auf der Liste potentieller Nachfolger. Nur einmal in Teufels Laufbahn trat er in offener Feldschlacht zur Kampfkandidatur an, da ging es um den stellvertretenden CDU-Landesvorsitz, der Gegner hieß Manfred Wörner, später Verteidigungsminister. Teufel siegte. Erst kürzlich hat er wieder Wörners Grab besucht, zum Todestag. »Freundschaften sind in der Politik möglich«, sagt er, fast treuherzig.

Seit er bei einer Wiederwahl zum Landesvorsitzenden nur 77 Prozent bekam und sie in der Partei immer öfter Witze über seine Schwerhörigkeit machten, war klar, dass er um eine nächste Amtszeit, falls er sie will, kämpfen muss. Er wartete aber ab, sonderbar passiv. Er machte Fehler. Zum Beispiel verpasste er verschiedene Gelegenheiten, seinen Hut in den Ring zu werfen und zu sagen: »Ich will's noch mal werden.« Den offenen, sichtbaren Königsmord hätte der Rivale nicht gewagt, dazu war der Alte noch zu stark und hatte zu gut regiert.

Aber Teufel schien zu wollen, dass seine Partei ihn ruft. Da konnte er lange warten, denn alle, die unter ihm nichts geworden waren, witterten jetzt ihre Chance, unter dem Neuen. Die, die nichts geworden sind, sind nämlich immer in der Mehrheit. Als sein treuer Minister Christoph Palmer einen von Oettingers Leuten öffentlich ohrfeigte, als Palmer schrie: »Drecksau! Verräter!«, ein unerhörter Vorgang in der deutschen Politik, Bürgerkrieg quasi in der CDU, da war es aus für Erwin Teufel.

Teufel steht auf. Er wünscht Gottes Segen für den Besucher. Er geht ein wenig linkisch hinaus, ein bäuerlicher König Lear. In der »Zeit« stand, er sei »gewissermaßen ein Opfer seiner Charaktervorzüge«. Jetzt also Oettinger. In Stuttgart steht ein blutiger Thron.

Milch

Jetzt ist die Milch also auch teurer geworden.

Natascha Hirschmann, angehende Tierärztin, hat zwei Kinder und lebt mit ihrer Mutter, vom Kindsvater getrennt, in Hessen, Vogelsbergkreis. Ihr 200 Jahre alter Bauernhof, mitten im Dorf Mücke, sieht nach Bullerbü und Ökoparadies aus, ein zahmes Schwein watschelt herum, auch ein Esel ist vorhanden. Seit zwei Jahren arbeitet Hirschmann für eine Tierschutzorganisation, Animal Angels.

Moment mal, Janko, der Sohn, will ein Salamibrötchen. Er kriegt es. Er darf auch mit dem Computer spielen, während seine kleine Schwester sich schminkt. Und Natascha Hirschmann fährt Motorrad. Manchmal strahlen Tierschützer etwas Fanatisches oder Weltfremdes aus, bei Hirschmann ist das nicht der Fall. Sie scheint vollkommen normal zu sein, nur Fleisch isst sie nicht mehr. Sie trinkt auch keine Milch, insofern lässt der Milchpreis sie kalt. Ihr distanziertes Verhältnis zur Milch hat damit zu tun, dass sie, als Landbewohnerin, als Veterinärmedizinerin und als Mitarbeiterin einer Tierschutzorganisation, einiges über die Milchproduktion weiß, Details, die ihr nicht gefallen. Während wir mit dem Jeep Richtung Weide fahren, erzählt sie.

Im Alter von 15 Monaten ist die moderne Kuh erwachsen. Sie wird dann künstlich befruchtet. Mit 24 Monaten kalbt sie, ihr Kalb sieht sie nur kurz oder gar nicht. Es wird aus ihr herausgezogen und mit Milchersatz gefüttert. Die Milch ist nämlich zu wertvoll. Außerdem ist moderne Kuhmilch manchmal ungesund für das Kalb, es bekommt davon Durchfall.

Die moderne Kuh ist kein Produkt der Natur, der Evolution oder eines Gottes. Sie ist eine vom Menschen geschaffene Höchstleistungsmaschine.

Die Kuh steht im Stall. In vielen Fällen wird sie die Sonne erst wieder an ihrem Todestag sehen. Sie sieht, wenn es besonders fortschrittlich zugeht, auch selten einen Menschen. Der Computer teilt ihr Kraftfutter zu, individuell, ein Roboter melkt sie. Sechs Wochen nach der ersten Geburt wird die Kuh wieder befruchtet. Vor der Besamung bekommt sie Hormone, damit es garantiert klappt. Die Kuh muss ihr Leben lang schwanger sein, damit die Milchproduktion keinen Tag nachlässt.

Das Leben einer solchen Milchproduktionseinheit dauert im Durchschnitt drei bis vier Jahre oder vier bis fünf Schwangerschaften. Dann ist ihr Körper erschöpft, ihre Produktion lässt nach, obwohl die Kuh eigentlich noch jung ist. Sie brauchte nach all den Schwangerschaften lediglich eine Pause. Pausen sind aber unökonomisch.

Es gibt immer noch die traditionelle Kuhhaltung, den Wechsel zwischen Stall und Weide, wie wir ihn zu kennen glauben. Aber die Fabrikproduktion dominiert. Anders wäre die weltweite Nachfrage nicht zu befriedigen. Der traditionelle Stall verschwindet, außer auf dem Ferienbauernhof. 1955 gab es in Westdeutschland 1,3 Millionen Betriebe, die ganz oder teilweise von Rindern lebten. Heute sind es in ganz Deutschland um die 100 000. Immer weniger produzieren immer mehr.

Der Computer meldet die nachlassende Milchproduktion einer Kuh sofort an die Fabrikzentrale. Der Computer entscheidet, wer stirbt. Eine Kuh, die nachlässt, wird abgeholt, in einen Lastwagen verladen und in einen möglichst billigen Schlachthof gefahren. Wenn sie Pech hat, wird das ein tagelanger Horrortrip durch Europa, Tage der Hitze und des Durstes. Sie ist vielleicht erst fünf Jahre alt, die normale Lebenserwartung liegt bei 25 bis 30 Jahren. Viel ist ihr Fleisch allerdings nicht wert. Sie taugt nicht für Steaks, höchstens für Hamburger.

Wir kommen an der Weide an. Dort stehen Kühe. Aber sie sehen sonderbar aus. Solche Kühe sieht man sonst nie. Was wir sehen, sind Wracks, klapprige Greisinnen, die nur mühsam laufen können. Sie haben poröse Knochen, weil das Kalzium ihres Körpers jahrelang in die Milchproduktion geflossen ist. Als sie kamen, hatten sie Geschwüre am Euter, das immer noch fast bis zum Boden hängt.

Solche Kühe sind das Ergebnis des Leistungsprinzips. Die Natur kennt Auslese, aber nicht diese Art von individuellem Leistungsprinzip.

Viele Kühe bekommen die Berufskrankheit Mastitis, Euterentzündung. Mit Antibiotika geht das wieder weg. Damit sie in den Schlachtwagen gehen, muss man die Greisinnen manchmal prügeln oder den Flaschenzug nehmen.

Natascha Hirschmann und die Animal Angels betreiben in Mücke, finanziert durch Spendengelder, ein Altersheim für Kühe. Die Kuh, sagt Hirschmann, interessiert mit ihrem Leid den durchschnittlichen deutschen Verbraucher einfach nicht. Vielleicht sei sie nicht süß genug. Das Leiden der Hühner in den Legebatterien hat vor ein paar Jahren große Schlagzeilen gemacht, und es hat sich für die Hühner ja tatsächlich ein bisschen was verbessert. Viele bezahlen heute gern ein paar Cent mehr für Freilandeier.

Eine Kuh, eine von zehn Heimbewohnern, steht seit zwei Tagen nicht mehr auf. Wenn nichts hilft, muss sie erschossen werden.

Das Altersheim soll den Leuten vorführen, was aus den Kühen wird, wenn man sie auspresst wie eine Zitrone. Die Tiere waren billig, ein paar hundert Euro, zum Teil sind sie sogar Geschenke. Einige waren nämlich so ruiniert, dass sie nicht mal mehr einen Schlachtwert besaßen. Da hat der Bauer sich den Abdecker gespart und war erfreut. Die Bauern hier in der Gegend sind keine Feinde, erzählt Hirschmann, sie halten mich bloß für verrückt.

Einige Heimbewohnerinnen waren besonders gute Milchkühe. Turbokühe. Wer 100 000 Liter gegeben hat, kriegt im Stall nämlich einen Kranz umgehängt und wird offiziell zur Turbokuh ernannt. Lebensverlängernde Wirkung besitzt dieser Titel nicht.

Hirschmann erzählt: »Das, was auf der Weide steht, das, was man sieht, sind meistens Fleischkühe.« Die brauchen Gras und Sonne, damit am Ende das Produkt etwas taugt. Nach Hirschmanns Ansicht leben die Kühe in den modernen Hallen nicht unbedingt schlechter als im traditionellen Stall des Kleinbauern, wo sie mit hochgebundenem Schwanz festgebunden sind und sich oft nicht einmal kratzen können. In der Halle dürfen sie sich immerhin bewegen, wie sie wollen.

Zurzeit ist der Mensch damit beschäftigt, durch Zucht zwei neue Tierarten zu erschaffen, die Milchkühe und die Fleischkühe. In Maria Rollingers Buch »Milch besser nicht«, sozusagen der Bibel der Milch- und Milchwirtschaftskritiker, wird auch über eine heraufdämmernde dritte Kuhart gesprochen, die Käsekuh. Züchter versuchen, Exemplare mit besonders hohem Kaseingehalt in der Milch herzustellen, diese Designer-Kuh gibt dann sozusagen Käsemilch. Die wirtschaftlich optimale Kuh, schreibt Rollinger, lebt immer kürzer und gibt in dieser Zeit immer mehr Milch, am besten 20 000 Liter für ein oder zwei Jahre. Dann ist sie fertig, ausgebrannt, durch Produktion vernichtet.

Man denkt: Milch, ein klassisches Grundnahrungsmittel. Das stimmt aber gar nicht. Im »Jahrbuch für Statistik« des Deutschen Reiches taucht das Produkt »Vollmilch« erst 1919 zum ersten Mal auf, die erste detaillierte deutsche Milcherzeugungsstatistik stammt von 1930. Erst seit etwa hundert Jahren trinkt der europäische Mensch in größerem Umfang Milch, dies allerdings mit unablässig steigender Tendenz.

Der frühe Mensch hat Tiere nicht gemolken, sondern gejagt. Unter den Nutztieren ist das Rind ein Spätankömmling, vor 8000 Jahren erst wurde es gezähmt. Den Menschen fiel auf, dass die Milch des Rindes schnell schlecht wird. Deswegen hat er die Milch zu Käse und Butter verarbeitet, beides hält länger. Bis ins 19. Jahrhundert hinein galt Milch als eklig, immerhin handelt es sich um eine tierische Körperflüssigkeit.

Die frühen Kühe haben, wie Historiker zu wissen glauben, um die 400 Liter pro Jahr produziert, Fettgehalt zwei Prozent. Heute geben manche Kühe das Fünfzigfache, 20 000 Liter, Fettgehalt über vier Prozent. Wegen des hohen Fettgehaltes bekommen die Kälber diese Magenprobleme. Im Jahr 1800 wog die Durchschnittskuh 250 Kilo, heute sind es 700 Kilo. Ist das überhaupt noch das gleiche Tier?

Zwei technische Revolutionen haben das Lebensmittel Milch überhaupt erst möglich gemacht. Erstens die Eisenbahn und das Auto, wegen des schnelleren Transportes.

die Ammoniak-Kompressionsmaschine, der erste
nk. Carl von Linde, 1874.

rsten Jahrzehnten war das Geschäft mit der Milch noch eine Sache von Kleinhändlern, oft lag es in den Händen von jungen Frauen. Typisch für die Städte sind vor dem Ersten Weltkrieg die Milchmädchen gewesen, die im Auftrag der Bauern mit ihrem Karren herumzogen und die sich bei den Rechnungen manchmal vertaten. Die Milch wurde lose verkauft, in Kannen, sogar noch bis in die 60er Jahre hinein, als die Milchmädchen bereits von den Milchgeschäften verdrängt worden waren, die ihrerseits bald darauf von den Supermärkten verdrängt wurden.

Der Staat förderte den Milchkonsum, weil Milch als gesund galt, zum Beispiel finanzierte der Staat den Bau von Milchhäuschen. Das Proletariat sollte Milch trinken statt Bier. Diese Erziehungsmaßnahme ist bekanntlich nur ansatzweise gelungen.

Währenddessen stieg, durch Zucht, durch Kraftfutter, durch bessere Melkmaschinen und durch radikales Aussortieren jeder Minderleisterin, ununterbrochen die Milchproduktion jeder einzelnen Kuh. 1935 gab sie 2500 Liter im Jahr. 1970 schon 4000. Jetzt 20 000 in der Spitze. 8000 bis 10 000 sind normal.

Moderne Milch ist weitgehend keimfrei, durch Pasteurisieren. Wenn man sie stehen lässt, wird, anders als früher, keine Dickmilch mehr aus ihr. Sie wird einfach nur schlecht. Bis dahin aber wirkt sie frisch, obwohl der Weg von der Kuh zum Supermarkt in der Regel mehrere Tage dauert. Der Eindruck unverwüstlicher Frische entsteht dank des Homogenisierens. Beim Homogenisieren werden die Fettkügelchen in der Milch verkleinert, so dass sich oben kein Rahm mehr absetzt, die

Milch sieht auch schöner aus. Bei der Verarbeitung werden Rahm und Flüssigkeit voneinander getrennt, dabei entsteht fettfreie Milch, das sogenannte Milchplasma. Anschließend werden beide Bestandteile, Plasma und Fett, wieder neu zusammengesetzt. Ganz nach Bedarf und Marktlage kann die Molkerei also Magermilch oder halbfette oder fette Milch herstellen.

Durch die Globalisierung gleichen sich die Essgewohnheiten an. Das heißt, in Asien zum Beispiel geht der Trend nach Angaben der Welternährungsorganisation FAO weg vom Vegetarier und hin zum Fleischesser. Weil man sieben Kilo Getreide braucht, um ein Kilo Fleisch herzustellen, bringt der höhere Fleischverbrauch fast automatisch die Brotpreise zum Steigen, und Fleisch wird in der Relation zum Brot billiger – ein Teufelskreis, wenn man so will.

China muss seit einiger Zeit Getreide importieren, hauptsächlich, um damit Fleisch herzustellen. Neuerdings wird dort auch immer mehr Milch verzehrt – als Joghurt, als Käse, als Eis, in den verschiedensten Formen, obwohl die Körper der meisten Asiaten den Milchzucker, die Laktose, eigentlich nicht vertragen. Auch in Afrika und in Südeuropa vertragen viele keinen Milchzucker. Die Milch ist eben ein historisch neues und für den menschlichen Organismus ungewohntes Nahrungsmittel. In Asien muss sie von der Industrie durch Entzug der Laktose überhaupt erst genießbar gemacht werden.

Warum steigt der Milchpreis? Da gibt es mehrere Theorien. Es hängt mit der gestiegenen asiatischen Nachfrage zusammen, sagen die einen. Asien baut erst allmählich eine Milchwirtschaft auf, demnächst wohl mit japanischen und koreanischen Turbokühen. Wer weiß, vielleicht dreht Japan den Spieß schon bald um, wie bei der Autoproduktion, und in 20 Jahren trinken wir Toyota-Milch aus Japan. Außerdem haben die wachsende Produktion von Biosprit und eine Dürre in Australien weltweit das Futter knapper und teurer gemacht.

Andere dagegen, wie der grüne Europapolitiker Friedrich-Wilhelm Graefe zu Baringsdorf, haben den Handel im Verdacht, die Preise zu manipulieren. Fest steht, dass wir in Deutschland in den letzten Jahren nur zwölf Prozent des Einkommens für Lebensmittel ausgegeben haben, im internationalen Vergleich ist das wenig. Da könnte schon jemand auf die Idee kommen, dass es Luft gibt für höhere Preise. Fest steht auch, dass die Milchfabriken von den höheren Preisen bisher nicht viel abbekommen.

Die Tierschützer wollen, dass die Kühe ebenso ins Bewusstsein der Verbraucher dringen wie vor ein paar Jahren die Hühner. Sie wollen, dass der Milchpreis steigt, aber davon sollen auch die Kühe etwas haben. Sie sollen sich nicht in Maschinen verwandeln müssen, in riesige, willenlose, entzündete Euter, sondern Kühe bleiben dürfen.

Das älteste Tier im Heim ist 18. Trude. Die war der Liebling der Bäuerin, sagt Natascha Hirschmann, deswegen wurde sie nicht geschlachtet. Sie konnte nicht mehr stehen, als Hirschmann sie holte, lag schon zum Sterben, steife Gelenke. Aber das zahme Schwein hat sie immer wieder hochgescheucht, bis die Kuh schließlich so genervt war, dass sie beschloss weiterzuleben. Die alte Kuh frisst kein Gras, das hat sie in ihrem langen Leben nämlich nie gesehen, sie frisst nur Heu. Bei Christiane, einer Turbokuh, stellte sich heraus, dass sie schwanger war. Nun hat sie zum ersten Mal nach einer langen Reihe von Schwangerschaften ihr Kalb behalten dürfen. Man merkt direkt, wie glücklich sie ist, sagt Hirschmann, eine untypische Bemerkung für sie, sonst wirkt sie eigentlich unsentimental.

Die Kuh passt jede Sekunde auf das Kalb auf, rennt ihm eifrig hinterher, obwohl sie augenscheinlich bei jedem Schritt Schmerzen hat und die Knochen laut knacken. Die alte Kuh schwankt beim Gehen wie ein Betrunkener, ihr Euter schleift fast am Boden. Wenn das Kalb in ein paar Monaten groß ist, wird die Mutter vermutlich getötet werden müssen, es geht einfach nicht mehr, jede Bewegung ist eine Qual für sie. Aber immerhin, sagt Hirschmann, ein paar gute Monate hatte sie.

Kühe sind gar nicht dumm, sagt sie dann, obwohl das immer behauptet wird. Die erkennen Menschen, und jede hat einen anderen Charakter. Kühe sind aber unheilbar gutmütig. Sie wehren sich nicht. Wenn du eine Kuh quälst, schaut sie dich nur fragend an und tut keinen Mucks. Deshalb, wegen ihrer Gutmütigkeit, wird sie von uns für dumm gehalten.

Die Totmacher

Im Frühsommer 1999 werden in Ostdeutschland neun Kleinkinder von ihren Müttern zu Tode gebracht. In der Stadt Brandenburg sperrt eine Mutter ihr Kind in den Keller und wartet, bis es verhungert. Danach wirft sie die Leiche in den Wald. Es ist Mai. Am 4. Juni werden in Mühltroff in Sachsen drei Babyleichen in einer Kühltruhe entdeckt, eingewickelt in Plastiktüten. In Freital, Sachsen, bringt eine Mutter einen Säugling um, den ihr eigener Vater gezeugt hat. In Gera wirft eine 32-Jährige ihr Baby lebend in den Fluss Weiße Elster. Ein paar Tage später wird bei Plauen ein totes Kind in einer Wohnung gefunden. Die 15-jährige Mutter hat es verhungern und verdursten lassen. Und am 26. Juni nimmt die Polizei in Frankfurt/Oder Daniela J. fest, 23 Jahre alt.

Daniela hat am 11. Juni ihre Wohnung im Stadtteil Kleinberesinchen verlassen, nachdem sie sich wieder einmal tagelang mit ihrer Mutter gestritten hatte, der Oma von Kevin (3) und Tobias (2). Die Thomasiusstraße in Kleinberesinchen – Plattenbau, Alkohol, Arbeitslosigkeit – ist ein Ort, an dem man leicht den Boden unter den Füßen verliert. Daniela geht zu ihrem Freund, einem 39-jährigen Maurer, und bleibt dort zwei Wochen. Man geht spazieren, man besucht Kneipen. Daniela leiht sich Hosen und Hemden des Freundes. Kevin und Tobias sterben währenddessen in der Wohnung einen grausamen Tod.

Für solche Mütter fordern 55 Prozent der Bundesbürger die Todesstrafe. Das hat Emnid ermittelt. Die sogenannte Kindsmörderin ist das Böse schlechthin.

Erster Zeuge ist Jörg. Danielas Freund, der Maurer. Bei seinem Auftritt vorm Frankfurter Landgericht, 5. Strafkammer, trägt er enge Lederklamotten. Jörg gibt sich wortkarg. Nein, mit Daniela will er nichts mehr zu tun haben. Niemand will das.

Die Anklage heißt: Totschlag. Damals, vor der Tat, hat Jörg manchmal zu ihr gesagt: »Es wäre schöner, wenn du keine Kinder hättest.« Eines Tages ist Danielas Vater zu Jörg gekommen. Der Vater bat Jörg anzurufen, falls Daniela einmal alleine bei ihm aufkreuzt und längere Zeit bleibt. Damit den Kindern nichts passiert. Sie kümmere sich nämlich nicht um Kevin und Tobias.

Jörg hat aber nicht angerufen. Daniela sagte zu ihm: »Ich weiß nicht, wo die Kinder sind.« Sie log oft, das wusste Jörg. Nach zwei Wochen hatte er dann genug von Daniela, außerdem bekam er wegen der Kinder allmählich ein mulmiges Gefühl. Da warf er sie raus.

Daniela hat ihm auch mal erzählt, dass ihr Vater sie vergewaltigt habe. Jörg sagt: »Das hat mich nicht interessiert.«

Später am Tag tritt Danielas Vater in den Zeugenstand, Beruf Kraftfahrer. Der Vater, gegen den ein Ermittlungsverfahren wegen Missbrauchs der Tochter läuft, sagt über Daniela: »Kein Mann ist so verrückt, dass er sich zweimal von der ficken lässt.«

Kevin und Tobias verdursten. Vorher schreien sie tagelang und klopfen gegen die Heizung. Wieder und wieder und wieder. Ein Nachbarmädchen will außerdem beobachtet haben, wie die Jungen mit Fäusten und Löffeln gegen ein Wohnungsfenster trommeln. Sie kämpfen, sie versuchen alles, obwohl sie noch so klein sind. Eine Plastiktüte mit Wurst, die ihre Mutter ihnen in den Flur gestellt hat, wird unberührt gefunden.

Zum Prozess gegen Daniela sind viele Nachbarn gekommen. Meist sind es Frauen, von der Schülerin bis zur Rentnerin. Der Saal ist überfüllt. Man kennt sich. Nicht alle sind nüchtern. Matthias R., Nachbar, schreit und tobt beinahe pausenlos auf dem Flur. Er ist Anfang 40, trinkt und nimmt Heroin. Hüftlange Haare, Lederjacke mit Fransen.

Matthias und seine Frau haben die sterbenden Kinder tagelang am lautesten brüllen hören, sie waren am nächsten dran. Deswegen musste Matthias extra aus dem Schlafzimmer in das Wohnzimmer umziehen, da war es leiser. Dass Daniela wieder mal weg war, konnte man zumindest ahnen. Frau R., Mitte 20, zum vierten Mal schwanger, sagt: »Das war ja nicht mein Problem.« Als ihr Mann zum Zeugenplatz geführt wird, versucht er sich auf Daniela zu stürzen, er ruft: »Du Arschloch! Du fette geile Sau!«

Im Flur treffen sich die Zeugen vor und nach ihrer Aussage und können einander darüber informieren, was die 5. Strafkammer so alles wissen möchte. Während der Vernehmung ihres Mannes sitzt Frau R. sogar im Saal, anschließend bestätigt oder korrigiert sie seine Aussagen. Das alles entspricht nicht gerade den üblichen Gepflogenheiten, aber darauf kommt es in diesem Fall wohl nicht an. Der Angeklagten schlägt Hass entgegen, eine geschlossene Front des Hasses. Dass Daniela J. eine Pflichtverteidigerin hat, Kerstin Boltz, die tatsächlich versucht, ihre Mandantin zu verteidigen, können die Zuhörer nicht so recht akzeptieren, und das Verhalten der Vorsitzenden Richterin Jutta Hecht scheint die Zuhörer zu bestätigen. Die Richterin fährt der Anwältin auffällig oft über den Mund. Dann applaudiert der Saal. Wenn Zeugen bei den Fragen von Kerstin Boltz ernsthaft ins Schwimmen geraten, hilft ihnen die Richterin. Ein Prozess gegen eine sogenannte Kindsmörderin wird fast so geführt wie ein moderner Hexenprozess, jedenfalls in Frankfurt/Oder.

Daniela trägt Fusselpulli, Stretchhosen, Plateausohlen. Ein Kindergesicht. Ein lethargischer Charakter. Ihre Biographie läuft darauf hinaus, dass sie die Dinge treiben lässt und bei Problemen wegläuft, von der Schule, von der Lehre, von den Kindern. Bei Vorwürfen wird sie bockig und sagt gar nichts mehr, wie eine Pubertierende.

Sie hat in vier Jahren vier Kinder von vier verschiedenen Männern bekommen. Dass sich diese Männer nicht um die Kinder kümmerten, versteht sich wohl von selbst. Alimente zahlt nur ein Einziger. Eines der Kinder, das jüngste, wurde zur Adoption freigegeben. Die Älteste, Katharina, lebte bei den Großeltern. Die Söhne wohnten bei Daniela. Aber die Arbeit blieb an der Mutter hängen, an Rosemarie J., 44, die fast jeden Tag kam, nach den Kindern und der Wohnung schaute. Daniela aber kam und ging, wann sie wollte, leerte nicht einmal den Briefkasten. Ihre Freunde waren manchmal erst 16.

Die Mutter machte ihr Vorwürfe. Daniela bockte. Mutter und Tochter bedrohten einander wechselseitig damit, sich Tobias und Kevin wegzunehmen. Ein Machtkampf war im Gang, mit den Kindern als Geiseln.

Am 31. Mai prügelten sich Mutter und Tochter. Danach eskalierte es weiter, und Daniela verschwand für zwei Wochen. Aber Rosemarie wusste ja, wie ihre Tochter Daniela ist. Dass sie sich nicht kümmert. Oft genug hat sie gesagt: »Die Daniela kann sich nicht darauf verlassen, dass ich ständig in ihre Wohnung gehe.«

Diesmal lässt sie es tatsächlich bleiben. Anders als sonst. Will Rosemarie J., wütender denn je, ihre Tochter bestrafen? Will sie ihr endlich mal zeigen, was passiert, wenn man sich nicht um seine Kinder kümmert?

Bei den meisten Säugetieren gibt es einen Mutterinstinkt. Besitzen auch wir Menschen etwas in dieser Art? Vor einigen Jahren hat die Französin Elisabeth Badinter, eine Soziologin und Psychologin, ein Buch über die Geschichte der Mutterliebe geschrieben. Sie wurde wegen dieses Buches stark angefeindet. Es heißt darin: »Auf ein allgemeingültiges und naturnotwendiges Verhalten der Mutter sind wir nicht gestoßen. Wir haben im Gegenteil festgestellt, dass ihre Gefühle in Abhängigkeit von ihrer Bildung, ihren Ambitionen oder ihren Frustrationen äußerst wandlungsfähig sind. Man kommt nicht an der vielleicht grausamen Schlussfolgerung vorbei, dass die Mutterliebe nur ein Gefühl und als solches wesentlich von den Umständen abhängig ist.«

Rosemarie und Daniela. Ähnliches Gesicht, ähnlicher Haarschnitt, ähnliche Kleidung. Auch Rosemarie beantwortet Fragen, die ihr unangenehm sind, mit Schweigen. Aber sie muss in diesem Prozess nicht oft schweigen. Rosemarie gibt vor Gericht die Mustermutter, das Gegenteil von Daniela. Sie opfert sich auf, sie klagt selten, sie gibt nur und nimmt nie, sie lässt sich sogar ohne Gegenwehr schlagen. Falls Rosemarie auch nur halbwegs die Wahrheit sagt, dann ist sie in diesem Milieu eine Heilige. Wenn die Tochter eine Hexe ist, dann ist die Mutter ein Engel.

Das Gericht scheint ihr diese Version des Dramas abzukaufen, vielleicht, weil klare Verhältnisse für alle am bequemsten sind. Rosemarie belastet vor Gericht ihre Tochter, sosehr sie nur kann. Das letzte Mal haben sie sich bei der Beerdigung von Kevin und Tobias getroffen. Es gab am Grab sogar eine Kapelle. Sie spielte das Lied »Schlafe, mein Prinzchen, schlaf ein«.

Angeblich war die Wohnung abgeschlossen, und der Schlüssel steckte von innen. Das sagt Rosemarie, die Hauptzeugin der Anklage. Deswegen sei sie mit ihrem Schlüssel nicht hineingekommen. Daniela sagt, sie habe die Tür nur zugezogen. Der Unterschied zwischen einer zugezogenen und einer von innen verrammelten Tür ist in diesem Fall besonders wichtig. Er kann den Unterschied zwischen dem Urteil »Mord« und dem Urteil »Totschlag« bedeuten.

Fest steht, dass Rosemarie mehrfach zur Wohnung geht, an die Tür, während die Kinder noch leben und so laut schreien, dass alle Nachbarn es hören. Rosemarie sagt, sie sei schwerhörig und habe ihr Hörgerät nicht angehabt. Was sie dann an der Wohnungstür wollte, bleibt unklar. Auch Danielas Freund fährt angeblich zu Danielas Eltern, um sich nach den Kindern zu erkundigen, die Sache kommt ihm, behauptet er, irgendwann doch komisch vor. Angeblich trifft er bei den Eltern niemanden an. Dann fährt er angeblich zu Danielas Wohnung, schaut sich vorm Haus um und geht wieder. Rosemarie ihrerseits fährt angeblich zu Danielas Freund Jörg, um zu schauen, ob die Kinder bei ihrer Tochter sind. Auch dort ist niemand zu Hause, und Rosemarie lässt daraufhin die Sache auf sich beruhen.

Während also die Kinder in der leeren Wohnung um ihr Leben kämpfen, läuft draußen eine schlechte Komödie der Irrungen und Wirrungen ab, in der die Akteure einander dauernd verpassen. Alle müssen sie etwas geahnt haben. Und allen ist es, letztlich, egal.

Nein, am Tod von Kevin und Tobias sind viele schuld, die

einen im strafrechtlichen, die anderen im moralischen Sinne. Vielleicht spüren sie es, diese vielen, obwohl man nicht so leicht etwas spürt in Kleinberesinchen.

Daniela hat aus dem Gefängnis einen Brief geschrieben, an ihren besten Freund, einen jungen, dicken Holzarbeiter. Sie hat ihm geschrieben, dass sie verzweifelt sei. Der dicke Arbeiter erzählt auf dem Gerichtsflur von dem Brief, verächtlich. Er sagt: »Wenn ich die in die Finger kriege, schlag ich sie tot.«

Während der zwei Wochen, in denen die Kinder starben, hat Daniela den Holzarbeiter zweimal besucht. Er wusste, dass sie von zu Hause abgehauen ist. Und bei ihrem ersten Besuch lebten die Kinder wahrscheinlich noch.

Daniela versteckt ihr Gesicht. Sie schweigt an diesem Verhandlungstag. Die Richterin hat sie streng gefragt: »Wie haben Sie sich das denn vorgestellt, wie Ihre Mutter das mit den Kindern schaffen soll?« Seitdem bockt sie.

Wenn sie mit den Kindern zusammen war, so berichten Zeugen, sei sie immer liebevoll gewesen. Sobald sie aber die Kinder nicht mehr sah, waren sie sofort vergessen. Im Flur steht ihre Oma, die Uroma von Kevin und Tobias, und weint ins Taschentuch: »Ich hab ihr immer gesagt, lass dir wenigstens eine Spirale einsetzen!«

Am 25. Juni kehrt die Ausreißerin Daniela nach Hause zurück. Das heißt: zur Mutter. Sie isst, sie schläft. Am nächsten Tag erst gehen die beiden Frauen in die Wohnung der Tochter, nach den Kindern sehen. Sie öffnen die Tür mit einer Zange und einem Schraubenzieher. Beide wissen wohl genau, was sie erwartet. Aber sie spielen ihr Spiel bis zuletzt. Daniela ruft: »Kevin, Tobias!« Dann sieht sie die Kinder. Ihr erster Satz war: »Mutti, ich habe Angst.« Rosemarie lächelt, als sie den Gerichtssaal verlässt.

Siegfrieds Erbin

Erster Teil. Siegfried.

Der Suhrkamp-Verlag hat sechs Pressedamen. Da ruft man einfach an. »Guten Tag. Sie haben ja jetzt eine neue Geschäftsführerin, die Frau Berkéwicz. Da dachte ich ...« Die Pressedame: »Frau Berkéwicz redet zurzeit mit niemandem.« Ihr Ton klingt, als hätte man im Weißen Haus angerufen und mit arabischem Akzent den Präsidenten verlangt.

»Wissen Sie, ich soll ein Porträt Ihres Verlages schreiben. Mit wem könnte ich mich denn da unterhalten?«

»Sie dürfen, wenn Sie möchten, schriftliches Informationsmaterial abholen.«

Ich denke: Das ist ja genau wie damals, als ich diese Geschichte über Scientology machen musste.

Ich sage: »Danke, das hilft mir sicher sehr.«

»Kommen Sie nächste Woche, Mittwoch, 14 Uhr.« Ich denke: Um mir ein paar Prospekte in die Hand zu drücken, brauchen sie eine Woche Vorlauf. Das ist ja ein extrem schräger Laden.

Suhrkamp. Ein deutscher Mythos. Der edelste Intellektuellenverlag. Viele sagen, dass Suhrkamp niemals pleitegehen kann, völlig egal, wer den Verlag führt. Sie haben einfach zu viele Klassiker im Programm. Brecht, Frisch, Enzensberger, Bloch, das wird immer gelesen. Obwohl. Alles vergeht.

Dem Verleger Siegfried Unseld bin ich mal auf seinem berühmten Kritikerempfang vorgestellt worden. Ich hatte mich aus Neugierde eingeschlichen, mit Hilfe der Behauptung, ich sei der neue Lebensgefährte einer Freundin Unselds. Unseld drückte fest meine Hand und sagte: »Ah! Es freut mich wirklich ganz besonders, dass Sie kommen konnten, mein Lieber.«

Er hatte keine Ahnung, wer das ist, aber er war eben so. Peter Handke hat mal beschrieben, wie Unseld reagierte, wenn ein berühmter Autor, zum Beispiel Handke, ihm ein Manuskript geschickt hatte. Er rief an. Er sagte eine Minute lang nichts. Man hörte durchs Telefon nur den schweren Atem von Unseld. Eine Minute lang. Und dann die Worte: »Ein Meisterwerk!« Anschließend legte er auf. Die meisten Autoren mochten diesen Stil.

Also wurde Suhrkamp der Meisterwerkverlag mit den superberühmten Autoren, er hatte sie fast alle, außer Günter Grass. Unseld konnte zum Mittagessen mit Autoren mühelos eine Flasche Wein und hinterher Cognac trinken, das steht in seiner Biographie. Dann wurde Unseld alt, heiratete eine junge Geliebte, verstieß den Sohn, konstruierte eine komplizierte Nachfolgeregelung, die zu beschreiben 100 Seiten kostet, starb, und die junge Witwe setzte sich in den postmortalen Diadochenkämpfen als neue Verlagsherrscherin durch. Im Grunde ist das die Story. Sie entspricht natürlich dem Klischee von der zielstrebigen jungen Witwe und ist geeignet, die Witwenfeindlichkeit in unserer Gesellschaft zu schüren. In einem Artikel der »Welt« wird zum Beispiel ziemlich unverblümt suggeriert, sie habe sich hochgeschlafen.

Natürlich. Die alte Machophantasie – erfolgreiche Frauen schlafen sich halt hoch. Aber wenn so was erscheint, erfolgt heute sofort ein Echo in Form von frauensolidarischen Artikeln, sogar in der »FAZ«, die für ihren Feminismus nicht berühmt ist.

Aber was ist die Wahrheit? Ulla Schmidt aus Gießen, in der Jugend offenbar verhaltensunauffällig, hat sich irgendwann, laut Literaturlexikon, in Berkéwicz umbenannt. Ihre Oma hieß nämlich Berkowitz. Ulla Schmidt hat »ihre jüdischen Wurzeln entdeckt«, heißt es in den Biographien, was immer das konkret bedeuten mag, sie wurde Schauspielerin und war zeitweise die Ehefrau eines berühmten Regisseurs. Später hat sie mythenschwere Bücher verfasst. In einer Kritik stand, dass sie schreibe wie »ein überheiztes russisches Zimmer, in dem man sich auf einem Diwan hin- und herwälzt, bemüht, die allzu schweren Speisen zu verdauen«.

Geheiratet haben sie und Unseld an Goethes Geburtstag, genau zur Geburtsstunde. Martin Walser war Trauzeuge. Vor der Braut stand ein kleiner siebenarmiger Leuchter, ein jüdisches Symbol, damit keiner die alte Ulla Schmidt mit der neuen Ulla Berkéwicz verwechselt.

Anruf beim alten Kritiker. »Der Unseld und die Autorinnen ... Aber der Verlag, wissen Sie, der Verlag ist schon vor seinem Tod im Niedergang gewesen. Ulla ... eine schöne Frau. Warum soll sie den Verlag nicht weiterführen? Die will was. Und ihre okkulten Neigungen ... Man kann ein bisschen verrückt sein und trotzdem eine gute Verlegerin, oder? Ach, das Ganze wäre so eine tolle Filmstory für den Dietl. Lesen Sie Walser. Und zitieren Sie mich um Gottes willen nicht!«

Er hat natürlich recht. Im Grunde wird fast alle große Kunst von exzentrischen Charakteren hergestellt. Ich lese Walser, »Tod eines Kritikers«. Eigentlich handelt das Buch mehr von Ulla Berkéwicz als von Marcel Reich-Ranicki, möchte man meinen. Walser beschreibt sie als Autorin von Büchern wie »Traumstein« oder »Quarzherz«, an der Borderline zwischen Genie und Wahnsinn, und schöner als die schönste Sünde. Am Ende des Buches ist Unseld tot, der damals noch lebte, und das Alter Ego von Martin Walser, also der Charakter, den fast alle Kritiker für sein Alter Ego hielten, liebt Ulla hingebungsvoll unter einem Hexenstern. Die Indizien deuten stark darauf hin, dass er scharf ist auf sie. Solche Trauzeugen hat man gerne!

Wenn man mit Leuten über Suhrkamp redet, hat man immer wieder das Gefühl: Sie haben Angst. Man möchte andauernd rufen: Es ist doch nur ein Verlag, um Himmels willen!

Anruf beim jungen Kritiker: »Suhrkamp, das ist wie eine Sekte. Schau dir den Verlag von innen an, dann weißt du alles. Sie hat übrigens, als Unseld krank war, ukrainische Hexen einfliegen lassen.«

Komisch: Schon wieder werden Ukrainerinnen in der deutschen Kulturszene aktiv, wie in der Affäre Friedman! »Woher weißt du denn das mit den Hexen?« »Hör dich um. Jeder erzählt das. Sie lässt sich auch in Heilschlaf versetzen. Wochenlang. Aber zitier mich bloß nicht.« Angeblich, laut *Spiegel*, steht sie während Konferenzen auf und berät sich mit dem toten Unseld. Was der wohl sagt?

Unseld, Suhrkamp, da denkt man immer: links, rationalistisch, 68er. Eigentlich hat das nie ganz gestimmt. Das Ganze hatte auch immer mit deutscher Innerlichkeit und mit Romantik und Pathos zu tun. Unselds Lieblingsautor war Hermann Hesse. Folge niemandem, sei du selbst. Das ist Hesse. Der Verlag war und ist eine Art Kirche des guten Buches. Der Dichter als Seher, Dichtung als göttliche Stimme. Die Edition Suhrkamp in den Farben des Sonnenspektrums. Insofern passt alles zusammen. Zum 50. Jubiläum, im Juli 2000, haben sie 13 lebende Dichter an einem Abendmahlstisch 13 tote Dichter lesen lassen. In der Paulskirche haben sie den toten

Siegfried mit einer Autorenprozession gefeiert, Ulla hatte sich weiß geschminkt wie ein Gespenst. Ein Tagebuchtext Siegfrieds wurde gelesen, aus dem jeder Bezug zum verstoßenen Sohn Joachim gelöscht worden war. Joachim. Der Ketzer. Wie die Wiedertäufer in der mittelalterlichen Kirche oder die Trotzkisten bei Stalin.

Bei der Beerdigung ließ Ulla sogar den Kanzler warten. Als alle saßen, zog sie in die Kirche ein, umringt von ihrer Sippe, langsam, gemessen, schöner denn je im Schmerz. Viele dachten an die Nibelungen.

Zweiter Teil. Joachim.

Dass sein Vater schwerkrank ist, krank auf den Tod, hat Joachim Unseld zufällig von Hans Magnus Enzensberger erfahren. Er durfte ihn erst ganz zum Schluss sehen, als er mit einer einstweiligen Verfügung drohte. Siegfried stand unter starken Medikamenten und bekam nicht mehr viel mit. Ein paar Jahre zuvor hatten sie versucht, sich zu versöhnen, unter Zuhilfenahme zweier Sekundanten, Tilman Moser für den Vater, Horst Eberhard Richter für den Sohn. Das brachte nicht viel.

Joachim, Jahrgang 1953, arbeitet in einem Hinterhaus. 1994 hat er die »Frankfurter Verlagsanstalt« gekauft. Ein Chef, zwei Angestellte, ein Volontär. Ein erfolgreicher kleiner Verlag, mit einem Riecher für Talent. Allein von Zoë Jennys »Blütenstaubzimmer« haben sie 110 000 Exemplare verkauft. Joachim ist ein Sohn, von dem jeder Vater träumt, begabt, klug, gutaussehend, mit ähnlichen Interessen und Talenten wie der Alte. Er schaut beim Reden aus dem Fenster. Ja, er wirkt bitter.

An der Wand hängt als Bild riesig die erste Seite von Kafkas »Schloss«. Über Kafka hat er promoviert. Marxismus und Psychoanalyse haben ihn geprägt. Der entscheidende Streit mit dem Vater fand am 23. 10. 1990 statt und dauerte drei Stunden. Das Datum weiß er auswendig. Er war bis zu diesem Tag gleichberechtigter Verleger des Suhrkamp-Verlages. Danach ein Niemand. Es gab zwei Anlässe für den Streit. Erstens hatte der Vater eine Buchreihe des Sohnes ohne Rücksprache gekippt. Zweitens soll Joachim Ulla am Telefon angeschrien haben. Das war zwei Monate nach der Hochzeit. Joachim sagt: »Ich war bei Suhrkamp für ihre Betreuung zuständig.«

»Ich bin enterbt«, sagt Joachim außerdem. Er beschreibt die komplizierte, fast möchte man sagen: kafkaeske Konstruktion, die verhindern soll, dass er sein Pflichtteil bekommt. Zu Lebzeiten hat ihm Siegfried 20 Prozent von Suhrkamp geschenkt, das immerhin kann ihm keiner nehmen, oder? »Nein, nicht geschenkt«, sagt Joachim. »Übertragen.« Dass Ulla ihr ganzes Vermögen in den Verlag gesteckt habe, wie sie in einem *Spiegel*-Interview sagt, bezweifelt er.

Die Ehe der Unselds dauerte rund 40 Jahre. Die Scheidung von der Mutter habe der Vater billig bekommen, weil er versprochen habe, dass der Sohn sowieso den Verlag kriegt. Wenn man später den Vater an dieses Versprechen erinnerte, habe er immer gefragt: »Und? Hast du's schriftlich?«

Die Mutter bekam Leukämie und starb, wenige Jahre nach der Scheidung. Joachim hat tatsächlich etwas schriftlich, zeigt einen Brief, den ihm Siegfried vor dem Streit geschrieben hat. Ein schöner Brief. »Die Nachfolge durch dich, eine tiefe Genugtuung ... unsere gemeinsame Zukunft ... Dein Vater, Dein Siegfried.« Juristisch hat so ein Brief nicht viel zu bedeuten. Joachim lacht grimmig. Er ist vorsichtig. Er dürfe nichts Falsches sagen. Das betont er mehrfach.

Joachim mag es auch nicht, wenn das Gespräch psychologisch wird. Er hat zwei Kinder. Die Kinder haben ihren Großvater ein einziges Mal gesehen. Aber sie wussten nicht, wer der fremde Mann war, der da für einen kurzen Besuch am Tisch saß. Sein Sohn, sagt Joachim, ähnele wirklich sehr seinem Vater.

Dritter Teil. Ulla.

Jetzt müsste ich natürlich unbedingt mit Ulla Berkéwicz reden. Stattdessen meldet sich im Büro die Pressedame. Aus der Übergabe des Informationsmaterials werde leider nichts. Sie sei durch eine Konferenz verhindert. Macht nichts. Vielleicht ein bisschen später oder früher? Nein. Ende der nächsten Woche ginge es. Vielleicht.

Ich fahre nach Frankfurt. Frankfurt am Main mit den Hochhäusern. Ich denke: »Vielleicht ist in der ganzen Geschichte Frankfurt das Schlüsselwort. Vielleicht sind es gar nicht die Nibelungen, als Vorbild, vielleicht ist es Dallas.« Im Zug lese ich das neueste Werk von Ulla Berkéwicz, »Vielleicht werden wir ja verrückt«, in dem sie die Oberflächlichkeit von Harald Schmidt geißelt, außerdem lese ich die Schriften des größten Hellsehers aller Zeiten, Nostradamus. Womöglich hat Nostradamus ja auch etwas über den Suhrkamp-Verlag gesagt.

Und tatsächlich. Bezogen auf das Jahr 2004 heißt es: »Vierzig Jahre wird man keinen Regenbogen sehen, vierzig Jahre lang nur kraftlose Tage. Hunger, Pestilenz. Das Reich der Verwirrung.« Der Regenbogen – damit kann eigentlich nur die Edition Suhrkamp mit ihren Regenbogenfarben gemeint sein. Reich der Verwirrung. Pestilenz. Das klingt aber gar nicht gut.

Dann lese ich im Nostradamus das Horoskop von Ulla Berkéwicz. Sie ist Skorpion, geboren am 5. 11. 1951. Das heißt: leidenschaftlich, stolz, aber auch manchmal tyrannisch. Im Horoskop steht: »Skorpione sind immer interessante Charaktere.«

Das Verlagshaus sieht von außen wie ein Postamt aus den 70er Jahren aus, ein Eindruck, der durch eine große Papierwaage im Fenster noch verstärkt wird. Man sieht Aktenordner, Zimmerpflanzen und noch mal Aktenordner. Ein Mann mit Frank-Zappa-Bart und langen Haaren schaut traurig nach draußen. Am Empfang wartet eine ältere Dame. Ich sage: »Ich bin Deutschlehrer und hätte gern Material über den Suhrkamp-Verlag.«

Die ältere Dame an der Pforte ist sehr freundlich und schleppt Berge von Prospekten herbei. Dann öffnet sich eine Tür, und Ulla Berkéwicz steht vor mir. Offenbar möchte sie zum Mittagessen. Offenbar gibt es sie wirklich.

Graue Jacke, schwarze Hose, schwarze Umhängetasche. Ich glaube nicht, dass sie sich im Pass jünger gemacht hat, das ist nämlich auch so ein Gerücht. Sie sieht wirklich gut aus, aber wirkt abgesehen davon auf den ersten Blick ganz normal. In ihrer Begleitung sind ein Mann mit weißer Arzthose, Brille und Glatze, ein bisschen rundlich, und eine kleine Dunkle mit hellem Mantel.

Jetzt würde man ihr als Fernsehreporter natürlich das Mikrofon unters Kinn halten und knallharte Fragen stellen. »Was sind Ihre Pläne? Wie oft pendeln Sie? Was genau meint Nostradamus mit Reich der Verwirrung?« Ich kann das nicht. Ich bin zu schüchtern für so was.

Ulla Berkéwicz schaut mir lang in die Augen, und dann geht sie mit ihren Begleitern davon. Ich folge unauffällig. Es war nicht geplant. Nur eine Eingebung. Sie gehen um drei, vier Ecken und steuern ein italienisches Restaurant an. Es heißt »Machiavelli«, ausgerechnet, wie der berühmteste Theoretiker der Macht. Der Mann bleibt draußen und telefoniert mit dem Handy. »Können Sie das Wunder möglich machen? Hören Sie, jetzt kommt's. Unser Partner heißt ...« Nein, ich kann das nicht ausplaudern. Es wäre irgendwie unethisch, oder? Ich meine, die wollen mir nicht mal den Verlagsprospekt geben, und jetzt kenne ich plötzlich ihre Geheimpläne. Das ist mir beinahe unangenehm.

Anschließend gehe ich auf den Verlagsparkplatz, ich weiß auch nicht, warum. Es dämmert. Ich schleiche mich vorsichtig an und schaue durchs Fenster. Da, die Konferenz. Sie haben einen quadratischen Tisch und genau die gleichen Regale wie in der Villa. Sie sitzen da und reden. Die Deckenlampen sind hässlich. Rechts lauter Autorenfotos. Es fängt an zu nieseln. Ich lege den Kopf an die Scheibe und höre ihren Stimmen zu. Es war unjournalistisch, aber ein gutes Gefühl. Hermann Hesse hätte es genauso gemacht. Folge niemandem, sei du selbst.

Die Idiotie des Fortschritts

Die Literatur, schreibt der französische Autor Michel Houellebecq in einem seiner Essays, erobert sich seit ein paar Jahren ihren früheren Rang zurück. Weniger durch eigenes Verdienst, eher durch die Selbstauslöschung ihrer Rivalen. Rockmusik und Kino haben ihren Zauber verloren, schreibt Houellebecq, der selber ein paar Kurzfilme gedreht hat und gelegentlich als Chansonnier auftritt. Schien es nicht eine Zeitlang so, als ließe sich in diesen beiden Sprachen die heutige Welt am besten beschreiben? Beide, Rock und Kino, sind, von einigen wichtigen Ausnahmen abgesehen, Supermarktkünste geworden, glattpoliert im Windkanal des Marktes. Die Literatur aber, das Nischenprodukt, mit dem sich nicht so viel Geld machen lässt wie mit Popsongs, bildet einen Pol des Widerstands. Wogegen? Houellebecq würde sagen: gegen die Welt, so wie sie ist.

In Frankreich gibt es ein Buch, das innerhalb kurzer Zeit 400000-mal verkauft, das geschmäht, gefeiert und in 24 Sprachen übersetzt wurde. »Elementarteilchen« von Michel Houellebecq ist vieles gleichzeitig, utopischer Roman, Entwicklungsroman, politischer Essay, Satire, Pamphlet. Wenn man der »Zeit« glauben darf, können viele Franzosen längere Passagen dieses Buches auswendig. Diese Passage vielleicht, in der das literarische Alter Ego des Autors spricht: »Ich bin Gehaltsempfänger, ich bin Mieter, ich habe meinem Sohn nichts zu vererben. Ich kann ihn keinen Beruf lehren, ich weiß nicht einmal, was er später machen könnte; die gesellschaftlichen Regeln, die ich erlernt habe, werden für ihn sowieso nicht mehr gültig sein, er wird in einer anderen Welt leben. Wenn man die Ideologie des ständigen Wandels akzeptiert, akzeptiert man auch die Vorstellung, dass das Leben eines Menschen auf sein individuelles Dasein beschränkt ist und dass die früheren und zukünftigen Generationen in seinen Augen keinerlei Bedeutung haben. So leben wir jetzt, und ein Kind zu haben hat für einen Mann heutzutage überhaupt keinen Sinn mehr.«

»Elementarteilchen« erzählt den Lebensweg der Halbbrüder Bruno und Michel, beide Anfang 40, aufgewachsen in der liberalen Gesellschaft und den libertären Milieus der Jahre nach 1968. »Elementarteilchen« ist ein Hassgesang gegen dieses 68, gegen den Liberalismus, gegen den Individualismus und gegen den Kapitalismus. An dessen Ende setzt Michel, ein Genforscher, zu einem Quantensprung an: Als Wissenschaftler züchtet er eine neue Spezies Mensch, Klone ohne Geschlecht, die endlich gemeinschaftsfähig sind. Der Mensch wird zum Schöpfer, zum Gott, um sich selbst zu überwinden.

In Westdeutschland ist 68 ein Altherrenmythos geworden, bei dessen Anrufung wir reflexhaft das »Ende des Obrigkeitsstaates« assoziieren. Das ist nicht ganz falsch, aber nur die halbe Wahrheit. Der Mythos 68 hat ein Janusgesicht, wie fast jede Revolte. Houellebecq beschreibt seine Schattenseite. Das vermeintlich antikapitalistische 68 als letzte gnadenlose Beschleunigung des Kapitalismus, als Zerstörung der letzten Verbindlichkeiten.

Houellebecq wurde 1958 geboren. Seine Mutter war Ärztin und Hippie. Das Kind behinderte sie bei ihrer Selbstverwirklichung und beim Kommuneleben, sie gab es zu den Großeltern, die Kommunisten waren. Houellebecq kam in ein Internat, litt, studierte Informatik, arbeitete als Programmierer. So kalt wie Houellebecq kann nur schreiben, wer vor Sehnsucht nach Wärme fast umgekommen ist.

Man könnte sagen: Er gehört zur Generation der 68er-Opfer. Sie haben ihm, aus ideologisch überhöhtem Egoismus, seine Kindheit gestohlen. Nun ruft er in seinen Büchern unablässig nach dem, was ihm gefehlt hat: Liebe, Brüderlichkeit, Zärtlichkeit. Die Welt der Kleinbürger, schreibt er ohne Ironie, sei »toleranter, liebenswürdiger und aufgeschlossener als die Welt der Aussteiger«. Die Dandys der deutschsprachigen Literatur, die Stuckrad-Barres und Krachts, würden sich mit Houellebecq in einigen Punkten gut verstehen: In der Diagnose der Welt, wie sie ist, gibt es kaum einen Unterschied. Aber während die Dandys zu dieser Welt laut »ja« sagen und sich selbst zur Elite des Individualismus ernennen, sagt Houellebecq ebenso laut »nein«. Sie sind affirmativ, er ist Opposition. Sie verachten das Volk, er hat Sehnsucht nach Gemeinschaft.

Wirtschaftsliberalismus und sexuelle Libertinage sind für Houellebecq zwei Seiten derselben Medaille. Im Supermarkt und im Nachtklub findet, wie er es nennt, eine Selektion statt. Das eine Indiviuum hat Geld, das andere nicht, das eine ist sexuell attraktiv, das andere nicht. Auf dem Markt und bei der Partnersuche kommt es auf das Gleiche an: darauf, begehrenswert zu sein. Das sind aber nicht alle. In traditionellen Gesellschaften gibt es Regeln, Stoßdämpfer, die das schwächere vor den tüchtigsten Exemplaren schützen. Der Kapitalismus aber drängt auf die Beseitigung dieser Regeln, des Sozialstaates, der Familie, des Glaubens. Alles soll weg, zugunsten des allmächtigen Marktes. Der Kapitalismus ist Natur, Recht des Stärkeren, das Gegenteil von Zivilisation.

Die Familie dagegen war eine der letzten Bastionen der Gemeinschaft, etwas, was den Einzelnen vor den Dschungelgesetzen des Marktes schützte. Die 68er haben im Namen des Individualismus die Familie zerschlagen und so den Weg zur Allmacht eines modernen Kapitalismus beschleunigt, der keine moralischen Zwänge mehr kennt und keine Rücksichten. Die Denker der Aufklärung irrten sich, als sie optimistisch annahmen, die Egoismen könnten in einer freien Gesellschaft durch die Kraft der Vernunft miteinander ausgesöhnt werden. In Wirklichkeit führt ein gerader Weg von den Hippies der 60er Jahre zu den Serienkillern der Gegenwart: Es ist der Weg eines sich immer weiter radikalisierenden Individualismus. Die Serienkiller, die aus Spaß und Lust am Berühmtsein ein Schulmassaker veranstalten, sind der Ernstfall des Hedonismus: sozusagen die Neoliberalen unter den Verbrechern.

»Elementarteilchen« ist ein Jahrhundertbuch, weil es eine Zeitenwende beschreibt: die Neugruppierung der politischen Schlachtordnung. Ist Houellebecq ein Rechter? Natürlich sprechen sein Beharren auf Werten, auf Moral und Familie dafür, bekanntlich gab es immer auch antikapitalistische Rechte. Houellebecq zitiert allerdings gerne Marx und hat sich in seinen Interviews gelegentlich einen »Kommunisten« genannt. Seine Sehnsucht läuft darauf hinaus, die Einsamkeit der konsumierenden Singles durch eine neue Gemeinschaft zu überwinden, die mit den Marschkolonnen der faschistischen Volksgemeinschaft nichts gemein hat. Denn Houellebecq fehlen das Ressentiment, der Dünkel, der Rassen- oder Sozialhass, der noch zu jedem rechten Weltbild gehört hat. Er mag die kleinen Leute. Er hat Mitleid.

Vielleicht gehört Houellebecq zu den ersten Vertretern einer neuen politischen Spezies, in einer Welt, die nicht mehr zwischen Linken und Rechten unterscheidet, sondern zwischen Beschleunigern und Verlangsamern. Die Langsamen und die Schnellen, das wären die beiden neuen Stämme. Die Schnellen glauben an den Fortschritt und den Markt, die Langsamen glauben an ein paar Werte. Nichts geißelt Houellebecq lieber als die Idiotismen des Fortschrittsprinzips. Die Idee, dass wir uns ständig wandeln, ständig anpassen müssten, dass es nötig wäre, heute anderes zu denken oder anderes zu schreiben als vor 20 oder 100 Jahren, dass Erfahrung überflüssig sei.

So also sieht eine mögliche Utopie aus: Die Welt möge endlich anhalten, für ein einziges Jahr nur oder eine Minute, damit wir überlegen können, wo wir eigentlich hinwollen.

Deutscher Humor

Als der holländische Showmaster Rudi Carrell sein letztes Interview gab, sagte er: »Die Deutschen lachen gern.« Diese Minderheitsmeinung hat Rudi Carrell jahrzehntelang vertreten. Dass die Deutschen keinen oder nur einen schwach entwickelten Humor besäßen, hört man immer wieder, weltweit. Auch Goethe war dieser Ansicht. Aber es stimmt trotzdem nicht. Es ist ein Klischee. Dieses Klischee wird auch von vielen Deutschen unermüdlich verbreitet, vielleicht wegen unseres schwach entwickelten Selbstbewusstseins und wegen des Dranges der meisten deutschen Intellektuellen zu Tiefe und Besinnlichkeit. Humor gilt in Deutschlands führenden Kreisen oft als minderwertig. Es gibt ihn aber, es gibt ihn sogar massenhaft.

In Deutschland feiert man ein mehrtägiges Volksfest, das hauptsächlich dem Lachen gewidmet ist, nämlich den Karneval. In Brasilien ist Karneval eine große Party, in Venedig ein großer Maskenball. In Deutschland sitzen die Leute in Sälen und hören sich lustige Vorträge an, oder sie betrachten Umzüge mit lustigen Motivwagen.

Karnevalshumor wirkt oft zotig oder ein bisschen dumm. Das stimmt. Volkstümliches hat nicht immer Niveau. Ist es anderswo wirklich besser?

Beim Humor ist fast alles Geschmackssache, aber ein paar Regeln gibt es schon. Humor macht das Große klein und das

Kleine groß. Die scheinbar unwichtigen Probleme des Alltags werden in der Humorproduktion sehr wichtig genommen, die mit Pathos besetzten Themen und die bedeutenden Menschen schrumpfen in der Humorproduktion auf Zwergenmaß. Außerdem bringen lustige Texte meistens zwei Dinge miteinander in Verbindung, die auf den ersten Blick nichts miteinander zu tun haben. Damit es funktioniert, muss die Verbindung plausibel wirken, sie darf nicht willkürlich sein. Das ist die Kunst.

Die wichtigste aller Regeln lautet: Humor ist ernst. Fast alle Humoristen sind ernsthafte Menschen, viele haben im Leben Pech gehabt, manche sind sogar depressiv. Humor ist Katharsis, er macht das Schwere leicht. Deswegen sind ausgerechnet die ernsthaften Themen für humoristische Behandlung besonders dankbar. Eine Beerdigung, eine Krankheit oder eine ärgerliche Panne sind besserer Komödienstoff als eine fröhliche Geburtstagsparty. Der Untergang der DDR, die Nazizeit und die Kriege der letzten Jahrzehnte haben einige sehr lustige Filme angeregt. Eine gelungene Liebesgeschichte ist gut für eine Schnulze. Eine misslungene ist gut für eine Komödie.

Manche Vorfälle bringen Leute von ganz allein zum Lachen, etwa der berühmte Mann, der auf der Bananenschale ausrutscht und damit die Schadenfreude hervorkitzelt. So etwas wirkt aus sich heraus, es braucht keinen Humoristen. Der Alptraum jedes Humorproduzenten ist deshalb ein Auftraggeber, der sagt: »Schreib uns etwas Lustiges über den Mann, der auf der Bananenschale ausrutscht.«

Man könnte über komische deutsche Schriftsteller schreiben, von Ringelnatz bis Robert Gernhardt, über Filmkomiker wie Heinz Rühmann oder Bully Herwig, über Zeichner von Wilhelm Busch bis Walter Moers, über Fernsehcharaktere wie Harald Schmidt und Hape Kerkeling, über Musikclowns wie Insterburg und Co., Ulrich Roski und die Rodgau Monotones, über Filmkomödien von May Spills und Frank Beyer. Man kann sogar das Komische aus den anscheinend so ernsten Romanen von Wilhelm Genazino und den Stücken von Bert Brecht herausdestillieren. Anschließend kann man versuchen, immer noch zu behaupten: Die Deutschen haben keinen Humor.

Ein Genre ist über die letzten Jahrzehnte hinweg in Deutschland besonders gediehen, der Sketch, das kleine humoristische Stück, gespielt und abgefilmt.

Karl Valentin, geboren 1882, gestorben 1948, hat die womöglich typische Biographie eines Humoristen. Alle seine Geschwister, es sind drei, sterben früh. Die Schule erlebt er als »Zuchthaus«. Nach dem frühen Tod des Vaters übernimmt er dessen Firma, eine Spedition, und führt sie in den ersten Bankrott seines Lebens. Weitere Bankrotte werden folgen.

Valentin leidet unter Asthma und seinem grotesk dürren Körper. Diesen Körper macht er, zusammen mit der Sprache, zum Werkzeug seiner Komik. Auch als erfolgreicher Komiker bleibt er scheu, gepeinigt von Ängsten und Phobien, darunter einer Einbrecher- und einer Zugphobie. Er ist ein Hypochonder, der im Laufe seines Lebens fast 90 Ärzte beschäftigt.

Einige von Valentins Sätzen sind Klassiker geworden: Eigentlich ist schon alles gesagt worden. Aber noch nicht von allen. Fremd ist der Fremde nur in der Fremde. Mögen täten wir schon wollen, aber dürfen haben wir uns nicht getraut.

Dieser Humor steht in der Tradition des Dadaismus. Der

winterfeste, mit Hasenfell ummantelte Zahnstocher, den Valentin entworfen hat, schlägt eine Brücke zum Surrealismus. Oft wird Valentin als Vollbayer verbucht, allerdings hat er zwei Jugendjahre in Zittau, Sachsen, verbracht. Das Gefühl, sprachlich nicht zu Hause zu sein, einen von seiner Umwelt als lächerlich empfundenen Dialekt zu sprechen, hat Valentins Sprachwitz vermutlich die verzweifelte Note gegeben, den letzten Schliff.

Er inszeniert sich als einer, der nicht verstanden wird und nicht versteht. Bei Valentin ist die Welt unbrauchbar, weil die Gegenstände ein eigenes Leben führen und sich gegen die Menschen auflehnen. In einem seiner klassischen Sketche beginnen in einem Konzert die Notenständer sich zu drehen, sie zwingen die Musiker zu einem absurden Tanz. Es wird nicht klar, warum die Notenständer so etwas tun.

Bertolt Brecht, der mit Valentin befreundet war, hat ihm in eines seiner Programmhefte geschrieben: »Es ist nicht einzusehen, inwiefern Karl Valentin dem großen Charlie Chaplin nicht gleichgestellt werden sollte, es sei denn, man lege allzu viel Gewicht darauf, dass er Deutscher ist.«

Der große Pechvogel Karl Valentin stirbt sogar einen grotesken Tod. Nach einer Vorstellung wird er vom Veranstalter versehentlich im Theater eingeschlossen. In dieser Nacht holt er sich eine Lungenentzündung. Er erliegt ihr am Rosenmontag.

Heinz Erhardt, geboren 1909, gestorben 1979, wächst unter der Minderheit der Deutschbalten auf, sein Vater ist Kapellmeister in Riga. Das berufliche Scheitern, das Leiden am eigenen Körper, die Lust am Wortspiel, an der Verdrehung, das lustvolle Auskosten der eigenen Lebensniederlagen, all das haben Erhardt und Valentin gemeinsam. Erhardt leidet auch unter den damals noch recht unüblichen Scheidungen seiner Eltern – beide heiraten dreimal –, er fällt durchs Abitur und wird zu einer kaufmännischen Ausbildung gezwungen, er selbst wollte Pianist werden.

»Man reichte mich ständig herum«, schreibt er über seine Jugend. »Ich war ein harmloser Langweiler, mit Hemmungen bis unter die Hutschnur.« Zeitlebens schafft Erhardt es nicht, schwimmen zu lernen, er ist dick und fast blind, seine Physis so schwach, dass nicht einmal die Nazis ihn als Soldaten haben wollen. Den Krieg verbringt er als Klavierspieler in der Truppenbetreuung.

In den 50er und 60er Jahren ist Erhardt auf die Rolle des gutmütigen, verwirrten Familienvaters abonniert. In Dutzenden von Filmen spielt er den Gegenentwurf zum kriegerischen Männerideal der Hitlerjahre, trottelig, aber lieb, nicht sexy, aber anhänglich, und vor allem lustig. Er versöhnt das deutsche Publikum ein wenig mit der unheroischen Verliererrolle des eigenen Landes. Seinem runden Leib sind die Tröstungen des Wirtschaftswunders anzusehen.

Wie Heinz Rühmann spielt auch Heinz Erhardt den Kindmann, nur in groß. Bei Rühmann ist der Kindmann erotisch. Rühmann, kein Komiker, sondern ein Komödiant, bekommt am Ende die schönen Frauen, im Film wie im Leben. Heinz Erhardt aber will immer nur heim zu Mutti, seine Ruhe haben und gut essen. Auch sein Humor bleibt meistens schlicht, bescheiden und liebenswert. Bei seinen Auftritten soll er, so wird hartnäckig berichtet, eine Brille mit Fensterglas getragen haben, um das Publikum nicht sehen zu müssen, eine Maßnahme gegen sein extremes Lampenfieber. Außerdem pflegte er sich vor Auftritten mit einigen Schnäpsen zu beruhigen, eine Gewohnheit, die er vor seiner Frau geheim hielt.

Dass der Komiker meist ein unsicherer oder unglücklicher Mensch ist, der im Humor ein Mittel findet, seine Ängste in Schach zu halten, gilt ebenfalls als Klischee. Aber für dieses Klischee liefert die Wirklichkeit doch einige Bestätigungen – zum Beispiel die beiden erfolgreichsten komischen Deutschen auf den Bühnen der 30er bis 60er Jahre. Es hängt auch mit den Erwartungen des Publikums zusammen. Das Publikum möchte, wie der Komiker, seine Ängste und Unzulänglichkeiten besiegen, indem es lacht. Der ideale Komiker sieht deshalb wie ein Verlierer aus, aber nicht wie ein hoffnungsloser Fall. Als hoffnungsloser Fall wäre er nämlich tragisch. Die Deutschen aber hatten sich jahrzehntelang in der Welt so penetrant um die Rolle des Siegers beworben, dass bis vor kurzem kaum jemand bereit war, ihnen die komische Rolle des freiwilligen Verlierers abzunehmen.

Heinz Erhardt kann, nach einem Schlaganfall, ab 1971 nicht mehr auftreten. Fast nahtlos schlüpft Otto Waalkes in seine öffentliche Rolle. Waalkes, Jahrgang 1948, tritt 1972 zum ersten Mal vor großem Publikum auf, im Audimax der Hamburger Uni, das er selber gemietet hat. Waalkes bekennt sich zu Erhardt als Vorbild, bis zum Ende der 80er Jahre bleibt er der erfolgreichste komische Deutsche, mit Vicco von Bülow alias Loriot als wichtigstem Rivalen. Auf den nächsten Plätzen folgen Didi Hallervorden und Harald Juhnke im Duett mit Eddi Arent. Heinz Erhardt trat allerdings als Ehemann und Vater vors Publikum, Otto dagegen spielt das Kind. Seine Texte liefern ihm meist Mitglieder der »Neuen Frankfurter Schule« des Humors, deren Zentralorgan die Zeitschrift »Pardon« ist, später »Titanic«, einer seiner wichtigsten Texter wird der Lyriker Robert Gernhardt.

Anders als Erhardt oder Valentin blickt Waalkes auf eine

Kindheit ohne private oder politische Katastrophen zurück. »Ich bin in einer heilen Welt aufgewachsen«, sagt er selbst. Es ist die Welt der norddeutschen Hafenstadt Emden, Wirtschaftswunder mit Sonntagsschule, Gymnasium und Abitur. Das Verhältnis zu den Eltern ist unproblematisch. Otto studiert in Hamburg ein paar Semester Kunstgeschichte und Pädagogik, dann wird er Komiker. Bereits in Emden hat er die Rolle des Klassenclowns gespielt, eine Rolle, die er nie wieder ablegte, bis heute, obwohl sie für einen Sechzigjährigen immer schwieriger zu spielen ist und den Preis kostet, auf immer größere Teile des Publikums peinlich zu wirken. Otto ist kein Kindmann, er bleibt einfach Kind. Noch in aktuellen Interviews äußert er den Wunsch, »immer der Jüngste zu sein«, zumindest geistig, und die Angst, »die Unschuld zu verlieren«.

Obwohl der Zeitgeist in den Jahren seines Aufstiegs heftig von links weht, politisiert sich Otto höchstens ansatzweise, zumindest auf den ersten Blick. Seine Spezialität bleiben der Kalauer und das Alberne. Weder sind seine Texte so literarisch wie die von Valentin (seine besten Ideen behält Ottos Ghostwriter Robert Gernhardt verständlicherweise für sich selbst), noch wirkt Otto als Bühnenfigur so hilflos, unsicher und melancholisch wie Erhardt, der Nachkriegsdeutsche. Stattdessen schneidet Otto Grimassen, zeichnet, zupft auf der Gitarre und ist auf der Bühne ständig in Bewegung, körperlicher Einsatz, wie ihn weder Karl Valentin noch Heinz Erhardt brauchten.

Die Kunstfigur Otto, deren Schnittmenge mit der realen Person Otto Waalkes relativ groß zu sein scheint, gibt sich manchmal so, wie Kinder eben oft sind: anarchistisch und aggressiv. In einem seiner Filme tritt Otto als Kasper im Altenheim auf, er fragt: »Seid ihr alle da?«, die weißhaarige

Gemeinschaft antwortet: »Ja«, Otto ruft: »Aber nicht mehr lange!«, und hüpft hinaus. Otto, das Kind, ist bei aller scheinbaren Unschuld selbstbewusst und ichbezogen, er beharrt auf dem Lustprinzip und dem Vorrecht der Jugend, er will, nervös und ungeduldig, alles sofort. Insofern ist auch der unpolitische Otto ein echter 68er.

Ottos erfolgreichstes Jahrzehnt waren die 80er, sein wichtigstes Podium noch die großen Hallen und die Kinos. Danach beginnt die Zeit der Fernsehcomedians. Deutscher Humor wird jetzt in großen Stückzahlen hergestellt, aber unter all den Dittrichs, Mittermeiers, Pastewkas, Pochers und Kerkelings erobert sich keiner mehr eine so dominante Position, wie Otto sie lange hatte, auch Anke Engelke nicht. Trotzdem ist Engelke, geboren 1965, in den letzten Jahren wahrscheinlich die wichtigste deutsche Komikerin gewesen, natürlich auch deshalb, weil sie die erste Frau ist, die in diesem Genre ganz vorn steht.

Die meisten Comedians stellen keine feste, klar definierte Kunstfigur mehr dar. Otto ist immer Otto, Heinz Erhardt war immer Heinz Erhardt. Bastian Pastewka, Olli Dittrich oder Hape Kerkeling sind Schauspieler, die überzeugend in die verschiedensten Rollen schlüpfen. Aus Selbstdarstellern sind Humorproduzenten geworden. Sogar Harald Schmidt, der nicht in diese Reihe passt, weil er eher ein Entertainer ist als ein Komiker, lässt sich nicht auf eine Charakterrolle festlegen. Unmöglich zu sagen, wer Schmidt ist oder für was er steht, außer für das Chamäleonhafte. Das, was der Arbeitsmarkt verlangt – Flexibilität, Bindungslosigkeit, bloß nicht zu viele Prinzipien, biegsamer Charakter –, spielen die Humoristen vor.

Das wandelbarste dieser Chamäleons ist vermutlich Anke Engelke. Auf die Frage, warum bis heute so relativ wenige Komikerinnen bekannt sind, gibt die Humortheorie häufig die Antwort: Komiker müssen den Mut haben, schlecht auszusehen. Komiker stellen sich dümmer und hässlicher, als sie sind. Frauen falle das schwerer. Warum? Dazu gibt es mehrere Theorien. Anke Engelke jedenfalls löst dieses – angebliche oder tatsächliche – Problem, indem sie perfekter als jeder Kollege hinter ihren Rollen verschwindet. Wenige Männer tragen so oft Perücken, falsche Bäuche oder falsche Zähne wie Engelke in ihren Sketchen für die »Wochenshow« und später für »Ladykracher«. Ohne Maske, zum Beispiel in »Anke Late Night«, wirkt sie tatsächlich weniger komisch. Ob das an ihr liegt oder an uns, dem Publikum, könnte man auch wieder zum Gegenstand einer Humortheorie machen – ebenso wie die Frage, was denn spezifisch deutsch ist an all den deutschen Komikern. Antwort: Das spezifisch Deutsche an den deutschen Komikern besteht vor allem darin, dass es so wahnsinnig viele von ihnen gibt.

Der Sog der Masse

Vor ein paar Monaten wollte ich unbedingt eine Kolumne über Guido Westerwelle schreiben. Besser gesagt, eine Hymne auf Guido Westerwelle. Ich wollte erklären, warum er ein sehr guter Politiker ist, zumindest einer der besseren in Deutschland.

Ich dachte nicht wirklich so. Trotzdem habe ich mir gesagt: Das muss jetzt geschrieben werden. Manchmal schreibe ich Sachen, die ich nicht wirklich denke. Mehr so aus dem Bauch heraus. Wenn alle das Gleiche sagen, bekommt man Lust dagegenzuhalten. Dann sagt man sich: Alle sind sich einig, hey, da stimmt doch was nicht.

Damals haben alle auf Westerwelle herumgehackt. Jeder drittklassige Kabarettist hat Westerwelle-Witze im Programm gehabt, und das kam mir so billig vor, so vorhersehbar, so ungerecht, auch gemein, das hat mich an die Schulzeit erinnert, an diese miesen Momente, in denen alle gemeinsam auf einen Außenseiter losgehen.

Die Westerwelle-Kolumne ist nie geschrieben worden. Ich hab's nicht geschafft.

Stattdessen schreibe ich jetzt ein Lob der Reaktanz. Denn mir ist klar geworden, dass ich reaktanzgesteuert bin, zumindest teilweise. Anderen geht es genauso, das habe ich recherchiert. Reaktanz ist eine gute Sache.

Den Begriff »Reaktanz« hat 1966 ein gewisser Jack

W. Brehm erfunden, ein Sozialpsychologe. Reaktanz bedeutet, vereinfacht gesagt, dass wir Menschen auf eine Überdosis von psychischem Druck oder auch auf Verbote sehr häufig in folgender Weise reagieren: Wir tun genau das Gegenteil von dem, was von uns erwartet wird. Reaktanz ist ein typisches Abwehrverhalten gegen jede Art von Einschränkung, Druck und Verboten.

Das berühmteste Experiment dazu geht so: Versuchspersonen sollen die Qualität von Schallplatten bewerten. Zur Belohnung darf sich jeder eine der getesteten Platten aussuchen. Nach dem Probehören und den Bewertungsinterviews betritt der Versuchsleiter den Raum und teilt bedauernd mit, dass eine der Platten nicht mehr vorrätig sei. Sofort steigt die Attraktivität der vergriffenen Platte bei allen Versuchsteilnehmern. Sie wird, in einer zweiten Befragung, plötzlich viel besser bewertet. Weil sie nicht mehr zu haben ist.

Oft beweist einem die Wissenschaft ja das, was man sowieso schon zu wissen glaubte: Das Verbotene wird attraktiver, weil es verboten ist.

Deswegen musste in den USA das Alkoholverbot, die Prohibition, kläglich scheitern. Nie haben die Leute mehr getrunken. Deswegen will der Fuchs die Trauben haben, die zu hoch für ihn hängen. Deswegen haben sich Romeo und Julia ineinander verliebt, es war strengstens verboten. Ich kenne Leute, darunter mich selbst, die unter anderem deswegen immer noch rauchen, die Verteufelung der Raucher ist einfach *too much*. Deswegen tun geschickte Verkäufer so, als wäre ihre Ware knapp.

In der Politik funktioniert es ebenfalls, auch dazu gibt es Experimente. Wenn man ankündigt, dass es ab morgen verboten sein wird, auf die Straße zu spucken, dann werden sehr viele von uns plötzlich ein starkes Spuckbedürfnis spüren. Selbst die notorischen Nichtspucker.

Das Gleiche passiert mir, wenn ich ununterbrochen mit der gleichen Meinung beschallt werde. Wenn alle auf einer bestimmten Person oder Personengruppe herumhacken, werde ich reaktant, tut mir leid.

Die Reaktanz ist ein naher Verwandter des Trotzes. Reaktanz ist gut, weil sie eine Einheitsgesellschaft mit Einheitsmeinungen verhindert. Reaktanz ist – ausnahmsweise werde ich pathetisch – der Beweis dafür, dass wir zur Freiheit geboren sind.

Na ja. »Zur Freiheit geboren«, ganz so toll sind wir auch wieder nicht. Wir sind schon irgendwie Herdentiere. Neben der edlen Veranlagung zur Reaktanz, die jeder in sich trägt, gibt es ja auch den Hang zum Konformismus. Unsere Vorfahren haben in Horden gelebt. Ich will dazugehören. Jeder will das.

Das Gegenteil von Reaktanz heißt Mainstream. Das Gute am Mainstream ist, dass man nicht groß nachdenken muss. Man wirft sich einfach hinein in den Strom und lässt sich gemütlich treiben.

Das Volk

Der Sozialpsychologe Solomon Asch hat in den 50er Jahren ein Experiment gemacht. Es ist ein Klassiker, ähnlich wie das Reaktanz-Experiment von Brehm. Versuchspersonen sollen vier verschieden lange Linien miteinander vergleichen. Zwei der Linien sind genau gleich lang. Die dritte und vierte Linie aber haben eine andere Länge – extrem anders. Man sieht es sofort.

Die Frage an die Versuchsperson lautet: »Welche beiden Linien sind gleich lang?« Diese Frage soll in Anwesenheit anderer beantwortet werden, in einer größeren Gruppe. Die Versuchsperson ahnt nicht, dass alle anderen Mitglieder der Gruppe mit dem Testleiter zusammenarbeiten.

Die eingeweihten Gruppenmitglieder geben alle eine falsche Antwort. Alle. Diese Antwort, wie gesagt, ist so grotesk falsch, dass selbst ein fünfjähriges Kind es merken müsste. Drei Viertel der Versuchspersonen schließen sich, im Durchschnitt, trotzdem der falschen Antwort an. Nur ein Viertel hat den Mut, den eigenen Augen mehr zu trauen als der Gruppe. Die anderen denken vielleicht, dass mit ihren Augen etwas nicht stimmt. Oder sie wollen nicht unangenehm auffallen.

Das Experiment ist oft wiederholt worden. Es kommt immer das Gleiche heraus. Man kann die meisten Leute dazu bringen, öffentlich zu erklären, dass eins plus eins drei ergibt. Kein Problem. Es müssen ihnen nur genügend andere Leute dabei Gesellschaft leisten.

Vor einiger Zeit wurde es mit Vierjährigen ausprobiert. Die Kinder bekamen Bilderbücher und sollten sagen, was sie auf den Bildern sehen. Die Kinder dachten, dass sie alle das gleiche Buch in der Hand halten, sie konnten aber in die Bücher der anderen nicht hineinschauen. Eines der Kinder, nur eines, hatte ein anderes Buch bekommen. Auf einer Seite des Buches war ein Bild seiner Mama oder seines Papas zu sehen. Bei den anderen Kindern zeigte diese Seite ein Tier, welches, weiß ich nicht – vielleicht einen Goldhamster. In 18 von 24 Versuchen passten sich die Kinder, die es besser hätten wissen müssen, der Mehrheit an. Sie sahen ein Bild ihrer Mutter und sagten, wie alle anderen: »Ich sehe einen Goldhamster.«

Wenn ich so etwas höre, bekomme ich Angst.

In den 50er Jahren, in denen ich geboren wurde, dachte in meiner westdeutschen Heimatstadt fast jeder, dass Deutschland die im Krieg verlorenen Ostgebiete auf keinen Fall aufgeben darf, dass Frauen nur in Ausnahmefällen arbeiten gehen sollen, dass Homosexualität eine Perversion ist, über die man am besten nicht spricht, dass es tausend wichtigere Dinge gibt als Umweltschutz. Heute denkt fast jeder in diesen Fragen ungefähr das Gegenteil. Auch ich denke das Gegenteil. Ich denke ziemlich genau das Gegenteil von dem, was meine Großeltern gedacht haben, die allerdings, in ihrer Zeit, völlig normal waren, mit anderen Worten: Mainstream.

In jeder Epoche haben die Menschen an andere Wahrheiten geglaubt, und zwar an die gleichen wie ihre Nachbarn. Die Furcht vor Hexen oder die Verehrung für den Kaiser, die in den Köpfen meiner Urgroßeltern wohnten, sind meinen Großeltern genauso falsch vorgekommen, wie mir heute der Gedanke falsch vorkommt, dass man die Ostgebiete nicht aufgeben darf. Und weil die Geschichte immer weitergeht, werden meine heutigen Meinungen den Nachgeborenen wohl auch seltsam vorkommen.

Ich weiß, dass ich in den Augen der Zukünftigen eine lächerliche Figur bin. Diese Erkenntnis macht mich demütig. Leute, die eine Meinung mit großer Selbstgewissheit vertreten, ohne die Spur eines Zweifels, so, als ob es kein Morgen gäbe, kommen mir dumm vor. Die einzige Haltung, die garantiert jeder Revision standhält, ist vermutlich der Zweifel.

Die Außenseiter, die Verweigerer des Mainstreams, haben nämlich oft recht behalten. Galileo Galilei wurde eingesperrt, weil er die Ansicht vertrat, dass die Erde sich um die Sonne dreht. Die ersten Kämpferinnen für das Frauenwahlrecht waren in den Augen der Mehrheit Spinnerinnen. 1980 waren die Grünen eine Randgruppe.

Das heißt, der Mainstream des Jahres 2100 wird heute vielleicht von drei oder vier Exoten am Rande der Gesellschaft vertreten.

Prophezeiungen sind schwierig, weil die Geschichte nicht immer in die gleiche Richtung marschiert. Viele denken, dass wir, wie seit 100 Jahren, auch in der Zukunft immer freier oder immer bindungsloser werden, dazu immer mehr wissenschaftliche Erkenntnisse anhäufen. Die Geschichte kenne nur eine Richtung, diese Richtung heiße Fortschritt. Das ist eine Mainstream-Idee von heute. Sie muss nicht stimmen. Das Wissen der Antike war im Mittelalter zu großen Teilen verschwunden. Die lockeren Moralvorstellungen mancher Naturvölker liegen näher bei unseren heutigen Ideen als beim Mainstream des 19. Jahrhunderts. Aus der Geschichte der Meinungen lassen sich keine vorhersagbare Richtung und kein Bewegungsgesetz ableiten.

In 50 Jahren schütteln die Menschen vielleicht den Kopf über unsere Angst vor der Klimakatastrophe. Vielleicht bleibt sie ja aus, so wie auch das große Baumsterben ausgeblieben ist. Ich behaupte nicht, dass es so kommt. Aber eines weiß ich nun wirklich genau: Sehr viele Gewissheiten jeder Epoche der Geschichte haben sich im Nachhinein als falsch herausgestellt.

Aber was wird zum Mainstream? Wer bestimmt das? Die Medien? Einer schreibt vom anderen ab, ist es so einfach? Erschafft sich der Mainstream, ab einem gewissen Punkt, sozusagen selbst?

Weil ich seit längerer Zeit in den Medien arbeite, glaube ich, sie einigermaßen zu durchschauen. Es gibt keine geheimen Verschwörungen, so wenig, wie es gezielte Kampagnen gegen einzelne Politiker gibt. Es stimmt, dass es einem manchmal so vorkommt – fast alle schreiben das Gleiche. Alle sind gegen Westerwelle und gegen Kernkraft, alle waren für Klinsmann. Das hängt damit zusammen, dass die meisten Menschen ungern allein dastehen. Sie möchten Erfolg haben und geliebt werden. Das gilt auch für Journalisten. Im Mainstream ist man sicher. Die meisten Medien spiegeln folglich den Mainstream wider und verstärken ihn dadurch noch, aber sie erschaffen ihn nicht.

Die Masse

Auf der Suche nach einer Antwort – was wird zum Mainstream? – landet man bei Gustave Le Bon, der 1895 den Klassiker »Psychologie der Massen« geschrieben hat. Le Bon war Arzt und Anthropologe, das Massenverhalten konnte er im Krieg von 1870/71 studieren, im belagerten Paris, und während der Tage der Pariser Kommune. Le Bon behauptet, dass Menschenmassen sich in ein neues Wesen verwandeln, ein Gemeinschaftsgeschöpf, das anders handelt und anders funktioniert als der Einzelne. Die Masse sei schlichter, begeisterungsfähiger, brutaler, irrationaler, leichtgläubiger, sprunghafter, als Individuen es sind. Intelligenz sei als Massenphänomen unmöglich.

Die Masse ist dumm – diese Weisheit klingt ziemlich undifferenziert, nach einer Stammtischweisheit, aber sie beschreibt tatsächlich recht genau die Grundlage der Massenpsychologie.

Falls Le Bon recht hat, ist ein Soziologenkongress in seinem gemeinsamen Arbeitspapier weniger intelligent, als jeder einzelne Soziologe es wäre, wenn er alleine nachdenkt. Eine Redaktionskonferenz, die gemeinsam über ein Thema berät, wäre demnach im Normalfall weniger originell als der einzelne Redakteur, den man in Ruhe überlegen lässt. Da kann ich mitreden, das habe ich oft erlebt. Und lange vor den großen Verbrechen der Nazis und des Stalinismus vertrat Le Bon die Theorie, dass »gutmütige Bürger, die normalerweise ehrsame Beamte geworden wären«, in der Masse zu den grausamsten Verbrechen fähig sind. Die Masse ist nicht nur dumm. Sie kann auch gefährlich sein.

1895 wurde das Kino gerade geboren, ans Fernsehen dachte keiner. Trotzdem hat Le Bon über die Entstehung von Massenmeinungen den erstaunlichen Satz geschrieben: »Die Massen können nur in Bildern denken.«

Bilder transportieren Emotionen, nur Emotionen bewegen Massen. Logik ist zu kompliziert für sie.

Die zweite Grundregel zur Überzeugung der Massen – Le Bon spricht lieber von »Hypnose« als von »Überzeugung« – heiße Wiederholung. Man muss einfache Botschaften und starke Bilder oft genug wiederholen. Dieses Rezept wird immer wirken. Das Bild eines Anschlages. Das Bild eines havarierten Atomkraftwerkes. Das Bild eines Angeklagten in Handschellen.

Sind wir so? Werden wir zu Automaten, sobald wir Teil einer Masse sind, sobald jemand unsere Instinkte auf die richtige Weise bedient?

Ich habe, bei einer Studentendemonstration, als Teil der Masse mal eine Tomate geworfen, in Richtung der CDU-Politikerin Hanna-Renate Laurien, die damals Kultusministerin gewesen ist. Sie ist inzwischen gestorben, sie war eine freundliche und kluge Dame. Wir haben uns später getroffen und darüber gelacht. Hätte ich damals eine Tomate auf sie geworfen, wenn ich alleine gewesen wäre? Bestimmt nicht. Hätte ich aus der Masse heraus auch Steine geworfen? Vielleicht.

Die Masse ist aber das Grundprinzip der Demokratie, zugleich das Grundprinzip unseres Wirtschaftssystems. Die Mehrheit bestimmt, wer regiert. Die Mehrheit bestimmt, was produziert wird. Es gibt natürlich ein paar Vermittlungsinstanzen, wir haben eine repräsentative Demokratie, der Markt ist an Gesetze gebunden. In letzter Zeit wird allerdings der Ruf nach einer mehr oder weniger direkten Volksherrschaft immer lauter. Das Volk soll öfter als bisher über wichtige Fragen abstimmen, vielleicht sogar im Internet, das ist technisch ganz einfach und kann wunderbar schnell gehen. Es klingt ja auch erst mal sympathisch. Das Volk sind schließlich wir alle. Wir könnten uns dann ganz unseren Stimmungen hingeben.

Ich hätte Angst davor.

Dies ist die größte Beunruhigung von allen, dass nämlich unser offizieller Herrscher, der Souverän in einem demokratischen System, das Volk, wir selbst, ein launischer, dummer und gefährlicher Herrscher sein könnte.

Als die Mitglieder des Parlamentarischen Rates 1948 das Grundgesetz schrieben, hatten sie noch Angst vor dem Volk und seinen Launen. Das hing natürlich mit Adolf Hitler zusammen. Die Paragraphen des Grundgesetzes können vom Bundestag jederzeit geändert oder ergänzt werden, mit einer Zweidrittelmehrheit. Einige Paragraphen aber sind davon ausgenommen, durch die sogenannte Ewigkeitsklausel im Artikel 79 des Grundgesetzes. Dazu gehören die Menschenrechte, die Achtung der Menschenwürde, die Gewaltenteilung, die föderale Struktur Deutschlands. Diese Dinge darf das Volk nicht ändern, auch nicht mit einer Mehrheit von

99 Prozent. Nach herrschender Rechtsmeinung darf deshalb auch die Todesstrafe in Deutschland nie wieder eingeführt werden, von keinem Mainstream der Welt.

Der Schwarm

1986 hat der Wissenschaftler Craig Reynolds mit Hilfe von Computersimulationen herausgefunden, dass die Individuen, aus deren Summe ein Schwarm entsteht, sich an drei Regeln halten. Das, was wir »Schwarmintelligenz« nennen, beruht tatsächlich auf nur drei Verhaltensregeln.

Erstens: Bewege dich als Mitglied des Schwarms immer in Richtung des Schwarmmittelpunkts. Auf diese Weise wird verhindert, dass der Schwarm auseinanderfließt. Zweitens: Bewege dich weg, sobald dir jemand zu nahe kommt, vermeide Zusammenstöße. Drittens: Bewege dich in dieselbe Richtung wie deine Nachbarn.

Kaum ein Begriff hat in den Jahren, die seit meiner Kindheit verstrichen sind, eine solche Karriere gemacht wie »Schwarmintelligenz«. Das Internet funktioniert wie ein Schwarm, heißt es. Die Revolutionen in den arabischen Staaten wurden und werden über die schwarmförmige Organisation Facebook organisiert, ohne Anführer, ohne eine Partei.

Alle bewegen sich plötzlich in dieselbe Richtung wie ihre Nachbarn.

Weniger bekannt ist das Wort »Schwarmfeigheit«. Ich habe es zum ersten Mal in der Talkshow von Anne Will gehört. Der Journalist und Politikberater Michael Spreng sprach von der »Schwarmfeigheit im Internet«. Jeder Journalist kennt sie. Unsere Texte stehen im Netz, sie werden kommentiert, wir bekommen E-Mails. Dagegen ist nichts zu sagen. Doch weil es möglich ist, sich anonym zu äußern, unter einem erfundenen Netznamen, sind die Äußerungen deutlich aggressiver geworden. Die Leserbriefe, mit Absender und – meistens – dem echten Namen, waren im Durchschnitt sachlicher und seltener beleidigend. Die wenigsten Internetautoren, behaupte ich, hätten den Mut, so zu schreiben, wenn sie mit ihrem Namen dafür einstehen müssten.

Ein sehr frühes und bis heute gern zitiertes Experiment zur Schwarmintelligenz wurde vor mehr als 100 Jahren auf der Viehzuchtmesse der britischen Stadt Plymouth veranstaltet. Ochsen wurden gewogen, unter Ausschluss der Öffentlichkeit, danach durfte das Publikum ihr Gewicht schätzen. Diese etwa 800 Personen waren zum Teil Familien mit Kindern, zum Teil Metzger und Viehzüchter, Experten und Laien bunt gemischt. Die Schätzungen waren teilweise grotesk falsch. Wenn man aber den Durchschnitt aller Schätzungen ausrechnete, dann lag dieser Durchschnitt immer sehr nahe bei dem richtigen Ergebnis.

Das Internet funktioniert nach dem gleichen Prinzip. Jeder darf mitmachen, Experten und Laien, ähnlich wie beim Viehmarkt in Plymouth. Das Internetlexikon Wikipedia ist inzwischen die wichtigste Wissensquelle der meisten Leute, es wird vom Schwarm verfasst. Die Politiker Guttenberg und Koch-Mehrin haben ihre Ämter verloren, weil der Schwarm sich ihre Doktorarbeiten vorgeknöpft hatte. Bei den Wirtschaftskrisen spielt der Schwarm ebenfalls eine entscheidende Rolle: Wenn er sich aus einer Währung oder aus einer bestimmten Aktie zurückzieht, brechen alle Dämme.

Ich glaube, dass die Gesetze der Schwarmintelligenz auch das politische Leben zu beherrschen beginnen. Das beste Beispiel ist die Bundeskanzlerin. Zu Recht wird gesagt, dass Angela Merkel für einen Stil des Regierens steht, den es vor ihr in Deutschland nicht gegeben hat. Die Traditionen und Grundsätze ihrer Partei scheinen für sie keine Rolle zu spielen. Angela Merkel setzt Volksstimmungen um, sie ist keine Leitwölfin, eher ein Fisch im Schwarm. Sie lässt sich, wo immer und solange es geht, in der Strömung treiben. Als das Volk nach Fukushima die Atomkraft ablehnte, war bekanntlich auch Frau Merkel, die eben noch die Laufzeiten der Kernkraftwerke verlängert hatte, plötzlich für die Abschaltung der Atommeiler. Und als die Sozialdemokraten in Wahlen und Umfragen zulegten, fiel ihr ein, dass der Mindestlohn, den die CDU immer strikt abgelehnt hatte, eine feine Sache ist.

Bewege dich in Richtung des Mittelpunkts, vermeide Zusammenstöße, bewege dich in dieselbe Richtung wie die Mehrheit.

Die Querdenker

Manchmal habe ich den Eindruck, dass Deutschland von einer Einheitspartei neuen Typs beherrscht wird, der Mainstreampartei. Diese Partei ist ökologisch, für einen höheren Bildungsetat, für Frauenquoten, für Klimaschutz, für Umverteilung des Wohlstands, dafür, dass die hier lebenden Ausländer Deutsch lernen ... Konsens, wohin man schaut. Selbst zu einer so komplexen Frage wie der Euro-Krise scheint es nur eine oder zwei denkbare zulässige Antworten zu geben. Dass die Piratenpartei – noch – keine Quotenregelung hat, wird in manchen Kommentaren schon als große Kühnheit registriert.

Man muss sich zum Vergleich nur einmal das Meinungsspektrum der angeblich so langweiligen Adenauerjahre in Erinnerung rufen, als es noch Christen, Kommunisten, Sozialisten, Konservative und alles mögliche andere gab. Falls man unter »Demokratie« einen offenen, freien Meinungskampf versteht, ein Ringen um den richtigen Weg, dann haben wir nicht allzu viel davon. Und dazu ist nicht einmal ein Unterdrückungsapparat erforderlich, es hat sich einfach so ergeben.

Damals, unter Adenauer, waren die Milieus noch ziemlich autark, es gab nicht einen einzigen großen Schwarm, es gab mehrere kleinere Schwärme. Die Linken interessierten sich für die Meinung anderer Linker, die Konservativen lasen konservative Zeitungen. Heute kriegt man, dank Internet, fast alles mit, was irgendwo von irgendeinem wichtigen Menschen gemeint wird. Man kriegt immer alles mit. Man ist immer mittendrin.

Trotzdem gedeiht bei uns der Typus des Querdenkers, der in den Talkshows für eine gewisse Belebung im Rahmen des Schicklichen sorgen soll – unsere neue Apo, bestehend aus eloquenten Personen wie Hans-Olaf Henkel, Richard David Precht oder Alice Schwarzer. Der Inbegriff eines solchen Querdenkers ist der sympathische Heiner Geißler. Der Rebell Heiner Geißler tritt auf die denkbar unterhaltsamste Weise für Umweltschutz ein, für grünes Denken, für Bürgerbeteiligung, für die parlamentarische Demokratie, für Emanzipation und für soziale Gerechtigkeit. Er ist Mainstream, total, aber er vertritt den Mainstream mit so viel Temperament, dass er auch mir meistens als der Prototyp des rebellischen alten Mannes erscheint.

In einem Heft der Kulturzeitschrift Merkur geht es um das Thema »Konformismus«. Niemand möchte ein Konformist sein, tatsächlich sind es aber fast alle. Warum? Die Herausgeber antworten: »Es ist etwas anderes, ob man sich als professioneller Tabubrecher in Talkshows feiern lässt oder ob man freimütig die Wahrheit sagt, seine Wahrheit. Dafür muss man womöglich einen Preis bezahlen. Zu missfallen oder gar ausgestoßen zu werden aus dem Kreis derjenigen, die die richtigen, die guten, die hilfreichen Ansichten vertreten.«

Harald Schmidt gehört zu einem anderen Typus. Er hält sich nicht immer an die üblichen Sprachregeln und Tabus, er pfeift auf den Mainstream. Das wirkte lange erfrischend. Es ist aber auch unmöglich zu sagen, wofür er stattdessen steht. Er hütet sich davor, sich in irgendeiner Weise festzulegen. Das macht ihn fast unangreifbar, so wie früher die Hofnarren unangreifbar gewesen sind. Leute wie Harald Schmidt oder Henryk M. Broder begleiten den Mainstream, sie leben von ihm wie Fischer, sie laufen an seinem Ufer und werfen ihre Netze aus. Die eine oder andere Pointe verfängt sich immer darin.

Noch einmal die Frage: Wer entscheidet darüber, welche Ansicht »richtig« ist und welche »falsch«? Im Merkur schreibt der Medientheoretiker Norbert Bolz, dass die meisten Leute die Ansichten übernehmen, von denen sie glauben, dass die meisten anderen Leute sie auch haben. Darüber, welche Meinung gerade die allgemein übliche ist, informieren die Massenmedien. Die Meinungsmacher dort sind aber auch nur Leute wie alle anderen. Sie tendieren dazu, die Meinungen und die Themen anderer Meinungsmacher zu übernehmen – sie verhalten sich genau wie die Versuchspersonen in Solomon Aschs Experiment mit den vier Linien. Sie trauen ihren eigenen Augen nicht.

Bewege dich in Richtung des Mittelpunkts. Bewege dich

in dieselbe Richtung wie alle anderen. Vermeide Zusammenstöße.

Weil der Mainstream heute die normative Rolle übernommen hat, die früher von Traditionen und Sittengesetzen gespielt wurde, tendiert man dazu, vom Mainstream abweichende Meinungen als unmoralisch zu verurteilen. Wissenschaftler, die zur angeblich nahenden Klima-Apokalypse eine abweichende Meinung vertreten, werden zum Beispiel »Klimawandelleugner« genannt – als ob es um Religion ginge und nicht um Wissenschaft.

In der Wissenschaft kann es ohne den Zweifel an scheinbaren Gewissheiten keine Entwicklung geben. Und weder in der Wissenschaft noch in der Kunst hat die Masse jemals etwas Bemerkenswertes hervorgebracht. »Alles Wertvolle«, schreibt Bolz, »verdanken wir außergewöhnlichen Individuen.«

Jemand, der wirklich ein Querdenker ist, müsste heutzutage vielleicht für die Wiedereinführung der Monarchie eintreten. Er müsste an den heiligen Idealen der sozialen Gerechtigkeit, am Atomausstieg und an der Emanzipation zweifeln. Mit anderen Worten, er müsste bereit sein, sich vom Schwarm zu einem gefährlichen Irren stempeln zu lassen.

Lob der Reaktanz

Ohne Reaktanz würden wir uns alle nach und nach in Gemüse verwandeln, das ist hoffentlich klar geworden. Ohne Reaktanz läuft »Demokratie« auf eine massenpsychologische Zwangsherrschaft des Einheitsdenkens hinaus. Reaktanz ist die Kraft, die dafür sorgt, dass ein Meinungspendel nach einer gewissen Zeit wieder zurückschwingt. Und jetzt schreiben Sie mir um Himmels willen keine Briefe, in denen Sie mir Klimawandelverharmlosung vorwerfen oder vor den Gefahren des Monarchismus warnen.

Ich bin, weltanschaulich, Reaktist. Als ich mit meinen Kolumnen anfing, gab es manchmal Ärger, wenn politische Themen auftauchten, zum Beispiel Kritik an den USA. Ich habe eine Kolumne geschrieben, in der ich die Gewaltverliebtheit mancher Amis gegeißelt habe. Das war als Thema nicht sehr originell, ich weiß, und vielleicht ist die Kolumne ja zu Recht nicht gedruckt worden. Ich jedenfalls hatte von diesem Tag an eine animalische Lust, alles an den USA schlecht zu finden. Obwohl das ein tolles Land ist, ehrlich. Ich habe bei jeder Gelegenheit, jahrelang, antiamerikanische Tiraden geschrieben. Da habe ich mich einfach lebendig gefühlt.

Unpolitisch war dieses Verhalten nur auf den ersten Blick. Reaktanz ist nicht unpolitisch. Reaktanz führt dazu, dass Verbote sich, langfristig gesehen, nicht lohnen.

Redakteure, die mich länger kennen, verbieten mir inzwischen, glaube ich, bestimmte Thesen oder bestimmte Themen, weil sie dann sicher sein können, dass sie genau das kriegen. Da muss man vorsichtig sein, das ist ein ganz übler Trick.

Die Lobrede auf Guido Westerwelle muss damit beginnen, dass er einer der wenigen wirklich guten Redner ist, im Bundestag. Er hat sich in die zweite Reihe der Partei zurückgezogen und macht seinen Nachfolgern keinen Ärger, er verhält sich tadellos solidarisch. Da sollte man sich nur mal den CDU-Politiker Merz zum Vergleich anschauen, der nach seinem Machtverlust ununterbrochen gestänkert hat. Es ist gar nicht so schwer mit der Lobrede, aber das Material reicht noch nicht ganz.

Als Reaktist erfüllt man eine sozialhygienische Funktion und leistet einen Dienst an der Menschlichkeit. Es ist unappetitlich, wenn einzelne Personen zum *public enemy* erklärt werden, überall, von jedem. Guttenberg? Eva Herman? Jan Ullrich? Das sind Verfehlungen gewesen, kritikwürdig, gegebenenfalls strafbar, aber doch keine Kapitalverbrechen. Bei jedem Gangster finden Gerichte mildernde Umstände, nur das große Volkstribunal der öffentlichen Meinung kennt keine Bewährungsstrafen, so lange, bis das große Vergessen einsetzt. Man vergibt nichts, aber man vergisst. Wenn erst mal der nächste Skandal da ist, absorbiert er sowieso die gesamte Erregungsenergie, über die man verfügt.

Sich selber vergibt man alles.

Und Margot Käßmann? Der umgekehrte Fall. Eine Heilige. Da ist Reaktanz ebenfalls angebracht. Auch der dunkle Trieb, Idole schlechtzumachen, hat etwas mit Reaktanz zu tun. Das ist die Nachtseite der Reaktanz.

Es müsste, im Mainstreammedium Fernsehen, eine Sendung geben, eine einzige, die der Reaktanz verpflichtet ist. Einmal pro Woche, 30 Minuten lang, müsste jemand einer von fast allen geglaubten Wahrheit widersprechen oder eine abseitige Meinung äußern oder den aktuellen *public enemy* verteidigen. Ohne Ironie. Ohne einen Moderator, der sich distanziert. Auch das wäre ein interessantes Experiment.

Der Publikumsjoker

In der beliebtesten deutschen Quizsendung, bei »Wer wird Millionär?«, hat Günther Jauch im Mai 2011 eine Rechtschreibfrage gestellt. In welchem dieser Wörter ist ein k zu viel?

Akkumulator, Akkusativ, akkurat, Akkupunktur.

Die Kandidatin wusste es nicht. Ich wüsste es auch nicht. Bei »Wer wird Millionär?« gibt es den Publikumsjoker. Das Publikum stimmt darüber ab, welche Antwort die richtige ist. Das Publikum entschied sich, mit 48 Prozent, für das Wort »akkurat«. Auf Platz zwei, mit 42 Prozent, lag »Akkupunktur«. Die Kandidatin fiel durch. Akupunktur schreibt man mit einem k, akkurat mit zwei.

So etwas passiert bei »Wer wird Millionär?« immer wieder: Bei den einfachen Fragen ist der Publikumsjoker fast immer eine sichere Sache. Aber je komplizierter es wird, desto öfter irrt sich die Mehrheit. Es ist dann klüger, jemanden anzurufen, der Ahnung hat. Eine Einzelperson.

Das Leben ist natürlich oft ziemlich kompliziert. Trotzdem haben wir unser Leben weitgehend dem Publikumsjoker untergeordnet. Der Publikumsjoker bestimmt die Regierung. Der Publikumsjoker bestimmt die Aktienkurse, der Publikumsjoker entscheidet darüber, was es zu kaufen gibt, was gesendet wird und was vom Markt verschwindet. Was hält eine Gesellschaft für richtig, was für falsch, welche Werte hat sie, wie benehmen sich die Leute, was ziehen sie an?

Fragen Sie das Publikum.

Der letzte Marxist

Der Mann ist sehr alt. Er lebt in einem Bungalow aus den 70er Jahren, umgeben von anderen Bungalows, im Schatten des Frankfurter Fernsehturms. Er war zweimal verheiratet, beide Frauen sind gestorben. In seiner Wohnung hängt ein großes Bild von Karl Marx. In dem Haus wohnt eine türkische Familie zur Untermiete. Der Mann hat mit dem Gehen Mühe. Er war mächtig. Er hat im Gefängnis gesessen. Er hat sein Leben lang in einer der großen Schlachten des vergangenen Jahrhunderts gekämpft, der Schlacht zwischen Kapital und Arbeit. Jetzt ist er einer der Letzten.

Heute sagen viele: Deutschland, der Sozialstaat, muss umgebaut werden. In dieser Geschichte geht es darum, wie Deutschland aufgebaut wurde und von welchen Leuten.

Als Wolf Biermann 1976 aus der DDR ausreisen durfte, um in Köln ein Konzert zu geben, wohnte er zuerst in diesem Bungalow. Bei Jakob Moneta. Biermann und seine Mutter Emma, die Mitglied in der Deutschen Kommunistischen Partei war, der SED des Westens, saßen abends mit den Monetas zusammen. Wolf und Jakob stritten mit der linientreuen Emma über die DDR. Damals zogen sie noch beide am gleichen Strang. Sie waren unabhängige Linke. Antistalinisten.

Biermanns Gehirn, sagt der alte Mann spitz, das ist doch der Robert Havemann gewesen. Und Eva Hagen, seine frühere Frau. Die konnten beide politisch denken. Aber Biermann doch nicht. Der war ein schrecklicher Macho. Auch meine Frau mochte ihn überhaupt nicht.

Biermann dagegen hat die Vermutung geäußert, Moneta habe für die Stasi gearbeitet. Sie sind politisch auseinander.

Moneta ist damals in die DDR gefahren, um die Ausreiseerlaubnis für Biermann zu bekommen. Er war einer der wichtigen westdeutschen Gewerkschaftsführer. Entscheidend für die Erlaubnis sei ein Machtwort von Margot Honecker gewesen. »Margot und Wolf sind fast wie Geschwister aufgewachsen, wussten Sie das? Beide Väter waren Freunde und Genossen im Widerstand. Nachdem die Väter ermordet worden waren, hat Emma sich auch um Margot gekümmert.«

Jakob Moneta hat langes weißes Haar, und wenn er spricht, klingt es wie eine melancholische Melodie. Am Telefon hörte die Stimme sich jung an. Manchmal steht er ächzend auf und holt ein Buch, um ein Zitat zu zeigen. Er lacht hin und wieder. Daran merkt man, dass er ein undogmatischer Typ ist. Die Wohnung sieht aufgeräumt aus, sie hat nichts Greisenhaftes. Moneta würde gerne weiterleben. Dass der Sozialismus letztlich siegt, ist für ihn klar. Man muss nur lange genug leben.

In Köln sammeln sich nach dem Krieg die Reste der alten SAP-Gruppe um Otto Brenner. Die »Sozialistische Arbeiterpartei« stand in der Weimarer Republik politisch zwischen der KPD und der SPD, das heißt, sie war für die Revolution, aber gegen Stalin. Auch der junge Willy Brandt war SAP-Mitglied. Jetzt gehen die Überlebenden alle zusammen in die SPD. Ihr Zentralorgan ist die »Sozialistische Politik«, deren wichtigste Mitarbeiter Wolfgang Abendroth und Peter von Oertzen heißen.

Trotzkisten und Linkssozialisten gewinnen in den westdeutschen Gewerkschaften dieser Jahre schnell Einfluss. Ihre Konkurrenten, die Leute von der KPD, sind durch Stalins Verbrechen diskreditiert. Und die Sozialdemokraten sind nicht so gut organisiert wie sie. Otto Brenner von der SAP wird nach ein paar Jahren tatsächlich Chef der mächtigsten Gewerkschaft, der IG Metall. Das war, als ob ein ehemaliger Linksradikaler plötzlich Außenminister wird. Brenner umgibt sich vorzugsweise mit Leuten aus den kleinen revolutionären Gruppen der Weimarer Republik, den Miniparteien zwischen SPD und KPD: Da ist Fritz Opel von der Splitterpartei »KPO« oder Max Diamant, ein SAPler, der die »IG Metall Auslandsabteilung« übernimmt. Siggi Neumann, Spanienkämpfer, kam sogar aus der KPD.

Jakob Moneta war Redakteur der Tageszeitung »Rheinische Post« unter dem Chefredakteur Heinz Kühn gewesen, der später Ministerpräsident in Nordrhein-Westfalen wurde. Kühn hatte ihn gefeuert, weil er immer wieder den Revolutionär und Obertrotzkisten Ernest Mandel in der braven »Post« schreiben ließ. Danach war er Sozialreferent an der deutschen Botschaft in Paris.

Moneta wird aus Paris geholt, um Chefredakteur der Zeitschrift »Metall« mit Sitz im Vorstand der Gewerkschaft zu werden. Auflage: 1,6 Millionen, Tendenz steigend. Er verdient 1962 als Chefredakteur 2000 Mark im Monat. Der Gewerkschaftsboss bekommt 2200. Die Gehälter steigen immer nur um den Prozentsatz, den die Gewerkschaft für ihre Mitglieder erkämpft hat. Von ihren Aufsichtsratshonoraren dürfen sie 6000 Mark im Jahr behalten. Moneta lehnt es aber ab, in Aufsichtsräte zu gehen.

Berühmtester Mitarbeiter von »Metall« wird Günther Wallraff. Er schreibt dort seine ersten Industriereportagen.

Ursprünglich fand Moneta die Idee gut, dass die Arbeiter selber ganz offen über ihre Firma schreiben und den ganzen Mist, der da läuft. Aber danach beschweren sich immer die Betriebsräte und nehmen ihren Unternehmer in Schutz. Eine kritische Geschichte über einen Betrieb mit gewerkschaftlicher Mitbestimmung wird von der Gewerkschaftsführung sogar komplett aus dem Heft geworfen. Mit Wallraff läuft es besser, weil er schwerer unter Druck zu setzen ist.

Die 50er und 60er Jahre gelten heute als bleierne Zeit, eine Ära der Restauration. Überall Reaktionäre und alte Nazis. Es war aber auch das goldene Zeitalter der deutschen Gewerkschaften. Nie hatten sie so charismatische Führer, nie waren sie so links, nie so erfolgreich. Sicher, der DGB verlor ein paar politische Schlachten, zum Beispiel den Kampf gegen die Wiederbewaffnung. Die Lohnstreiks aber wurden fast alle gewonnen. Denn es war Geld zum Verteilen da und eine zum Kampf entschlossene Führung. In der »Metall«-Redaktion brüteten sie die Streikparolen aus. »Wer heute aussperrt, sperrt morgen ein!« Oder: »Wir bitten nicht um milde Gaben. Wir wollen unsern Anteil haben.« 1973 setzen sie Pausen nach jeder Viertelstunde durch und langsamere Laufzeiten der Bänder, de facto, sagt Moneta, war das schon die 35-Stunden-Woche. Als die SPD regiert, werden zwei Spitzenfunktionäre der IG Metall zu Ministern, Hans Matthöfer und Anke Fuchs.

Bei Moneta klingelt oft das Telefon. Genossen. Sie fragen ihn um Rat oder wie es ihm geht. Er ist nicht vergessen. Jetzt spricht er über seine Familie.

Monetas Vater musste von Frankfurt am Main bis ins östliche Polen fahren, nach Galizien, in die Stadt Blazowa, um dort eine Frau zu heiraten, die er nie gesehen hatte. Damals wurden die Ehen häufig von Heiratsvermittlern arrangiert. Der alte Moneta eröffnet eine Textilfabrik, hat Erfolg, beschäftigt 30 Näherinnen. Er hat immer feste Preise. Das Feilschen liegt ihm nicht. Die Leute nennen ihn deshalb »den Deutschen«.

Jakob Monetas Muttersprache ist Jiddisch. Die früheste Erinnerung seines Lebens: seine Mutter, die sich an den Türpfosten klammert und um Hilfe schreit. Jemand tritt seine Mutter überallhin, mit aller Kraft. Der Vater kommt herbeigerannt. Männer schlagen den Vater mit Gewehrkolben nieder, treffen sein Ohr. Monetas Vater wird halb taub bleiben.

Es ist das Ende des Ersten Weltkrieges. Polen wird unabhängig, und die polnische Bevölkerung von Blasow feiert ihre neue Freiheit mit einem Judenpogrom. Der Mann, der seine Mutter angegriffen hat, ist einer ihrer Schulkameraden. Die Familie flieht zurück in das Land, wo die Monetas seit vielen Generationen zu Hause sind, nach Deutschland. Köln. Sie besitzen bald wieder eine Textilfabrik, ein Auto mit Chauffeur. Und sie sind beide strenggläubig.

Jakob besucht in Köln neben dem Gymnasium die jüdische Religionsschule. Der Lehrer hat eine Peitsche. Aber der Sog des Jahrhunderts ist stärker, er packt diesen Sohn einer ostjüdisch-orthodoxen Kapitalistenfamilie und reißt ihn fort. Er lässt alles hinter sich, Herkunft, Religion, Familie. Zuerst schließt er sich den »Kameraden« an, einer zionistischen Gruppe, die Anfang der 30er Jahre unter jüdischen Oberschülern populär ist. Dort gibt es einen marxistischen Flügel, die »roten Kämpfer«. Zionismus oder Kommunismus, Palästina oder Sowjetunion, das sind damals die beiden geistigen Möglichkeiten für einen jungen jüdischen Intellektuellen.

Moneta begegnet bei einer Veranstaltung Hans Mayer, der

ein paar Jahre älter ist und später einmal ein berühmter Literaturwissenschaftler sein wird. Es ist eine entscheidende Begegnung. »Ohne Mayer«, sagt er, »wäre ich in der KPD gelandet.« Mayer und ein Deutschlehrer, der Herr Nebel heißt, bekehren ihn zum Trotzkismus.

Trotzki, der Rivale Stalins. Ermordet 1940, auf Stalins Befehl. Trotzki ist gegen den Terror, gegen die Diktatur der Partei, für ein gewisses Maß an sozialistischer Demokratie. Von den beiden Möglichkeiten, 1931 Kommunist zu sein, verkörpert Trotzki eindeutig die menschenfreundlichere.

Moneta und Mayer gehen in die Sozialistische Arbeiterpartei. Um seinem Vater nicht weh zu tun, besucht Moneta am Sabbat immer noch die Synagoge. Er ist in der Unterprima. Marx liest er damals selten, lieber »Wolfsblut« von Jack London oder »Der Sumpf« von Upton Sinclair. Er mag Romantiker und Abenteurer. Der Alte weiß bald Bescheid und weist ihn mit den Worten »Raus, Bolschewik!« aus der Wohnung. Sie versöhnen sich aber wieder. In seiner Parteigruppe ist er der einzige Jude. Jakob Moneta sagt: »Für meinen Vater war es ein harter Schlag.«

1933 fliehen die Eltern über Belgien nach Kuba, später in die USA. Der Vater sattelt um, er wird Diamantenhändler. Jakob, den Marxisten, würden die Amerikaner nie ins Land lassen. Er geht nach Palästina. Am 2. November 1933 erreicht er Haifa.

Der Kibbuz heißt »Kompass«, er besteht aus 30 Männern und zehn Frauen, fast alle sind Abiturienten aus Deutschland, alle links, alle um die zwanzig. Sie lernen, als Handwerker zu arbeiten, wenn sie nicht gerade mit Malaria in der Hängematte liegen. Moneta hat fünfmal Malaria. Als Handwerk lernt er Orangenkistennagler. Politisch sind sie für einen binationalen Staat, ein Land für Juden und Araber. Alles andere, sagen sie, läuft auf Kolonialismus heraus. Es wird ununterbrochen diskutiert und gearbeitet, während Schakale um die Zelte schleichen.

Am Ende brechen fünf der 30 Kibbuzniks mit dem Zionismus, darunter Moneta. Wenn ein Araber sein Land nicht aufgeben wollte, sagt er, dann wurden ihm Arme und Beine gebrochen. Er erzählt, dass in Haifa jüdische Terroristen eine Warteschlange mit arabischen Arbeitern in die Luft gesprengt haben, 40 Tote. So etwas konnte er nicht unterstützen.

Manche, die vom Zionismus enttäuscht waren, gingen in die Sowjetunion. Im Osten Asiens hatte Stalin einen sozialistischen Judenstaat errichtet, als Alternative zu Palästina. Birobidjan. Eine Falle war das. Viele, die dorthin gingen, wurden später ermordet.

Moneta aber, der Trotzkist, hat kein gelobtes Land. Er geht nach Jerusalem, arbeitet als Nachtportier und gründet eine jüdisch-arabische Gewerkschaft. Im Krieg verhaften ihn die Briten als Unruhestifter. Er sitzt ohne Urteil zweieinhalb Jahre, in Akko. Im Gefängnis trifft er eine wilde Mischung aus jüdischen Kommunisten, linken Arabern, zionistischen Terroristen und allen möglichen politischen Sekten. Einer seiner Mithäftlinge wird später General, Moshe Dayan. Moneta lernt damals Arabisch, insgesamt spricht er zehn Sprachen. Er darf britische Zeitungen für die anderen Gefangenen übersetzen. Die Nachrichten über den Holocaust hält er zuerst für Gräuelpropaganda. Um ein Gerichtsverfahren zu erreichen, treten etliche Gefangene in den Hungerstreik. Moneta wird zwangsernährt. Der Mann, der ihn verhört und am Ende freilässt, heißt Hartley Shawcross und wird ein paar Jahre später britischer Hauptankläger im Nürnberger Prozess.

Am 18. November 1948 betreten Jakob Moneta und seine Frau Mathilde wieder deutschen Boden. Sie gehen in den Westen. Köln. Die Sowjetzone kommt für ihn nicht in Frage, wegen der Stalinisten. Aber warum überhaupt Deutschland? Moneta sagt: »In der Arbeiterbewegung gab es keinen Antisemitismus.« Außerdem sei er Internationalist. Er hat aber trotzdem das Gefühl: Ich komme nach Hause.

In den 90er Jahren war er im Parteivorstand der PDS. Er dachte, es muss endlich eine gemeinsame Partei für alle deutschen Linken geben. Inzwischen sagt er: »Der Gysi ist ein Hallodri.« Und er hat einen Brief an den Parteivorsitzenden Bisky geschrieben. Bisky soll Sahra Wagenknecht nicht aus der PDS werfen. »Schließt keine Leute aus nur wegen ihrer Ideen.« Denn damit hat der Stalinismus doch angefangen, oder? Sein Haus und sein bescheidenes Vermögen wird eine Stiftung erben, die seinen Namen trägt und linke Projekte unterstützt und eine Schule. Monetas Tochter ist deswegen ein bisschen sauer. Aber Moneta hat von seinem Vater auch nichts geerbt. Nichts Materielles. Der Vater liegt in Jerusalem begraben, nicht in New York, wo er starb. Das wollte er unbedingt. Sie haben sich nach dem Krieg wiedergesehen, in Köln, und sich beide genommen, wie sie sind.

Moneta ist, während ich dies schreibe, fast 90. Er verfasst regelmäßig Kolumnen für eine kleine linke Zeitschrift. Er ist immer noch Trotzkist. Er sagt: »Das Vermögen der drei reichsten Menschen ist zusammen so groß wie das Bruttosozialprodukt der 48 ärmsten Länder der Erde. Das darf nicht sein.« Aus seinen Artikeln spricht ein starker Glaube.

Sein Bett steht im Wohnzimmer, damit er es nicht weit zu den Büchern hat. Ein paar Meter entfernt das Foto eines Mannes, der Karl Marx ähnlich sieht. »Mein Großvater«, sagt

Moneta. »Er war Talmudist. Religionslehrer. Eines Tages hat er angekündigt, dass er sterben wird. Er hat sich die Fingernägel schneiden und die Haare frisieren lassen. Dann haben wir alle von ihm Abschied genommen, auch ich, das weiß ich noch. Dann ist er gegangen.«

Zum Abschied sagt Moneta die Hymne des »Bund« auf. Das war die Organisation der sozialistischen jüdischen Arbeiter. »Vielleicht bau ich in der Luft meine Schlösser. Vielleicht ist mein Gott gar nicht da. Im Traum wird es leichter, im Traum wird's mir besser. Im Traum ist der Himmel blau und ganz klar.« Wir trauen uns nicht, ihn zu fragen, wo er beerdigt werden will.

Der Geist von Dessau

Neun Zimmer, zwei Toiletten, zwei Küchen, Bad, 250 Quadratmeter Wohnfläche: Das hört sich gut an. Wenn man das Dessauer Meisterhaus betritt, in dem von 1926 bis 1929 Oskar Schlemmer mit seiner Frau Tut und drei Kindern gelebt und gearbeitet hat, stellt man allerdings fest, dass es sich um das wahrscheinlich kleinste 250-Quadratmeter-Haus der Welt handelt. Es ist verwinkelt. Es hat extrem viele Türen. Im Bad zum Beispiel gibt es drei davon. Außerdem besitzt das Bad ein riesiges Fenster, was sich auch erst mal gut anhört. Aber das riesige Fenster befindet sich direkt neben der Badewanne. Duschende Personen sind von draußen für das Dessauer Publikum in ihrer vollen Größe zu sehen. Wer so etwas nicht mag, muss das Fenster mit einem Vorhang schließen. Dann ist es dunkel im Bad, und man muss Licht anknipsen. Die Heizung hängt unter der Decke.

Die meisten Bauhaus-Architekten der ersten Stunde mochten grundsätzlich keine Bilder an den Wänden. Stattdessen sollte die Heizung das Schmuckstück sein, ein Bildersatz. Deswegen also, aus ideologischen Gründen, hängt hier eine Heizung an genau der Stelle, wo man sie, als badender, relativ ideologiefreier Mensch, am wenigsten haben möchte.

Zwei Tage und zwei Nächte durfte ich in Dessau wohnen, Ebertallee 67, im ehemaligen Haus von Schlemmer, der hier, als einer der »Meister« des Bauhauses, unter anderem

Bildhauerei unterrichtet hat. Der Obermeister und Leitarchitekt der Bauhausgebäude hieß Walter Gropius.

Von allen guten und bösen, naiven oder grandiosen Menschheitsbefreiungsbewegungen des 20. Jahrhunderts steht das Bauhaus heute vermutlich imagemäßig noch am besten da. Flachdach, Fensterbänder, Symmetrie, rechte Winkel, viel Glas, viel Leere, das ist Bauhaus. Und genau dies ist ja bis heute der Inbegriff »moderner« Architektur geblieben, damals in der DDR und genauso in der BRD, in New York und in Dubai.

Das Bauhaus, schrieb ein Kritiker, sei womöglich der »letzte Stil«, das Ende der Geschichte in einem ihrer Teilbereiche. Jedenfalls hat sich seitdem kein neuer Stil dauerhaft und weltweit etablieren können, erstaunlich, nach 90 modebewegten Jahren.

Das Bauhaus verwandte in seinen Schriften den Begriff »neuer Mensch«, es veröffentlichte Manifeste, es kannte den »Meister«, und auf seine Weise, die natürlich nicht mörderisch war, konnte es auch ein bisschen totalitär sein. Walter Gropius sorgte dafür, dass von einem Foto vom Inneren der Meisterhäuser Wandbilder wegretuschiert wurden, ähnlich wie von sowjetischen Fotos der in Ungnade gefallene Leo Trotzki wegretuschiert worden ist. Das strenge Verbot jedes Ornamentes, jedes Details, das von der Genialität des Architekten ablenkt, kann man auch als Ausdruck eines Allmachtsanspruches und einer beträchtlichen Eitelkeit lesen. Die Meisterhäuser stehen in einem Kiefernwald, ohne Gärten – warum? Weil Gropius neben sich keinen Gartenarchitekten dulden wollte.

Im 20. Jahrhundert ist ständig, rechts, links und in der Mitte, vom neuen Menschen und vom Paradies auf Erden die

Rede. Am Ende läuft es immer auf eine geniale Führungsfigur hinaus, auf einen Nachfolger der gestürzten Götter und Könige.

Die Türen im Meisterhaus sind sehr schmal. Dick darf der neue Mensch schon mal nicht sein. Sie sind auch niedrig. Der Fotograf, mit seinen zwei Metern ein großer, aber kein extrem großer Mann, kommt durch die Tür auch nicht hindurch. Die oberen Regale der Wandschränke dagegen sind so weit oben angebracht, dass kleine Personen nicht herankommen. Wer in einem Meisterhaus der berühmtesten, einflussreichsten und angeblich besten Baumeisterschule der Welt stressfrei leben will, muss mindestens 1 Meter 70 und darf höchstens 1 Meter 90 groß sein.

Nicht der Mensch, so fehlerhaft, charakterschwach, bequem und verschieden, wie er nun einmal ist, setzt hier das Maß. Sondern die Idee. Die Idee und der Meister.

Mein Schlafzimmer, im ersten Stock, ist auch das Schlafzimmer von Schlemmer gewesen. Es sieht wie ein Krankenhauszimmer aus, vielleicht wegen der kahlen, weißen Wände. Da habe ich es immer noch besser getroffen als der Bauhauslehrer Georg Muche, dessen Schlafzimmer von dem Inneneinrichtungsguru Marcel Breuer schwarz gestrichen wurde. Muche hat nach der ersten Nacht, zutiefst verstört, sein Schlafzimmer nie wieder betreten. Umstreichen war offenbar verboten.

Das Atelier, fast vier Meter hoch, ist der schönste und großzügigste Raum des Hauses. Die Terrassen, ich weiß gar nicht, wie viele es sind, gehören ebenfalls zu seinen Stärken. Die Bauhäusler haben gerne draußen gelebt, genau wie die heutigen Deutschen.

Die beiden Kinderzimmer liegen unterm Dach, sie sind

klein, die Decken sind niedrig. Das eine Kinderzimmer hat ein Fenster, das auf eine Dachterrasse führt. Die Brüstung der Dachterrasse ist 70 Zentimeter hoch. Das sieht wieder mal gut aus, für ein Kind muss so etwas allerdings lebensgefährlich sein. Das andere Kinderzimmer dagegen besitzt nur einen Fensterschlitz weit oben, in Erwachsenenhöhe. Also, Schlemmers Kinder konnten entweder nicht aus dem Fenster schauen, oder aber sie sind ständig von der Terrasse heruntergefallen. Das immerhin durften sie sich aussuchen. Zwischen den beiden Kinderzimmern befindet sich wieder eine dieser Türen, aber auf höherem Niveau als der übrige Boden, unter ihr zwanzig Zentimeter Mauer, eine Tür also, die in der Mauer schwebt, wie auf einem surrealistischen Gemälde.

Zu den Eigenarten der Meisterhäuser gehören die beiden Küchen, eine kleine Küche zum Kochen und eine kleine Küche zum Spülen. Nun, ich habe nicht gekocht, weil das Haus von 10 bis 18 Uhr ein Museum und kein Herd vorhanden ist. Das Wohnzimmer hat eine Art Erker, der aber zu klein ist, um damit etwas anzufangen. Das Bauhaus liebt große Fenster, aber ausgerechnet im Wohnzimmer sind die Fenster relativ klein. Aus einem Wohnzimmer möchte der Mensch doch hinausschauen, wo denn sonst, aus dem Badezimmer vielleicht?

Ich würde da niemals hineinziehen. Ich will beim Wohnen aus dem Fenster kucken, ich will nicht nackt vor allen Dessauern duschen, da müsste ich vorher erst mal ein halbes Jahr täglich ins Fitness-Studio.

Dem Geheimnis des Hauses kommt man näher, wenn man es von außen betrachtet. Vor allem die Fenster sehen super aus, die Fenster geben den Fassaden Rhythmus. Das Haus ist ganz auf Außenwirkung hin komponiert, die Fenster sitzen folglich nicht dort, wo Fenster praktisch oder sinnvoll wären, sondern dort, wo Fenster gut aussehen. Primat des Äußerlichen. Image ist alles. Die Heizkosten des Hauses waren übrigens fast ebenso hoch wie die Mietkosten, Schlemmer hat 2 500 Mark pro Monat bezahlt, warm, etwa die Hälfte seines für damalige Verhältnisse üppigen Gehaltes.

Dessau lag damals, in den 20er Jahren, im deutschen Silicon Valley. Überall Fortschritt, aufstrebende Zukunftsindustrie, die Junkers-Flugzeugwerke zum Beispiel. Diese Stadt war zur Größe bestimmt. Heute hat Dessau als international bekannten Markenartikel nur noch das Bauhaus, und auch um diese Marke muss es kämpfen, nicht nur gegen Weimar. Aldi Süd hat einen Bauhauswein im Angebot, in Thüringen, sagen Bauhausmitarbeiter, werden quadratische Klöße unter der Bezeichnung »Bauhauskloß« angeboten. Wenn einer der Mitarbeiter sagt, dass er am Bauhaus arbeitet, denken die meisten Dessauer, dass er für den gleichnamigen Baumarkt Bretter zuschneidet, klar, auch in Dessau gibt es ein »Bauhaus«.

Aber die Mitarbeiter pendeln sowieso fast alle, hier lebt es sich für Großstädter nicht gut, keine Kneipen, keine Biergärten, kein Spaß. Abends kann man höchstens vor dem Bauhausklub sitzen, der ist okay. Die Mitarbeiter erzählen, dass es im Bauhaus wegen der Glasfassaden im Winter sibirisch kalt ist, im Sommer dagegen tropisch heiß. Die Glasfassade ist ein ähnlicher politischer Irrweg wie der demokratische Zentralismus. Aber auch dieses Gebäude sieht, von außen, gut aus.

Im Bauhaus gibt es eine Ausstellung, dort zeigen sie historische Filme aus den 20ern. Einer der Filme stellt richtiges und falsches Wohnen vor, richtig ist das Bauhaus, falsch sind Wohnküchen, verwinkelte Gassen, Blumentöpfe, die vor dem Haus auf der Straße stehen. Unordnung und Unübersichtlichkeit sind schlecht, Leere und rechte Winkel sind gut.

Obwohl der Film alle Register des Propagandagenres zieht, bekommt man doch mit, dass die von ihm angeprangerte Form des Wohnens ungefähr dem entspricht, was sich heute begüterte Menschen in ihren Wochenendhäusern auf Sardinien leisten, während das richtige Wohnen ein fragwürdiges Privileg der gesellschaftlichen Verlierer darstellt, in Berlin-Gropiusstadt oder in Marzahn. Unordnung und Unübersichtlichkeit muss man sich leisten können.

Heute ist Dessau, wo das formbewusste Bauen erfunden wurde, eine erstaunlich formlose Stadt. Dessau war Residenz, mit Schloss und allem, was dazugehört. Von den alliierten Bombern und von der DDR ist das historische Erbe gleich zweimal unter den Pflug genommen worden. Geblieben sind weite Flächen, aus denen hin und wieder eine alte Fabrik oder ein verlassener Plattenbau ragt. In Dessau könnte man, wenn es nur genug Publikum gäbe, locker zwanzig Kulturfabriken eröffnen.

Aber die Stadt schrumpft. Statt die Außenbezirke abzureißen und sich in ihren Kern zurückzuziehen, geht Dessau, weil es keinen wirklichen Kern mehr hat, einen anderen Weg. Die Natur darf sich Teile der Stadt zurückerobern, große Schneisen zwischen den Ruinen, wo städtische Urwälder entstehen, für Parks fehlt das Geld. Jeder Dessauer, der eine Idee hat, bekommt von der Stadt kostenlos 400 Quadratmeter zur Nutzung, Innenstadtlage, es gibt Steingärten, Apothekengärten, nichts wirklich Zukunftsweisendes. In den USA würde man vielleicht Siedler aus aller Welt rufen, Land nicht verpachten, sondern verschenken, der große Treck nach Dessau, hey, kommt alle, baut auf, wir wollen Zukunft. Aber dies ist eben Sachsen-Anhalt.

Ich habe einen Termin beim neuen Direktor des Bauhauses, Philipp Oswalt, Mitte 40, Pendler. Das wichtigste und bedeutendste Meisterhaus, das Haus von Walter Gropius, ist durch Bomben zerstört worden. Nun lautet die Frage: Wird es wieder aufgebaut?

Oswalt sagt, das geht sowieso nicht. So etwas wird heutzutage nicht mehr genehmigt. Diese niedrige Brüstung, die engen Türen, alles viel zu gefährlich und nicht behindertengerecht. Der neue Mensch ist offenbar doch nicht entstanden, der mit extrem engen Türen zurechtkäme. Der Direktor des Bauhauses wohnt in Berlin-Schöneberg in einer Altbauwohnung mit Stuck und Flügeltüren. Er sagt, das sei Zufall. Zufällig war ich auch mal bei seinem Vorgänger zu Gast, Omar Akbar. Auch er hat in einem Berliner Altbau gewohnt, Jahrhundertwende. Es ist, genau wie beim Realen Sozialismus, deutlich leichter, in der Theorie für das Bauhaus zu sein, als ganz konkret in einem Bauhausgebäude zu leben.

Abends laufe ich durch das Schlemmerhaus, stelle mich mit einem Glas Wein auf eine der Terrassen, wo damals wilde Feste gefeiert wurden, da stehe ich, während der Wind vom Flachdach Moosbröckchen hinunterweht und unten Rehe grasen, ohne Angst. Was hatten die Bauhäusler eigentlich gegen Spitzdächer? Warum, zum Teufel, muss es immer ein Flachdach sein? Dachräume sind doch schön und praktisch, das Wasser kann an einem Spitzdach richtig toll runterlaufen.

Am nächsten Tag werden sie fragen: »Haben Sie den Geist des Hauses gespürt? Wie ist das?«

Ich werde sagen, es ist wie in dem Film »Nacht im Museum«. Klar, es ist ein Museum, tagsüber hört man die Stimmen der Besucher, nachts hört man im Traum die Schreie von Schlemmers Kindern, wie sie von den Terrassen stürzen.

Das Haus ist extrem hellhörig. Mitarbeiter des Museums haben mir ein paar Ikeamöbel reingestellt, Ikea, der legitime Erbe des Bauhauses, billiges, gutes Design für alle, das passt schon. Aber es ist ungemütlich, es ist ein ungemütliches Angeberhaus.

Das Überflüssige ist das Schöne. Spät in der Nacht, da war noch ein Fest in der ehemaligen Dessauer Kaufhalle, ich gehe nach Hause, Ebertallee, und ich finde das Schlemmerhaus nicht, weil alle Meisterhäuser, in denen große, sehr individualistische Künstler lebten, vollkommen gleich aussehen. Sie sind ja auch fast alle recht schnell wieder ausgezogen, nicht wegen der Nazis, sondern einfach so.

Der kleine Prinz

Kurz vor dem ersten Advent klingelte der Briefträger an der Tür. Er brachte mir einen Adventskalender, mit freundlichen Grüßen. Absender war eine vorweihnachtlich gestimmte Kollegin. Es gibt also, wie ich sogleich feststellen durfte, das Buch »Der kleine Prinz« jetzt auch in Adventskalenderform. Das ist zweifellos eine schlaue Geschäftsidee für die Buchbranche, zumal man so was nicht mit allzu vielen literarischen Werken machen kann.

Der Adventskalender bestand aus einer Pappscheibe in der Farbe des Nachthimmels, auf der natürlich der kleine Prinz zu sehen war. Er steht auf seinem Planeten und schaut die reichlich vorhandenen Sterne an. Er trägt Schlaghosen und Fliege. Das Bild haben viele Menschen im Kopf.

Der Kalender hat keine Türchen, stattdessen hat er Schlitze, in denen Zettel stecken. Auf jedem Zettel steht ein Spruch aus dem Buch. Man soll also in der Adventszeit täglich einen der Zettel herausziehen und darf sich dann Gedanken machen, anstatt, wie bei den meisten anderen Adventskalendern, täglich eine Süßigkeit zu essen. Ich habe alle Zettel gleich hintereinander herausgezogen und sie alle auf einen Rutsch gelesen. Ich dachte, statt 24 kleiner Gedanken mache ich mir einen einzigen großen.

Es war vielleicht eine Überdosis. Jedenfalls habe ich danach dann auch noch das Buch »Der kleine Prinz« gelesen, was nur eine Stunde dauert, wieder einmal, denn es gehört zu den Büchern, die mein Leben geprägt haben, und bestimmt nicht nur meines. Sonst würde ich das hier nicht erzählen, sonst wäre das gesellschaftlich irrelevant.

Ich wollte mich erinnern. Aber danach fühlte ich mich nicht gut. Mit den Worten des Autors, Antoine de Saint-Exupéry: »Etwas an meinem Motor war kaputtgegangen.«

Bevor ich selber Vater wurde, habe ich das Buch nur vom Hörensagen gekannt, warum? Weil es zu meiner Kinderzeit, späte 50er, frühe 60er, noch nicht so berühmt gewesen ist. Man las eher »Der letzte Mohikaner« oder »Winnetou«. An der Uni merkte ich, dass es im Grunde ein Erwachsenenbuch ist, jeder las das, überall stand es herum, und dabei ist es wohl bis heute geblieben. Als mein Sohn sechs Jahre alt war, habe ich ihm dann, wie fast jeder, der ein Kind hat, »Der kleine Prinz« vorgelesen. Später kaufte ich, wie fast jeder, für das Kind ein Hörbuch, damals noch als Kassette. Das ist lange her. Heute ist mein Sohn erwachsen, und ich feiere dieses Jahr zum ersten Mal ohne ihn Weihnachten.

»Der kleine Prinz« ist eine schöne Geschichte. Sehr, sehr schön. Ich will sie gar nicht pauschal heruntermachen, obwohl mir das niemand glauben wird. Der kleine Prinz würde es wohl so ausdrücken: »Jede schöne Geschichte ist einzig auf der Welt. Sie erinnert an eine Blume, die man nicht sieht ...« Diese Ansicht teile ich. Aber alle werden sagen: »Jetzt macht er auch noch den kleinen Prinzen runter.« Obwohl ich das Gegenteil beteuere!

Die großen Leute sind so. Auch dieser Satz stammt aus dem »Kleinen Prinzen«.

Auf der Liste der meistgedruckten Bücher der Weltgeschichte steht der »Kleine Prinz« auf Platz 17, Gesamtauflage

80 Millionen. Um diese Zahl einordnen zu können, sollte man berücksichtigen, dass auf den vorderen Plätzen unter anderem die Bibel, der Koran, das Kommunistische Manifest und das Chinesische Wörterbuch stehen. »Der Herr der Ringe« liegt mit 150 Millionen ebenfalls vor dem Prinzen.

Bücher, die sich in dieser Liga befinden, erzählen nicht einfach eine Geschichte. Sie entwerfen ein Weltbild, sie erschaffen einen geistigen Kosmos, abgesehen vielleicht vom Chinesischen Wörterbuch. Oder sie bieten ein Identifikationsangebot, das sich gleich für mehrere Generationen eignet. Nach dem »Prinzen«, also auf Platz 18, folgt nämlich »Der Fänger im Roggen«. Und danach kommt auch schon der erste Titel von Paolo Coelho.

Ich will den »Kleinen Prinzen« nicht runtermachen, unter anderem, weil er phantasievoller ist als das, was ich von Coelho kenne, und weil er das Gemüt auf eine geschickte oder – warum nicht mal die Harfe auspacken – meisterhafte Weise anspricht. Man muss die Menschen gut kennen, um sie so am Wickel zu haben, man muss die Tasten auf ihrem Seelenklavier im Schlaf treffen.

»Der kleine Prinz« plädiert für das Gute, für Menschlichkeit, die Liebe, all diese Sachen. Aber je öfter ich es gehört habe – und ich habe es bei Autofahrten mit meinem Kind verdammt oft gehört –, desto stärker wurden schon damals meine Zweifel daran. Es hat einen philosophischen Sound, der einen perfekt einlullt, aber der Erkenntnisgewinn tendiert gegen null. Eigentlich ist es eine hübsch verpackte Banalität. Richard Clayderman, als Buch. Das wäre noch kein Vorwurf.

Antoine de Saint-Exupéry wurde 1900 geboren, mit vier Jahren verlor er den Vater, erzogen wurde er in einem Internat. Saint-Exupéry arbeitete meistens als Pilot, er war dauernd auf Achse, seine Beziehungen zu Frauen litten darunter. Ein glücklicher Mann war er wohl nicht. Es heißt sogar, er sei depressiv gewesen. 1944 stürzte er mit einem Aufklärungsflugzeug über dem Mittelmeer ab, vielleicht ein gewöhnlicher Absturz, vielleicht abgeschossen von der deutschen Luftwaffe, vielleicht auch ein Freitod, das ist bis heute unklar. »Der kleine Prinz«, vom Autor selbst illustriert, kam 1943 in New York heraus: Der Ich-Erzähler ist in der Wüste notgelandet. Dort begegnet ihm der kleine Prinz, eine Art Kind, das von einem fernen Planeten stammt und ihm sechs Tage lang seine Geschichte erzählt. Aus der Begegnung wird eine Offenbarungsgeschichte, ausgeschmückt mit zahlreichen Lebensweisheiten. Der Planet, von dem der kleine Prinz gekommen ist, ist ganz winzig. Eine Rose wächst dort. Das größte Problem stellen die Affenbrotbäume dar, die in rücksichtsloser Weise den Planeten zu überwuchern drohen.

Auf seiner Reise besucht der Prinz sechs andere Himmelskörper, auf denen unter anderem ein machtverliebter König, ein Eitler, ein in den Reichtum verliebter Geschäftsmann, ein Forscher und ein Säufer wohnen. Diese Besuche bieten Gelegenheiten zu Gesprächen über menschliche Schwächen und zu Lehren über das Leben als solches. Der – Achtung, magische Zahl – siebte Planet ist schließlich die Erde. Am – schon wieder! – siebten Tage verlässt der Prinz sie wieder, indem er sich von einem nützlichen, aber bereits in der Bibel negativ besetzten Tier beißen lässt, einer Schlange. Vielleicht fliegt er ab, vielleicht ist es ein Freitod, das bleibt beim kleinen Prinzen ebenso unklar wie bei seinem Verfasser. Die Tonlage ist der von Jesus nicht ganz unähnlich, theologisch Gebildete nennen diesen Sound gern »jesuanisch«.

Aus dem Buch ist, vor seiner Karriere als Adventskalender,

etliche Male ein Theaterstück gemacht worden, ein Comic, mehrere Opern, ein Ballett, ein Computerspiel mit der Stimme von Ben Becker, eine Suite für Orchester, eine Fernsehserie, ein Puppentheater und eine tiefenpsychologische Deutung von Eugen Drewermann. Eine der Verfilmungen entstand in der DDR, Regie Konrad Wolf. In der japanischen Stadt Hakone steht der Asteroid des kleinen Prinzen sogar als Brunnendenkmal, im »Museum of The Little Prince«.

Trotz seines pseudoreligiösen Charakters ist das Buch offenbar überall gut angekommen, unter allen Regimen, bei allen Kulturen, bei Diktatoren ebenso wie bei raffgierigen Oligarchen, denn in der Theorie sind, meines Wissens, alle für Humanismus, für Liebe und für Freundschaft. Auch Oberst Gaddafi war es.

Damit will ich, um Himmels willen, nichts vergleichen, ich will nur sagen: Man erschrickt oft darüber, wie der Humanismus von seinen Verfechtern so ganz konkret umgesetzt wird. Deswegen tendiere ich zu der Ansicht, dass man sich den jeweiligen Humanismus immer genau anschauen muss.

Was genau verkündet der kleine Prinz?

Kinder müssen mit großen Leuten viel Nachsicht haben. (Der kleine Prinz, Seite 22)

Gewiss. Umgekehrt aber auch. Wenn man mit dem Auto fährt und das Kind fragt zum fünfzigsten Mal: »Wann sind wir denn endlich da?«, müssen auch große Leute viel Nachsicht haben.

Antoine de Saint-Exupéry starb kinderlos, das merkt man seinem Blick auf Kinder an. Diese romantische Überhöhung des Kindseins, die Ernennung des Kindes zum besseren, reineren Menschen, so etwas fällt Kinderlosen deutlich leichter.

Es findet sich auch auf Seite 97: »Nur die Kinder wissen, wohin sie wollen.« Und bei dem Sänger Herbert Grönemeyer, der, obgleich Vater, eine Art Nachdichtung verfasst hat: »Die Welt gehört in Kinderhände. Kinder an die Macht.«

Ach, man liebt ja die Kinder. Obwohl sie keine Übermenschen im Taschenformat sind, sondern Egoisten und manchmal Nervensägen und soziales Verhalten sowie Affektkontrolle erst noch lernen müssen. Sie können auch grausam sein – darf man das sagen? Wenn das Kind zwecks eigener Erheiterung die Katze zum zwanzigsten Mal am Schwanz zieht oder, was ich mal gesehen habe, wenn Kinder dem Hund eine Tüte an den Schwanz binden und dieselbe anzünden, dann ist womöglich Nachsicht weniger angebracht. Dann darf es auch mal ein zorniges Wort sein, wobei ich nicht glaube, dass die zarten Kinderseelen dauerhaft davon Schaden leiden.

Ein Land, das von Kindern regiert wird, stelle ich mir so ähnlich vor wie Uganda unter der Herrschaft von Idi Amin. Bestenfalls käme Italien unter Silvio Berlusconi dabei heraus.

Die Liebe zu den Kindern ist uns zum Glück genetisch einprogrammiert, deshalb greifen Zeichner und Filmemacher, wenn sie eine süße, niedliche Figur entwerfen möchten, meistens auf das Kindchenschema zurück, großer Kopf, kleines Näschen, große Augen. Und, wie man sieht, bei süßer Literatur klappt es ebenfalls.

Wissen die Kinder, wohin sie wollen, wie Saint-Exupéry auf Seite 97 behauptet? Nur die Kinder? Fragen Sie doch einfach mal nach. Fragen Sie auf dem Spielplatz ein Kind Ihrer Wahl: »Wohin willst du?«

In neunzig Prozent aller Fälle wird die Antwort lauten: »Ich will hier bleiben, auf dem Spielplatz.«

Kinder wollen immer bleiben, auf dem Kindergeburtstag

der Freundin, obwohl sie längst todmüde sind, vorm Fernseher, im Spielzeugladen. Kinder wissen vor allem, was sie nicht wollen, nämlich aufhören mit etwas, was ihnen gerade Spaß macht.

So sind Kinder. Und der Satz »Nur die Kinder wissen, wohin sie wollen« ist romantisches Gedöns.

Die Sprache ist die Quelle der Missverständnisse. (Der kleine Prinz, Seite 90)

In meinem Adventskalender ist dies Sprüchlein die Nummer 13. Und es stimmt ja auch, irgendwie. Gewiss, beim Reden versteht man einander manchmal miss, vor allem, wenn sich einer der Gesprächspartner nicht klar ausdrückt. Andererseits, nicht wahr, ist die Sprache ein wunderbares Werkzeug, mit dessen Hilfe man einander allerlei Interessantes mitteilen kann. Das stimmt ebenfalls. Auch wenn es nicht so poetisch klingt wie der Satz aus dem »Kleinen Prinzen«.

Der Satz »Bohnensuppe finde ich eklig, vor allem kalte Bohnensuppe« ist meiner Ansicht nach nur schwer misszuverstehen. Ich wette, sogar Saint-Exupéry hätte mir, nach dem Aussprechen dieses Satzes, keine kalte Bohnensuppe mehr angeboten.

Ich könnte auch sagen: Das Auto ist die Quelle der Verkehrsunfälle. Oder: Der Hund ist die Quelle des Hundekots. Das stimmt alles in gewisser Weise, aber es tut den Hunden bitter Unrecht, denn sie sind differenzierter und können so viel mehr als nur koten. Und so, wie es auch ohne das Auto zu Verkehrsunfällen kommen kann (ich sage nur: Fahrräder, Motorräder, Pferdefuhrwerke), genauso ist auch das Missverständnis in der Welt der nonverbalen Kommunikation ebenso heimisch wie in der Sprache.

Ein Bulgare, von einem Finnen gefragt, ob er den Euro gut findet, schüttelt den Kopf – in Bulgarien bedeutet Kopfschütteln nämlich Zustimmung.

Eine Frau blickt einen Mann lange und großäugig an, was dieser als Aufforderung zu einem Flirt versteht, in Wirklichkeit ist sie kurzsichtig und sucht ihre Brille. Hätte sie doch bloß etwas gesagt, dann wäre ihr dieser Typ nicht lästig geworden.

Sprache kann wahnsinnig nützlich sein, wenn man sie geschickt einsetzt.

Beim schweigsamen Piloten Saint-Exupéry zählt eben nur das Gefühl. Dies ist der Subtext, das möchte er ausdrücken. Ich habe nichts gegen Gefühle. Eine Welt aber, in der die Gefühle grundsätzlich über den Verstand regieren, stelle ich mir extrem unangenehm vor. Es gibt ja auch negative Gefühlswallungen, Hass, Wut, Ärger. Der Verstand wirkt da manchmal als Bremse. Das Kind, welches ein anderes Kind auf dem Schulhof verprügelt, hört einfach nur auf die Stimme seines Gefühls.

Es ändert nichts, wenn Sie das Wort »Gefühl« vermeiden und stattdessen »Affekt« oder »Emotion« sagen. Sprache ist zwar auch oft ein Mittel, Dinge zu verbergen. Gefühle aber sind ebenfalls zur Vortäuschung falscher Tatsachen gut geeignet. Falsche Tränen, so was gibt es auch.

Man sieht nur mit dem Herzen gut. Das Wesentliche ist für die Augen unsichtbar. (Der kleine Prinz, Seite 93)

Der bekannteste Spruch aus dem »Kleinen Prinzen« ist selbstverständlich auch im Adventskalender enthalten. Wie die meisten anderen Weisheiten wird auch diese mehrfach in paraphrasierter Form wiederholt, etwa auf Seite 105: »Aber die Augen sind blind. Man muss mit dem Herzen suchen.« Oder auf Seite 112: »Was wichtig ist, sieht man nicht.«

Der Satz würde einleuchten, wenn er doch nur nicht das »nur« enthielte – nur, ohne das »nur« stimmt der Rhythmus des Satzes nicht mehr. Auch die Aussage »Mit dem Herzen sieht man besser« birgt Sinn. Das ZDF, mit seinem Copyright auf »Mit dem Zweiten sieht man besser«, gab es damals ja noch nicht.

Mit dem Herzen sieht man gut: Das deckt sich mit der Lebenserfahrung aller Leute, die ich gefragt habe, sofern man für das verschwommene »Herz« das etwas präzisere Wort »Gefühl« einsetzt, was dem gefühlsverliebten Autor E. sicher nicht unrecht wäre, oder auch das Wort »Intuition«.

Nein, am besten ist wohl »Bauchgefühl«. Mir ging es so, dass ich bei fast allen wichtigen Lebensentscheidungen auf das Bauchgefühl gehört habe, es hat immer recht behalten.

Daran ist nichts Geheimnisvolles. Der Psychologe und Autor Bas Kast hat ein Standardwerk dazu geschrieben, es heißt »Wie der Bauch dem Kopf beim Denken hilft«. Wenn wir etwas Schwieriges zu entscheiden haben, nimmt unser Unterbewusstsein eine Sortierung und Gewichtung der verschiedenen Argumente vor, fast wie ein Computerprogramm, und liefert uns in Form des »Bauchgefühls« ein Ergebnis, das wir sofort überzeugend finden, kein Wunder, wir haben es selbst hergestellt.

Ein neuer Job winkt: Für den Job sprechen das viel bessere Gehalt und die höhere Position, gegen den Job sprechen die nicht sehr attraktive Stadt und die Tatsache, dass ich zu meiner Familie pendeln muss. In solch einem Fall kommt es sehr darauf an, wie wichtig der jeweiligen Person ihr Wohnort ist, wie wichtig ihr ein hohes Gehalt ist und so weiter, die Pro-

und Contra-Argumente müssen individuell und auf ziemlich komplexe Weise abgewogen werden. Ihr Gewicht kennt unser Unterbewusstsein am besten. Es bekommt die Argumente vom Verstand geliefert und arbeitet dann an der Lösung, auch während wir schlafen.

Gefühl und Verstand sind also nicht sauber voneinander zu trennen, sie arbeiten als Team. Das Bauchgefühl ist allerdings nicht unfehlbar. Wie könnte es auch? Die neue Stadt kann viel grausliger sein, als wir es uns ausgemalt haben, neue, vorher unbekannte Faktoren können auftauchen, etwa ein unsympathischer Kollege, der uns täglich gegenübersitzt und den wir nun anschauen müssen. Interessanterweise pflegen wir aber Fehlentscheidungen fast nie unserem Bauch anzukreiden. Wir sagen dann: »Ich habe einen Fehler gemacht.« Unter »ich« verstehen wir den bewussten Teil unserer Persönlichkeit.

Mit anderen Worten, der Bauch ist fein raus. Für Fehler ist immer der Kopf zuständig, nie der Bauch.

Wenn das Herz immer richtig sehen würde, dann würden die Menschen sich nie in den Falschen oder die Falsche verlieben. Was aber den zweiten Teil des Spruches betrifft, so rate ich allen Autofahrern, diesen zu verwenden, wenn man von der Polizei beim Überfahren einer roten Ampel ertappt worden ist. »Wissen Sie, Herr Wachtmeister – das Wesentliche ist für die Augen unsichtbar. Man muss mit dem Herzen sehen.«

Die Zeit, die du für deine Rose verloren hast, sie macht deine Rose so wichtig. (Der kleine Prinz, Seite 93)

Dieser Spruch, ebenfalls weit oben in der Hitparade der Fans, stammt von einem Fuchs, den der kleine Prinz ebenfalls in der Wüste trifft und mit dem er eines seiner wichtigsten Gespräche führt. Der Fuchs und die Rose gehören, neben dem Erzähler, der Schlange und einem Schaf, zu den zentralen Metaphern. Sie spielen tragende Nebenrollen. Die Rose wird von Interpreten übrigens für ein Sinnbild der damaligen Lebensgefährtin Saint-Exupérys gehalten. Sie ist schön, aber sie ist auch eingebildet und empfindlich, außerdem hat sie Dornen – jeder kennt solche Menschen.

In einem modernen Beziehungsfilm würde der Satz, gesprochen von einem der Protagonisten, etwa so lauten: »Weißt du, ich habe wahnsinnig viel in unsere Beziehung investiert.«

Es stimmt, dass der Faktor Zeit eine Beziehung wichtiger macht, in vielen Fällen auch stabiler, Bindungen wachsen et cetera, ersparen Sie mir die Details. Aber wieso ist diese Zeit »verloren«? Über das Wörtlein »verloren« bin ich gestolpert. Ist diese Sicht nicht ziemlich ichbezogen? Sollte die Liebe, im idealen Fall, um den es hier geht, sich nicht selbst genügen? Jesus wäre dieser Satz jedenfalls nicht unterlaufen.

Manchmal zeigt auch Saint-Exupéry seine Dornen, zum Beispiel im Buch auf Seite 28: »Wenn es sich um eine schädliche Pflanze handelt, muss man die Pflanze beizeiten herausreißen, sobald man erkannt hat, was für eine es ist.« Das könnte auch von Thilo Sarrazin stammen.

Antoine de Saint-Exupéry ist selber bestimmt auch kein einfacher Partner gewesen. Dies geht aus folgendem Satz über die Rose hervor: »Man darf den Blumen nicht zuhören, man muss sie anschauen und einatmen.«

Den Frauen nicht zuhören, sondern sie nur anschauen und mit ihnen das tun, wofür die Metapher »einatmen« steht, dies entspricht wohl am ehesten der Lebensphilosophie des Playboys Rolf Eden, der, vermute ich, immer nur so tut, als höre er seinen Rosen zu.

Du bist zeitlebens für das verantwortlich, was du dir vertraut gemacht hast. (Der kleine Prinz, Seite 95)

Der Fuchs äußert sich so, nachdem er den kleinen Prinzen darum gebeten hat, ihn zu »zähmen«, was sich, neben anderen möglichen Deutungen, als eine Metapher für den Beginn einer Beziehung verstehen lässt. Von allen Sätzen im kleinen Prinzen mag ich diesen am meisten und verteidige ihn am ehesten. Ich finde, es ist ein Satz gegen moderne Wegwerfbeziehungen, die per SMS beendet werden, und, nun ja, eben für Verantwortung.

Dass man zum Beispiel für ein Kind zeitlebens Verantwortung trägt, wird den meisten einleuchten, auch, dass diese Verantwortung weitgehend unabhängig ist vom Verhalten des Kindes. Der christliche Gedanke der Nächsten- und sogar der Feindesliebe enthält allerdings eine deutlich größere Zumutung als dieser kleine Satz, der verlangt, Verbindlichkeiten einzuhalten. Klare Trennungen können manchmal eine echte Erleichterung sein. Der modische, von fern an den Prinzen erinnernde Satz »Lass uns Freunde bleiben« am Ende einer Beziehung stellt meistens doch bloß eine Mischung aus Feigheit und Höflichkeit dar.

Trotzdem ist das mit der lebenslangen Verantwortung ein schöner Satz. Ein schönes Ziel, das, wie üblich, selten erreicht wird. Theoretisch müsste die Bindung zu den eigenen Eltern ebenso bedingungslos sein wie die zu den eigenen Kindern. Da fallen einem aber rasch massenweise Gegenbeispiele ein. Und: Muss ein Kind etwa auch dann zu den Eltern stehen, wenn es von ihnen missbraucht oder misshandelt worden ist?

Was mich an diesem Satz stört, ist nicht das Utopische, sondern das Unbedingte. Er geht von einer heilen Welt aus, in der nichts geschehen kann, was jede Verpflichtung – und zwar jede – zunichtemacht.

Gegen Ende des »Kleinen Prinzen« mehren sich die biblisch inspirierten Passagen, der kleine Prinz fährt sogar zuletzt, wie Jesus, zum Himmel auf.

Es wird aussehen, als wäre ich tot, und das wird nicht wahr sein ... (Der kleine Prinz, Seite 116) Oder auch: *Ich kann diesen Leib nicht mitnehmen. Er ist zu schwer.* (Der kleine Prinz, Seite 116)

In der Bibel heißt es: Jesus legt »seinen fleischlichen Leib ab« (Brief des Paulus an die Kolosser, Kapitel 2, Vers 11). Und: »Ich war tot, und siehe, ich bin lebendig« (Offenbarung, Kapitel 18, Vers 2).

In gewisser Weise hat Antoine de Saint-Exupéry tatsächlich die Bibel neu geschrieben, eine Bibel ohne Gott, für die postchristliche Gesellschaft. Ein Wunder, dass sich nie eine »Kleine Prinzen«-Kirche gegründet hat, die Prinzianiter oder die Heiligen des kleinen Schafs.

Das neue Jesuskind steigt hinab auf die Erde, es ist, wie sein Vorbild, frei von Sünde: »Du bist rein, du kommst von einem Stern«, sagt die Schlange auf Seite 79. Es verkündet seine Botschaft, darunter mehrere Gebote. Es offenbart sich einem Jünger, verkörpert durch den Erzähler. Es wirkt Wunder, spricht mit Schlangen, findet Brunnen in der Wüste, wobei das Wasser durchgängig als Metapher für Erkenntnis Verwendung findet.

Den Prinzen dürstet, wie Jesus am Kreuz. »Danach, als Jesus wusste, dass nun alles vollbracht war, sagte er: Mich dürstet«, heißt es im Johannesevangelium.

»›Ich habe Durst nach diesem Wasser‹, sagte der kleine Prinz, ›gib mir zu trinken …‹ Und ich verstand, was er gesucht hatte. Ich hob den Kübel an seine Lippen. Er trank mit geschlossenen Augen.« Das steht auf Seite 105 im »Kleinen Prinzen«.

Dieser Jesus aber hat keinen Vater, er wird niemals erwachsen und wird auch nicht von den Menschen hingerichtet. Er bleibt ein ewiges Kind.

Aber Kinder sind nun mal keine Heiligen. Der kleine Prinz opfert sich deshalb auch nicht, wie sich Jesus, aus christlicher Sicht, für die Sünden der Menschen geopfert hat. Außer seinen Weisheiten hat er nichts im Gepäck. Er bringt sich um. Er erlöst sich also höchstens selbst – von den großen Leuten und ihren Dummheiten. Er lässt sich von der Schlange beißen und kehrt auf seinen Planeten zurück, dorthin, wo die schöne Rose auf ihn wartet.

Den Erzähler aber, den er sich vertraut gemacht hat und für den er – so lehrte es ihn und uns der Fuchs – zeitlebens verantwortlich wäre, lässt er allein in der Wüste zurück. Es geht halt nicht anders: Manchmal muss man sich entscheiden. Der Prinz kann nicht gleichzeitig seiner Rose und seinem neuen Freund die Treue halten. Beim kleinen Prinzen klafft zwischen den Reden und den Taten ein Widerspruch, ähnlich wie beim Bundespräsidenten.

Der Gedanke der Erlösung taucht in allen Religionen auf. Die individuelle Selbsterlösung auf Erden aber, im laufenden Betrieb sozusagen, durch ein wie auch immer geartetes, »richtiges Leben« ist eine Idee, die in den 70er Jahren besonders populär wurde.

In den 60er und 70er Jahren hatte es im Westen einerseits die Renaissance des Marxismus gegeben, des strengen theoretischen Denkens, der Gesellschaftskritik. Beim Kommunistischen Bund, in den Marxistischen Gruppen oder beim MSB Spartakus, so hießen damals die beliebten Jugendklubs, waren intensive Gefühle, ein empfindsames Gemüt und gelebte Spiritualität für das Fortkommen eher hinderlich. Das waren, wie ich aus eigener Erfahrung weiß, knallharte Männerbünde.

Ungefähr gleichzeitig setzte aber, wie so oft, auch schon die Gegenbewegung ein, mit den Hippies, mit den angeblich bewusstseinserweiternden Drogen, mit Büchern wie »Die Möwe Jonathan«, »Der Papalagi«, Filmen wie »Koyaanisqatsi« oder eben dem »Kleinen Prinzen«. Die einen schauten auf die Gesellschaft und suchten kollektive Erlösung in der Revolution, die anderen schauten lieber in sich hinein. Der eine Weg konnte zum Beispiel ins deutsche Außenministerium führen, der andere Weg führte vielleicht nach Poona.

Viele Leute aber tanzten erst mal gleichzeitig auf beiden Hochzeiten. Für den Kopf las man Adorno und Horkheimer, für den Bauch ist der »Kleine Prinz« zuständig gewesen. Der »Kleine Prinz« war eine Möglichkeit, religiöses Denken zuzulassen, ohne es vor sich selbst zugeben zu müssen.

Wenn man diese sogenannten Kultbücher der 70er Jahre vergleicht, glaubt man manchmal, die gleiche Stimme zu hören. Die Möwe Jonathan sagt: »Es gelingt immer wieder, wenn du genau weißt, was du willst.« Oder: »Am weitesten sieht, wer am höchsten steigt.« Das ist natürlich spirituell gemeint, nicht karrieretechnisch. Sogar der kleine Prinz könnte es schwurbeliger nicht ausdrücken.

Der Papalagi lehrt im Kapitel »Die schwere Krankheit des Denkens«: »Wenn einer viel und schnell denkt, sagt man in Europa, er sei ein großer Kopf. Statt mit den großen Köpfen Mitleid zu haben, werden sie besonders verehrt.« Die großen

Köpfe sind beim Papalagi ungefähr das, was beim Prinzen die großen Leute sind.

»Die Möwe Jonathan« von Richard Bach erschien 1970, der »Papalagi« kam schon 1920 heraus. Verfasser dieser fiktiven Rede eines Häuptlings an sein Südseevolk war der deutsche Autor Erich Scheurmann. Gemeinsam ist diesen Büchern, neben der jesuanischen Grundmelodie, ihre zivilisationskritische Botschaft. Wobei vor allem der Papalagi, zusammen mit der Zivilisation, auch die Intellektuellen verdammt, obwohl doch gerade die Intellektuellen bei der Zivilisationskritik oft an vorderster Front zu finden sind.

So schlimm ist die Bildung der großen Leute auch wieder nicht, zumindest nicht immer. Wie soll man, ohne sie, jemals aus der Unmündigkeit herausfinden? Und welchen Sinn hat es, sich von der Religion zu verabschieden, wenn man an ihre Stelle einen so unzuverlässigen Kompass setzt wie das eigene Gefühl?

»Der kleine Prinz« gehört zu den Büchern, auf die alle sich irgendwie einigen können, weil sie niemandem etwas zumuten und weil sie ihre Allerweltsbotschaften unter einem feuchtwarmen Nebel des scheinbaren Tiefsinns verstecken – eine Kinderbibel für Erwachsene, aus der alle unerfreulichen Religionsbestandteile wie Sünde, Verdammnis oder Qual getilgt sind. Und das perfekte Buch für die spätestens seit den 70ern heraufdämmernde Ego-Gesellschaft. Wir fassen einander, wenn der Mond im siebten Hause steht, an den Händen und haben uns lieb – uns, das heißt jeder sich selber.

Mahatma Gandhi hat einmal die sieben Todsünden der kapitalistischen Gesellschaft aufgezählt: Politik ohne Prinzip, Wohlstand ohne Arbeit, Handel ohne Moral, Vergnügen ohne Gewissen, Erziehung ohne Charakter, Wissenschaft ohne Menschlichkeit, Religion ohne Opfer. Demnach passt der kleine Prinz ganz gut in unsere kapitalistischen Zeiten.

Bei der wiederholten Lektüre des »Kleinen Prinzen« ist mir aber noch eine andere Frage immer wieder in den Kopf gekommen, ich kann sie bis heute nicht befriedigend beantworten: Was genau ist eigentlich »Kitsch«? Die Antwort darauf kann nur subjektiv sein. Es gibt die verschiedensten Ansichten. Manche sagen: Man erkennt Kitsch, wenn man ihn sieht. Das finde ich zu einfach.

Ein paar Hinweise auf Kitsch gibt es vielleicht doch. Verniedlichung ist zum Beispiel ein starkes Kitsch-Indiz, also, eine verniedlichte Bibel wäre garantiert Kitsch. Die Verwendung des Kindchenschemas zum Zwecke der Produktion von Sentimentalität – garantiert Kitsch. Stereotype und Klischees, etwa das unschuldige Kind, das Schäfchen und die Sternlein, die schöne Rose, Sätze wie »Er schüttelte sein goldenes Haar im Wind« (Seite 34): ganz, ganz schwerer Kitsch.

Kitsch hat, bei allen Unterschieden, eine Gemeinsamkeit mit der Religion insofern, als er über den unguten Zustand der Welt hinweghilft. Kitsch entwirft eine heile Gegenwelt, sozusagen ein Paradies. Der strenge Theodor Adorno meinte deshalb, Kennzeichen des Kitsches sei seine »dümmlich tröstende« Wirkung.

Damit will ich nicht sagen, dass Tröstendes, Sentimentales, auch Dümmliches nicht ihren legitimen Platz auf der Welt hätten, das wäre ja furchtbar. Eine Welt ohne Schlager, ohne Fernsehfilme, in denen sie sich am Ende kriegen, ohne Bilder von röhrenden Hirschen und ohne goldenes Haar, das im Wind geschüttelt wird, wäre zweifellos um vieles ärmer. Das Gleiche gilt für Sterne, die Kindern zu trinken geben. Bei Kinderliteratur gelten sowieso andere Maßstäbe, man muss den

Kindern nicht ständig den unheilen Zustand der Gesellschaft und all diese hässlichen Dinge unter die Nase reiben, das finden sie schon früh genug selbst heraus. Die Verlogenheit, sie lebe hoch, nur – große Kunst ist das nicht unbedingt.

Auffällig ist, dass sich auf den hinteren Seiten ein bestimmtes Stilmittel, das Saint-Exupéry offenbar sehr mag, auf ähnlich wundersame Weise vermehrt wie die Brote und die Fische unter den Händen Christi. Es sind die drei mysteriösen Punkte, meist am Ende eines Satzes, manchmal auch mittendrin.

»Alle Sterne werden mir zu trinken geben …«

»Und auch er schwieg, weil er weinte …«

»Du weißt … meine Blume … ich bin für sie verantwortlich!«

»Hier … Das ist alles …«

Und so weiter. Auf fünf Seiten, von 113 bis 120 (zwei davon sind Illustrationen) werden die drei Punkte genau 35-mal zum Einsatz gebracht. Zählen Sie ruhig nach …

Drei Punkte stellen den Versuch dar, einen Satz mit einer schwebenden Bedeutung aufzuladen, Bedeutung, die der Autor mit Bordmitteln nicht hat beschaffen können. Ich kann es nicht ausdrücken, also deute ich es zwischen den Zeilen an. Diese Methode gilt nicht unbedingt als Ausweis stilistischer Meisterschaft, eher als das Gegenteil.

Bei Saint-Exupéry passt es insofern, als er ja wieder und wieder die Auffassung vertritt, dass man, nicht wahr, die wichtigen Dinge ohnehin nicht erkennen kann, jedenfalls nicht mit dem Auge und dem Verstand, eine Position, die – und das sage ich jetzt bloß fürs Protokoll, nicht als Vorwurf – antiaufklärerisch und antirational ist. Aber was soll's. Ich habe bestimmt mal wieder das Wesentliche übersehen.

Dies mögen mir alle kritischen Leser zugutehalten – der kleine Prinz hätte für all meine Irrtümer Verständnis:
»Was wichtig ist, sieht man nicht ...«
»Gewiss ...« (Seite 112)
...

Der Garten

Auch Gärtner können böse werden. Dieses Jahr ist wieder ein Schneckenjahr. Es hängt mit dem milden Winter zusammen, zu viele Schneckeneier haben überlebt. Jetzt kriechen also diese Tiere in Massen herum und fressen alles auf, verdammte Schleimer, Klimawandelprofiteure. Man kann sie aufsammeln. Sie rennen ja nicht weg. Ich frage mich, wie man eine Schnecke waidgerecht tötet. In heißes Wasser werfen? Zertreten? Ins All schießen? Die Evolution sollte ein neues, schneckenfressendes Raubtier hervorbringen.

In Deutschland gibt es eine Million Kleingärten. Ein Kleingarten steht für sich alleine, er ist kein Hausgarten. Die Leute, die sich um ihn kümmern, sind meistens Städter, denen in ihrer Stadtwohnung etwas fehlt. Der Schrebergarten, benannt nach dem Leipziger Arzt Gottlob Moritz Schreber, ist eine Sonderform des organisierten Gärtnerns. Vor Schrebers Zeit, er lebte von 1808 bis 1861, gab es für solche Kleingartenkolonien das Wort »Armengärten«. »Schrebergarten« klang besser. Inzwischen gibt es wieder ein neues Wort, es kommt aus New York, gehört den Globalisierungsgegnern und heißt »Guerilla Gardening«. Die Gartenguerilla sät Disteln auf Golfplätzen und Brennnesseln in den Parks von Vorstandsvorsitzenden, vor allem aber legt sie in den Städten wilde Gärten an, überall, wo es geht. Die Hippies flohen einst aus der Stadt in Landkommunen, die Attac-Leute dagegen wollen die Stadt für das Grün zurückerobern. Gärtnern ist rebellisch.

Es ist so, dass man, um einen Garten lieben zu können, in den meisten Fällen ein gewisses Lebensalter erreicht haben muss. Garten und Jugendliche, das passt nicht.

Wie alt muss man sein? Alt genug, um einen Begriff von der Zeit zu haben, von den Gesetzen des Aufstiegs und Niedergangs. Dreißig? Gärtnern ist etwas für Erwachsene. Mit 20 hält man, dumm, wie man ist, Rasenmähen für den Inbegriff des Spießigen.

Fünf Jahre lang haben wir einen Garten gehabt, zusätzlich zur Stadtwohnung. Der Besitzer braucht Bares, er verkauft jetzt das Land, der Pachtvertrag wurde gekündigt. Wir haben die mit viel Mühe und auch viel Geld hergerichtete Laube blutenden Herzens sowie knirschender Zähne leer geräumt, wir haben die für 400 Euro erworbenen Pflastersteine der lauschigen Sitzecke unter dem Quittenbaum auf E-Bay versteigert und dafür 80 Euro gekriegt, wir haben die Gartenmöbel in den Keller der Stadtwohnung geschleppt und versuchen, ein paar Pflanzen, ein Prozent der Bevölkerung sozusagen, an ein zweites Leben im Balkonkasten zu gewöhnen, als lebende Erinnerungsstücke.

Der Garten war kein Schrebergarten. Er ist Teil eines Parks gewesen, der eine Kaiserzeitvilla umgab. Unternehmer. Reich. Wasserblick. Der Sohn des Villenerbauers soll geschäftlich weniger tüchtig gewesen sein als der Vater, angeblich hat er die Firma ruiniert. In den frühen 50ern wurde der Park in Pachtgärten von 400 bis 600 Quadratmetern aufgeteilt. Der weniger tüchtige Sohn lebte von den Pächtern. Der Enkel, ein noch schlimmerer Hallodri, verkauft jetzt das Ganze.

Wir hatten den Garten, zum Teil wenigstens, wegen des Kindes gepachtet. Aber das war ein Irrtum. Das Kind ist damals bereits zehn Jahre alt gewesen, zu groß für die Freuden des Gartenlebens. Von Anfang an musste es mühsam dazu überredet werden, in den Garten mitzufahren. Das Gartenleben mit dem Kind funktionierte überhaupt nur mit Hilfe endloser Federballturniere und wurde immer schwieriger. Uns dagegen gefiel der Garten immer besser.

Alle Gärtner kennen dieses Problem. Die Kinder werden größer, finden den Garten langweilig, wollen nicht mehr. Ein Gartenbesitzer hat mir erklärt, dass es in der Abfolge der Generationen eine Gesetzmäßigkeit gibt. Wer als Kind ohne Garten in der Stadt aufgewachsen ist, der wird als Erwachsener Gärten lieben. Wer aber als Kind von den Erwachsenen gegen seinen Widerstand in den Garten geschleppt oder sogar zur Gartenarbeit gezwungen wurde, der ist mit dem Gärtnern fertig bis ans Ende seiner Tage. Die Liebe zum Garten überspringt immer genau eine Generation, wie bestimmte Obstbäume, die nur jedes zweite Jahr Früchte tragen.

Zu den ersten Dingen, die man im Garten lernt, gehört das Wegschneiden, das In-die-Form-Bringen. Nicht nur das Gras, fast alle Pflanzen wachsen besser, wenn man sie zurückschneidet. Wenn man der Natur ihren Lauf lässt, erschöpft sie sich schnell, wie ein untrainierter Läufer, der ein Rennen zu ehrgeizig angeht. Der ungeschnittene Rasen zeigt sich nicht dankbar, sondern er protestiert mit Hilfe von Löchern und gelben Stellen. Nach zwei oder drei Jahren ohne Mähen hat er sich entweder in eine staubige Steppe oder eine für Menschen unbegehbare, halbhoch bewachsene Buschfläche verwandelt, der Fachbegriff heißt »Verbuschung«.

Der Garten ist »Natur«, denkt man zu Beginn. In Wirklichkeit ist der Garten das Gegenteil von Natur, er ist Zivilisation. Jeder Gärtner wiederholt im Kleinen die Menschheitsgeschichte. Der Mensch macht die Natur zu seinem Diener, indem er Felder anlegt, er radiert sie aus, indem er Städte baut, er zähmt sogar seine eigene Natur, zum Beispiel indem er »Guten Appetit« wünscht und wartet, bis alle am Tisch zu essen beginnen, obwohl er hungrig ist und das Raubtier in ihm sofort anfangen möchte. Geht hin und macht euch die Erde untertan.

Die Natur will nämlich gar keinen Rasen. Auch Rosenstöcke will sie nicht. Die ungeschnittene Rose verkümmert, wird von anderen, weniger edlen, aber stärkeren Gewächsen überwuchert, stirbt. Wachsen und Schneiden: Diese beiden Prinzipien müssen sich in einer Balance befinden, keines von beiden darf als absolut gesetzt werden, sonst funktioniert es nicht. Beides ist notwendig, die Freiheit, die man einer Pflanze gewährt, und die Grenzen, die man ihr setzt. Gärtnern macht weise.

Als wir anfingen, hatten wir natürlich, wie so viele Anfänger, diese romantische Vorstellung vom verwilderten, sich selbst tragenden Naturgarten. Wir glaubten an die Natur, die es schon irgendwie regelt. Das ist die ironische Pointe eines jeden Gartens: Man verliert den naiven Naturglauben.

Tatsache ist, dass jeder Garten mindestens ein bisschen Arbeit erfordert, jeder, auch der vermeintlich sich selbst überlassene, anarchisch wuchernde wilde Naturgarten. Die Natur hat einfach einen anderen Geschmack als unsereins, sie stellt, sich selbst überlassen, einen langweiligen, fetten grünen Teppich her, einen Einheitsbrei ohne blühende Höhepunkte. Rohkost sozusagen.

Gärtnern ist wie Kochen. Um gut zu essen, muss man mit

den Zutaten etwas tun. Um die Natur zu genießen, muss man mit der Natur etwas tun.

Wer einen Garten anlegt oder mit einem Garten lebt, bekommt ein neues Gespür für Jahre und Jahreszeiten. Es ist ein Lebensgefühl, das an die Kindheit erinnert, als man noch nicht cool sein musste. Über einen Garten kann man nicht ironisch reden. Dieses Wunder, wenn die seit dem vergangenen Jahr längst vergessenen Schneeglöckchen und Krokusse wiederkommen, dann die Tulpen, die Maiglöckchen, die Pfingstrosen, der Flieder, die Rosen. Im Februar sah der Garten irreparabel hässlich aus, aber im Juni steht er wieder fast genauso da wie im Juni zuvor. Die neu gesetzten Pflanzen wirken im ersten Jahr mickrig und moribund, im zweiten Jahr haben sie sich halbwegs eingewöhnt, erst im dritten Jahr entfalten sie sich.

Gärtnern heißt, Geduld zu lernen.

Während für die meisten von uns das Leben sich pausenlos zu beschleunigen scheint, vom Brief zur E-Mail, vom Spazierengehen zum Joggen, bleibt das Tempo des Gartens unverändert. Er belohnt nicht sofort für das Gute, das man ihm tut. Er hat nicht diesen leicht durchschaubaren Reiz-Reflex-Mechanismus wie das Geschäftsleben.

Der Garten verzeiht manchen Fehler, aber man versteht ihn und seine Geheimnisse nie ganz. Warum gedeiht diese Pflanze neben jener, aber in Nachbarschaft von Pflanze Nummer drei verkümmert sie und geht ein? Warum wachsen die Himbeersträucher an dieser Stelle gut und an jener überhaupt nicht? Je länger man sich mit dem Garten befasst, desto größer erscheint einem das Meer des Unwissens, in dessen Mitte man sich befindet, und bei jedem neuen Detail, das man lernt, erfährt man von drei offenen Fragen, die man bisher nicht einmal stellen konnte. Der Garten ist ein so unendliches Wissensgebiet wie das Schachspiel, jeder Zug, den man tut – hier pflanzen wir jetzt Lilien! Da kommen Clematis hin! –, öffnet den Weg zu Dutzenden möglichen Folgezügen, richtigen oder falschen. Gärtnern ist auch ein Spiel, ein sehr langsames.

Sonderbar klingt die Aussage: Gartenarbeit entspannt. Sie stimmt wahrscheinlich auch nur für diejenigen, die im Beruf hauptsächlich mit dem Kopf arbeiten, für die Mehrheit der angestellten Büromenschen. Im Garten tut der Körper etwas, der Geist aber bleibt frei und darf während der Arbeit herumfliegen. Beim Ausrupfen des Unkrauts und Pflücken des Obstes ist so wenig Konzentration erforderlich, dass sich währenddessen sehr gut nachdenken lässt, besser als im Café, wo einen immer irgendetwas ablenkt.

Voltaire verwendete den Begriff »Philosophischer Garten« für Gärten, die vor allem dazu da sind, dass ihre Besitzer in ihnen denken. Platon kaufte im Jahr 388 vor Christus einen Garten, den Hain des Akademos, um dort zu denken und unter den Olivenbäumen mit seinen Schülern zu diskutieren. Das Wort »Akademie« kommt von daher.

Im Büro gibt es gnadenlose Termine, im Garten kann fast alles sowohl heute als auch morgen oder übermorgen erledigt werden, wenn auch nicht in 14 Tagen, dann ist die Natur schon einen Schritt weiter. Gärtnern ist entspannter Sport.

Mir fällt auf, dass ich das Wort »Unkraut« verwende. Ein Wort, das politisch nicht mehr korrekt ist, korrekt heißt es »Wildkräuter«. Jedes Pflänzlein hat sein Lebensrecht, soll damit wohl ausgedrückt werden, keines ist schlechter als das andere. Ja, sicher. Trotzdem beharre ich darauf, dass im Garten keine Demokratie herrscht, sondern die Diktatur des Gärtners. Gärtner und Gärtnerin dürfen nicht einfach alles wachsen lassen, weil sonst kein Garten zustande käme, sondern ein Urwald. Es muss ausgerupft werden und gestutzt, das einzige Kriterium kann dabei nur der persönliche Geschmack sein. Gärtnern ist Machtausübung.

Ich behaupte, dass ein Garten einen die schlechten Tage leichter ertragen lässt und den Genuss der guten Tage vergrößert. Der Garten wirkt belebend oder beruhigend, je nach Bedürfnis. Diese Eigenschaft besitzt außer dem Garten nur noch der Tee.

Zum Garten gehören die warmen Abende, in denen man draußen sitzt und in den Nachthimmel schaut, zum Beispiel mit einem Glas Wein in der Hand. Zum Garten gehören die Freunde, die zu Besuch kommen und kurze Hosen tragen. Zum Garten gehören Leute, die über den Zaun schauen und mit denen man eines dieser typischen Zehn-Minuten-Zaungespräche führt, in denen es um nichts Besonderes geht. Zum Garten gehören die Nüsse, die man sammelt, und das Obst, das man erntet. Zum Garten gehört, dass man wochenlang anderen Menschen bis hart an den Rand der Peinlichkeit Marmelade aufdrängt, denn man hat davon immer zu viel.

Zum Garten gehört, dass man Nahrung, zum Beispiel Marmelade, oder Getränke, zum Beispiel Saft oder Likör, zum ersten Mal im Leben von allem Anfang an selber herstellt, aus einem Stück Obst, das man schon gekannt hat, als es noch eine Blüte war. Zum Garten gehören Eichhörnchen, also die Affen Deutschlands, Vögel und Maulwürfe und Mückenstiche, überhaupt: das wilde Tier. Nicht das Haustier, nicht das Zootier, nicht das Reh fern im Wald, sondern das Tier als freier, unabhängiger Nachbar, als Konkurrent im Kampf um die Nüsse oder als Blutsauger. Garten ist Zivilisation, und trotzdem ahnt man noch etwas von den brutalen

Gesetzen der Natur. Verteidige dein Obst. Kämpf um deine Nüsse. Töte die Moskitos. Alle. Und dann leg dich in den Liegestuhl.

Man bestreut die Schnecken mit reichlich Salz, das tötet sie schnell. Man kann sie an die Hühner verfüttern, Hühner mögen Schnecken. Man kann in die Beete halbvolle Plastikbecher mit Bier eingraben, da kriechen sie rein und ersaufen. Denn Gärtner können auch böse werden.

Bildung

Wer über Bildung redet, redet immer auch über sich selbst. Meine Eltern haben mich auf ein Gymnasium geschickt, sie hatten beide kein Abitur. In der Klasse waren wir zwei, drei Kinder, die nicht von Ärzten, Professoren, Pfarrern oder Apothekern abstammten, wir erkannten einander sofort.

Natürlich gab es eine soziale Selektion. Sie bestand aber nicht darin, dass dieses Gymnasium keine Arbeiterkinder aufgenommen hätte. Sie bestand darin, dass wenige Arbeitereltern es wagten, dort anzuklopfen. Für die Professoren war es selbstverständlich. Von den, glaube ich, 26 Schülern der fünften Klasse haben, glaube ich, 18 am Ende das Abitur gemacht. Wir Underdogs waren alle dabei, unter den Professorenkindern waren Verluste zu beklagen.

Das Gymnasium, das ich mir als Ideal vorstelle, ist offen für alle Begabten, es schaut auf die Intelligenz und nicht auf die Abstammung. Aber es fordert auch Leistung. Jeder soll eine Chance auf Bildung bekommen, sage ich heute, aber er muss sie auch nutzen. Eine Abiturientenquote von 60 Prozent eines Jahrgangs, die durch Absenkung des Niveaus erreicht wird, ist in Wirklichkeit nur ein fauler Trick, eine Manipulation der Statistik, davon hat weder der Arbeitsmarkt noch der Abiturient etwas.

In der fünften Klasse kam unser Sohn auf ein staatliches Gymnasium. Heute würde ich ihn auf eine Privatschule schicken, wie inzwischen fast zehn Prozent aller deutschen Eltern. Er soll die bestmögliche Bildung bekommen. Damit tue ich wohl das, was ein Vater oder eine Mutter tun sollte – ich versuche, ihm den Weg in ein erfülltes Leben zu öffnen. Ganz bestimmt würde ich ihn, wenn er heute wieder fünf Jahre alt wäre, nicht auf eine der neuen Gemeinschaftsschulen gehen lassen. Mein Sohn wäre mir zu kostbar für Experimente. Sein Wohl wäre mir wichtiger als das Wohl anderer Kinder.

Menschen sind eben so. Das hat nichts mit Herzlosigkeit oder fehlendem sozialem Gewissen zu tun. Ganz im Gegenteil. Der Tod eines nahen Verwandten schmerzt uns mehr als der Tod eines entfernten Bekannten, weil wir soziale Wesen sind. Wenn unsere Kinder uns egal sind, dann ist uns die Gesellschaft wahrscheinlich erst recht egal.

Alle Bildungsreformen, die von dem verantwortungsbewussten Teil der Elternschaft erwarten, dass sie etwas anderes tun als das, was sie für das Beste ihrer Kinder halten, sind zum Scheitern verurteilt. Eltern, die ihre Elternschaft ernst nehmen, werden immer für eine möglichst gute Ausbildung ihrer Kinder kämpfen, gesellschaftliche Probleme und das Wohl anderer Kinder werden ihnen vergleichsweise, und völlig zu Recht, egal sein.

»Möglichst gute Ausbildung« muss natürlich nicht immer Gymnasium bedeuten. Aber das Gymnasium hat seit 2500 Jahren bewiesen, dass es funktioniert, dass es gebildete und lebenstüchtige Menschen hervorbringt. Eine recht eindrucksvolle Bilanz. Statt das Gymnasium zu bekämpfen, sollten die Bildungsreformer dafür kämpfen, dass mehr Kinder aus »bildungsfernen« Familien (ein Politikerwort, um andere wertende Worte zu vermeiden) aufs Gymnasium gehen dürfen.

Sie sollten es aber nicht mit ihren üblichen schmutzigen Tricks tun, etwa, indem sie die Gymnasien zwingen, alle Schüler aufzunehmen, kurz, indem sie das Gymnasium zerstören und ihm nur noch seinen Namen lassen.

Fast alle Eltern wissen, dass in einer Schulklasse normalerweise nicht die Schwachen den Ton angeben, die Braven, die Streber mit den gemachten Hausaufgaben, sondern die scheinbar Starken und Lauten. Das sind die Rollenmodelle, jedenfalls bei den Jungs. Fast alle Lehrer wissen, dass zwei oder drei sogenannte schwierige Schüler das Lernklima einer ganzen Klasse ruinieren können. Es ist nicht so, dass die schwierigen Schüler (die nicht lernen wollen oder können, die laut sind, die gewalttätig sind, die ihre Lehrer offen verachten), dass diese schwierigen Schüler (die nichts dafür können, dass sie so sind) von den anderen lernen und ihr Verhalten den anderen anpassen würden. Eher ist das Gegenteil richtig.

Auf dieser falschen Grundannahme – die schwierigen Schüler lernen von denen, die keine Schwierigkeiten machen – basiert zu großen Teilen die heutige Bildungspolitik. Fast alle Bildungspolitiker und die meisten Bildungsexperten sind genau dieser Ansicht, deshalb sollen Kinder möglichst lange gemeinsam unterrichtet werden. Das Lieblingsargument der Reformer ist die PISA-Studie, in der ein Land mit Gesamtschulen, Finnland, am besten abgeschnitten hat. Allerdings haben auch die Länder, die bei PISA am schlechtesten abschnitten, Gesamtschulen – Mexiko zum Beispiel. Mangelhaft ausgestattete, übergroße Gesamtschulen in einer sozial schwierigen Umgebung führen ins Desaster, siehe Mexiko, siehe die deutschen Gesamtschulexperimente der 70er Jahre.

Die Theoretiker der Bildung glauben, dass sie es besser wissen als die Praktiker. Praktiker sind zum Beispiel Eltern, die täglich mit echten Kindern zu tun haben. Praktiker sind auch viele Lehrer, die das sich seit Jahren erfolglos drehende Bildungsreformkarussell nur noch mit Sarkasmus ertragen. Statt die vorhandenen guten Schulen endlich zu stärken, mehr Schüler, mehr Lehrer, mehr Förderung, machen die Reformer den guten Schulen das Leben schwer und erfinden ständig etwas Neues.

In unserem Staat, in dem Ideologien keinen guten Ruf haben, ist die Bildungspolitik eines der letzten Reservate der Ideologen. Deshalb findet gerade eine Massenflucht der sogenannten »bildungsnahen Milieus« aus dem staatlichen Bildungssystem statt.

Die zweite falsche Grundannahme der heutigen Bildungspolitik lautet: Mit der Bildungspolitik lassen sich gesellschaftliche Probleme lösen. In Wirklichkeit sind die Schulen damit überfordert. Sie brechen unter dieser Last zusammen. Eine gute Schule, wie wir sie kennen, kann und soll in Wirklichkeit vor allem eines leisten – sie kann Schülern etwas beibringen. Vielleicht schafft sie es auch, Persönlichkeiten zu formen und eine Lust am Lernen zu vermitteln, die lebenslang anhält. Das war immer die Aufgabe der Schulen, und das ist schwierig genug. Wenn eine Schule die frühe Erziehungsarbeit nachholen soll, die in vielen Elternhäusern nicht mehr geleistet wird, wenn sie grundlegende Sprachkenntnisse, motorische Fähigkeiten und soziale Grundkompetenzen vermitteln und womöglich sogar Kriminalitätsprävention leisten soll, dann handelt es sich um eine Schule neuen Typs, die völlig anders ausgestattet sein muss als die Schulen, die wir kennen.

Die Bildungspolitiker handeln wie Hausbesitzer, die sich eine grundlegende Sanierung nicht leisten können und deshalb ihr Haus alle paar Jahre neu anstreichen lassen.

Von welchen »gesellschaftlichen Problemen« rede ich? Seit einigen Jahrzehnten gibt es eine nachlassende Nachfrage nach einfacher, gering qualifizierter Arbeit. Eine neue soziale Schicht ist entstanden, die lebenslang Dauerarbeitslosen. Arbeit für fast alle wird es vielleicht nie wieder geben. Es ist auch nicht vorstellbar, dass jeder einen Hochschulabschluss erwirbt, und wenn es so wäre, dann gäbe es eben massenhaft arbeitslose Hochschulabsolventen. Bildung bedeutet, anders als oft behauptet wird, heute nicht mehr automatisch Aufstieg oder Karriere, davon kann das akademische Prekariat ein Lied singen, eine andere soziale Schicht, die gerade entsteht.

Die Dauerarbeitslosen verhalten sich durchaus rational, wenn sie sich in ihrer Situation einrichten und wenn viele von ihnen ihre Lebensfreude im Alkohol, im ungebremsten Medienkonsum oder auch in der Kriminalität suchen. Haben sie eine Alternative? Würde ihnen ein Hauptschulabschluss etwas bringen? Braucht sie jemand? Bei Marx und Engels kann man lesen, wie das Industrieproletariat zu Beginn der Industrialisierung mühsam diszipliniert wurde. Es ist dem Menschen nicht selbstverständlich, morgens um sechs Uhr aufzustehen und ein Leben im Takt der Maschinen zu führen. Jetzt braucht man bei uns das Proletariat nicht mehr, das Proletariat wohnt anderswo, und die Mühen der Selbstdisziplin sind für einen Teil der Bevölkerung sinnlos geworden, auch die Mühen der Erziehung.

Dazu kommen die Folgen einer Einwanderungspolitik, die den Einwanderern jahrzehntelang gepredigt hat, dass sie nur auf der Durchreise seien und dass Integration, somit auch Bildung, der Mühe nicht wert ist. Bis man plötzlich begann, mit vorwurfsvollem Ton ihnen das genaue Gegenteil zu sagen. Eine gewisse Rolle spielt auch der Zerfall der verbindlichen

Wertesysteme. In der klassischen Bildungsbürgerfamilie hat man nicht aus Karrieregründen Latein oder Geigespielen gelernt, sondern weil man Bildung für einen Selbstzweck hielt, für etwas Schönes, Erstrebenswertes, eine bewusstseinserweiternde Voraussetzung für ein gutes Leben, ob mit oder ohne Geld. Diese Idee verschwindet.

Ich bin ein bisschen sehr theoretisch geworden. Was heißt das alles konkret für die Schulen?

Das deutsche Bildungssystem ist nicht so undurchlässig, wie behauptet wird. 40 Prozent der bayrischen Studienanfänger kommen über einen anderen Weg als das klassische Abitur, jeder Handwerksmeister mit Hauptschulabschluss darf heute studieren. Manche Menschen sind Spätentwickler und haben erst mit 20 die Motivation, die nötig ist, für sie ist die Realschule genau das Richtige.

Wenn das deutsche Bildungssystem heute nicht einmal mehr in der Lage ist, jedem Lesen und Schreiben beizubringen, dann auch deshalb, weil Bildung für zehn oder 15 Prozent der Bevölkerung objektiv wertlos geworden ist. Egal, wie sehr sie sich anstrengen, es gibt für sie keine Chancen. Früher musste man als Arbeitsloser lesen können, um sich nicht zu langweilen, auch das ist dank des Fernsehens nicht mehr nötig. Es ist angenehmer und vernünftiger, mit Hartz IV morgens im Bett liegen zu bleiben, statt um sechs für einen Job aufzustehen, der 100 Euro mehr bringt als die staatliche Unterstützung.

Jetzt wird die Hauptschule abgeschafft, aber die Hauptschüler kann man nicht abschaffen, sie bleiben. Sie haben nichts zu verlieren und nichts zu gewinnen. Sie werden jetzt ihre Hoffnungslosigkeit und ihre berechtigte Wut in die ehemaligen Realschulen tragen.

Ich habe keine Lösung. Immerhin glaube ich zu wissen, dass die Gesamtschule die Lage nicht bessern, sondern eher verschlimmern wird, weil sie etliche bisher immer noch funktionierende Realschulen zerstören und damit Tausende ihrer Lebenschancen berauben wird. Sicher, man könnte die »schwierigen Schüler« in sehr kleinen Gruppen intensiv betreuen, man könnte versuchen, all das nachzuholen, was in ihren ersten Lebensjahren versäumt wurde, das würde in einigen Fällen auch gelingen. Man müsste differenzieren, statt alles in einen Topf zu werfen. Aber wo soll das Geld herkommen?

Ich habe keine Lösung, aber ich ahne, dass man sie nicht findet, indem man, wie seit Jahren, an unserem Bildungssystem herumbaut, Schulformen umbenennt und, wie ein ratloser Roulettespieler, die Chips mal hierhin, mal dorthin schiebt. Wenn es nicht genug einfache oder handwerkliche Arbeit mehr gibt für die vielen, die, aus welchem Grund auch immer, für andere Arbeit ungeeignet sind – wie soll deren Leben dann aussehen? Ist es gut, sie mit 20 Jahren zu lebenslänglichen Frührentnern zu machen, auf niedrigstem finanziellem Niveau, oder hat diese Gesellschaft ihnen vielleicht doch etwas Besseres anzubieten? Wer diese Frage beantworten kann, der hat auch die deutsche Bildungskrise gelöst.

Bad Wörishofen

Die Rollstühle sind das Erste, was auffällt. In der kleinen Fußgängerzone sind immer vier oder fünf davon unterwegs. In den Rollstühlen sitzen Leute von 80, 90 Jahren oder mehr, geschoben werden sie von Sechzigjährigen, ihren Kindern vermutlich. Sind Anni und Gudrun auch dabei? In der neuen Nummer des Stadtjournals werden Gudrun Edel und Anni Grabowski dafür geehrt, dass sie seit 70 Jahren hier Kururlaub machen. Es gibt Fotos der beiden Damen, die jetzt ungefähr 100 sein dürften, ihr genaues Alter verschweigen sie kokett. Sie lächeln und sehen bemerkenswert fit aus. Ein paar Jahre kommen Gudrun und Anni bestimmt noch.

Es ist so leise in der Stadt – man denkt unwillkürlich, aha, Sonntag. Aber das stimmt nicht. Die Läden sind geöffnet, manchmal zumindest. Bizarre Zeiten stehen an den Ladentüren, zum Beispiel »9 Uhr bis 12.15 Uhr, 14.30 bis 18 Uhr«. Hier haben die Kunden Zeit, auf Sonderwünsche der Verkäufer einzugehen.

Unglaublich viele Apotheken. Schmuckgeschäfte ohne Ende. Ein Sockenstricker. Ein anderer Laden verkauft Betteinlagen aus Kupfer, zum Schutz vor Erdstrahlen. Auffällig rücksichtsvolle Autofahrer. Alle fahren Schritttempo, überall.

Um 18.30 Uhr gehen plötzlich in etlichen Schaufenstern die Lichter aus. Die Rollstühle verschwinden. Dann läuft überhaupt nichts mehr.

Die Bewohner kucken ein bisschen misstrauisch. Am zweiten Tag aber wird man auf der Straße plötzlich von Unbekannten gegrüßt. Es hat sich herumgesprochen, wer man ist. Wie auf dem Dorf. Aber es ist eine Stadt, 8000 Einwohner. Vielleicht die Stadt mit den ältesten Einwohnern in Deutschland. Laut Statistik ist die Hälfte über 50, ein Drittel über 65. Optisch wirkt die Stadt aber noch älter als in der Statistik.

Wo sind die Jungen? Sie arbeiten in den Kliniken. Ein paar sitzen im Internetcafé. Eine Kneipe für alle unter Sechzigjährigen gibt es auch, das »Charlie II«.

Wird bald ganz Deutschland so sein wie Bad Wörishofen?

In der Liste der »hundert besten Deutschen«, beim ZDF, steht Sebastian Kneipp immerhin auf Platz 67. Besser als Schiller. Aber schlechter als Dieter Bohlen. Sebastian Kneipp, genannt Baschtl, war ein armer Webersohn, der unbedingt Pfarrer werden wollte. Erst mit 23 Jahren, nach langem Kampf, schaffte er es, einen Platz im Gymnasium zu bekommen. Aber er kriegte die Schwindsucht. Kneipp kurierte sich selbst, mit Hilfe kalter Wassergüsse. Er wurde ein großer Heiler. Einige hielten ihn für einen Kurpfuscher, der Kirche war die Sache eher peinlich. Also schickten sie ihren Baschtl in die Verbannung, in den hintersten, abgelegensten und ödesten Winkel von Bayern. Dorthin, wo du lebendig begraben bist. Dieser Ort hieß Wörishofen.

Mit Kneipp hatte Wörishofen das große Los gezogen. 1884 kamen 40 Touristen, wegen des verrückten Wasserheilers. 1890 waren es schon 5000. Heute hängen seine Bilder überall in der Stadt, in jedem Geschäft, jeder Kneipe. Er ist in Wörishofen so allgegenwärtig wie Mao Tse-tung einst in China oder Lenin in der DDR. Und wie Lenin hat er eine Menge

Sprüche hinterlassen. Sie hängen ebenfalls überall. Kneipp sagt: »Im Wasser ist Heil.« Und: »Saufen wollen sie alle. Aber sterben will keiner.«

Das beste Jahr in der Gästestatistik war 1989. Seitdem geht es bergab.

Bad Wörishofen ist der berühmteste deutsche Kurort. Viele ehemalige Kurgäste haben hier Wohnungen gekauft und sich dauerhaft niedergelassen, deswegen ist das Durchschnittsalter auch unter den Einheimischen so hoch. Kurorte sind nun mal etwas für ältere und nicht mehr ganz gesunde Leute. Davon gibt es in Deutschland eindeutig immer mehr. Also müsste es den Kurorten prima gehen. Das Gegenteil ist der Fall. Die Kassen haben bei den diversen Gesundheitsreformen ihre Zuschüsse zur Kur immer weiter zurückgefahren. Die Alten haben weniger Geld als früher oder geben es nicht mehr so gern aus. Im Osten, Tschechien und Ungarn, gibt es preisgünstige Konkurrenten. Alles läuft gegen die Kurorte, alles, bis auf die Bevölkerungsstatistik.

»Wir haben eine Monostruktur«, sagt der Bürgermeister. Der Bürgermeister von Bad Wörishofen ist eine echte Überraschung, denn er ist Ende 30. Ein dynamischer Typ. Nach der Partei muss man gar nicht erst fragen. Die CSU liegt in Bad Wörishofen stabil über 70 Prozent. In Wörishofen würden sie wahrscheinlich sogar Saddam Hussein zum Bürgermeister wählen, vorausgesetzt, er kandidiert für die CSU. Der Opposition hat die CSU immerhin zwei Jobs überlassen, auf die sie keinen Wert legte. Ein Sozialdemokrat kümmert sich um die Kultur. Und ein Grüner ist Jugendreferent.

Bis 2002 saß Bürgermeister Holetschek im Bundestag, ein Bild vom Reichstag hängt in seinem Büro. Daneben ein Bild der irakischen Fußballnationalmannschaft, die kürzlich hier trainiert hat. Ja, man ist weltoffen. Er sagt: »Hirschgeweihe will ich nicht mehr sehen. Wir müssen neue, kreative Wege gehen. Gesundheit ist ein Wachstumsmarkt.« Theoretisch. Holetschek sagt, dass die Zahl der Übernachtungen in den letzten Jahren von 1,44 Millionen auf unter 900 000 gesunken ist und dass die Gäste im Schnitt nur noch zehn Tage bleiben statt 21. Man müsse auf Wellness setzen. Man müsse die Zielgruppe der Vierzig- bis Fünfzigjährigen erreichen.

Es klingt verrückt, aber: Bad Wörishofen, die Hauptstadt der Alten in einem immer älter werdenden Land, will sich ein jüngeres Image verpassen. Wenn Wörishofen kein uneingeschränkt positives Verhältnis zum Greisentum hat, wer soll es denn dann haben?

Das neue Wörishofen nimmt schon Konturen an. Holetschek erwähnt den »Skyline-Park«, einen neuen Funpark, ganz in der Nähe. Und an der Stadtgrenze entsteht zurzeit eines der größten Spaßbäder Deutschlands, das »Thermenparadies«. Es soll, mit Hilfe von 15 Meter hohen Palmen, eine Art Südseefeeling zu den Alten von Wörishofen holen. Die Kosten, 28 Millionen Euro, trägt ein privater Investor. Die Stadt schließt ihr Hallenbad und gibt dem Investor dafür einen Zuschuss zu den laufenden Kosten. Der Clou beim Thermenparadies besteht darin, dass es aus zwei Bädern besteht – einem kleineren für Kinder und Familien, mit Wildwassercanyon und Riesenrutschen, und einem zweiten, riesigen für die Alten, Krönung: ein Saunadorf auf Pfählen, in einem künstlichen See. Das Kindergeschrei ist dort nicht zu hören. Es ist eine Art Apartheidsystem.

Als Nächstes will der Bürgermeister ein Spielcasino bauen lassen. Das neue Wörishofen wird offenbar eine Art Las Vegas für Senioren.

Die SPD von Wörishofen war gegen das Thermenparadies. Das geistige Erbe von Kneipp werde dadurch, im wahrsten Sinne des Wortes, verwässert. Das Wasser der Therme ist nämlich nicht kalt, sondern warm. Und Kneipp hat gesagt: »Haltet meine Lehre rein!« Die SPD ist in Wörishofen die Partei der ultrakneippistischen Tradition, die CSU ist die Partei des Reformkneippianertums. Der SPD-Fraktionsvorsitzende hatte übrigens bis vor einiger Zeit ein Hotel. Er musste es schließen, zu wenige Gäste.

Das Kurhaus ist das Zentrum und wichtigstes Gebäude der Stadt. Dort hängt auch das Kulturprogramm aus. Montag: Rommé und Canasta. Dienstag: Eisstockschießen. Donnerstag: Wanderung sowie Treffen der »Aktion Schlaganfall«. Freitag: Kreative Kerzengestaltung. Las Vegas ist es noch nicht. Wichtigstes Ereignis der näheren Zukunft: ein Gastspiel des Kabaretts »Herkuleskeule«.

Der Kurdirektor residiert gegenüber vom Kurhaus und stammt aus Berlin-Charlottenburg. Alexander von Hohenegg war vorher zehn Jahre Kurdirektor auf Sylt. Er sagt im Prinzip das Gleiche wie der Bürgermeister. Die Zeit sei vorbei, in der man 30 Jahre am gleichen Ort Urlaub machte. Die Zukunft besteht aus Wellness, Fun und Beauty und aus den großen Hotels mit ihren weitläufigen Badelandschaften. »Die Gäste wollen keinen Arzt sehen.« Die Alten wollen das Alter nicht spüren.

Hohenegg zeigt, wie er den Kopf Kneipps auf dem Gastgeberverzeichnis von Jahr zu Jahr kleiner gedruckt hat, dagegen gab es Widerstände, auf seinen Sieg ist er stolz. Früher seien die Kurgäste von der Kasse geschickt worden, deswegen gab es keine echte Konkurrenz, es war fast ein sozialistisches System.

Die Entkneippianisierung von Wörishofen, das klingt fast

ein bisschen nach Gorbatschow. Bad Wörishofen erlebt offenbar gerade eine Revolution von oben.

Auch das Kurochester muss sich umstellen. Die Gäste verlangen immer häufiger Jazz und Rock 'n' Roll. Von den drei Geigern des Kurorchesters haben sie schon zwei abgeschafft, damit der Sound härter und rauer klingt. »Satisfaction« von den Rolling Stones sei bisher noch nicht verlangt worden, aber man rechnet gewissermaßen stündlich damit.

In sexueller Hinsicht sei eine Kur allerdings nicht mehr das große Fest, das sie mal war, sagt Alexander von Hohenegg. Die Aufenthaltsdauer sei einfach zu kurz geworden, um anzubandeln. Bei alten Leuten geht das ja nicht immer so schnell. Der Kurschatten stirbt aus. Es hängt auch mit dem Fernsehen auf den Zimmern und dem Frauenüberschuss zusammen. Die paar Männer, die es in dieser Altersgruppe noch gibt, hängen abends, von kalten Güssen ermattet, vorm Fernseher, statt auf Brautschau zu gehen.

Die Straßen im Zentrum sind meist nach berühmten Kneippärzten oder Mitstreitern Kneipps benannt. Bonifaz Reile (1862–1933), Christian Fey (1901–1961), Alfred Baumgarten (1862–1924), Ludwig Geromiller (1853–1920). Wenn man nachrechnet, fällt auf, dass sich die Propheten der Kneipplehre nicht gerade durch biblische Langlebigkeit auszeichneten. Wunder können kalte Güsse nicht bewirken, so viel steht fest. Kneipp selber wurde auch nur 76. Na gut, er war Raucher.

Die Lehre von Kneipp ruht auf fünf Säulen: Wasser, Bewegung, Kräuter, Ernährung, innere Harmonie. »Im Grunde ist es das Prinzip der ganzheitlichen Medizin«, sagt Christiane Rapp. Sie leitet die Kneippschen Stiftungen, drei Kurkliniken, und ist sozusagen Kneipps Nachfolgerin. Auch sie ist eher jung. Kneipp habe das Gleiche herausgefunden, was die großen asiatischen Lehren predigen. Die asiatischen Lehren aber, Ayurveda zum Beispiel, sind zurzeit angesagt, zum Beispiel bei den Fünfzigjährigen. Kneipp dagegen weniger. »Wir tun uns schwer mit der Person. Ein grimmig kuckender Mann. Kneipp, das klingt alt. Wir wollen dynamisch wirken.« Auch Christiane Rapp gehört zur Reformfraktion. Der neueste Trend sei Nordic Walking, eine Art Schnellwandern.

Das Sebastianeum sieht innen wie ein Hotel der gehobenen Mittelklasse aus, nur dass die Gäste sich Heusäcke auflegen, im Stangerbad Stromstöße kriegen oder beim Heilfasten drei Tage alte Dinkelmehlbrötchen essen. Harald Schmidt ist ja auch Heilfaster. Es kostet 86 Euro am Tag, alles inklusive. Im letzten Jahr ist der Umsatz nur ganz leicht zurückgegangen. Ein gutes Ergebnis in Zeiten wie diesen.

Wir laufen an weißhaarigen Patienten in Bademänteln vorbei. Keiner sieht aus, als sei er jünger als 75. Die meisten tun sich mit dem Gehen ein wenig schwer. Es sind noch die alten Alten. Ganz Wörishofen wartet auf die neuen Alten, die Nordic-Walking-, Spielcasino- und Spaßbadalten, fit for Fun, mit reichlich bemessener privater Altersvorsorge.

Sie sind noch nicht da. Wer weiß, ob sie jemals kommen. Aber sie sind die Hoffnung. Jetzt heißt es durchhalten.

Anna

Anna betritt den Raum. Um als Fotomodell arbeiten zu können, wäre sie wahrscheinlich zu klein, schätzungsweise 1 Meter 60. Abgesehen davon ist Annas Schönheit makellos. Sie trägt einen grobmaschigen weißen Rollkragenpullover, Jeans, dazu einen knöchellangen Mantel, die Haare sind blond, die Augen braun. Sie ist Anfang 30, aber man würde sie jünger schätzen. Sie lächelt. Wohlgeformte Zähne. Das Lächeln wirkt schüchtern, sie spricht langsam, artikuliert genau, in hervorragendem Deutsch. Während des Redens denkt sie nach, das sieht man.

Annas erster Satz heißt: »Ich hatte ein gutes Leben.«

Das war in Kiew. Anna ist Kauffrau, spricht perfekt Englisch und Spanisch, arbeitete in einer spanischen Firma als Assistentin der Geschäftsführung. Sie hatte einen fünfjährigen Sohn und einen festen Freund. Sie gehörte zur kleinen postsozialistischen Mittelschicht, damals, Ende der 90er. Eines Tages beschließt die spanische Firma, dass die Filiale in der Ukraine sich nicht lohnt, Anna wird arbeitslos.

Ein Cousin kommt zu Besuch. Er lebt in Deutschland und schafft regelmäßig BMWs nach Kiew, um sie dort zu verkaufen. Er ist ein bisschen älter als sie. Er sagt: »Warum hängst du hier rum? Ich kenne jemanden, der sucht für ein paar Monate eine Haushaltshilfe. Du kriegst über 2000 Mark, nebenher kannst du sogar noch als Babysitterin arbeiten. Drei Monate, danach kommst du mit einem Haufen Geld zurück. Das Visum besorge ich schon.« In Annas altem Job bekam sie 300 Mark im Monat.

Anna sagt: »Ich bin nicht naiv. Aber der Mann war jemand aus der Familie. Wir kannten uns, seit wir Kinder waren.«

Der Cousin besorgt also das Visum. Zusammen mit einer Freundin, die zehn Jahre jünger ist als sie, fährt sie mit dem Bus nach Frankfurt. Eine deutsche Frau, jung, nett, holt die beiden am Bahnhof ab.

Zu dritt fahren sie in ihre Wohnung. Bei einer Tasse Kaffee sagt die Deutsche: »Ich brauche keine Haushaltshilfe. Ihr zwei könnt auf den Strich gehen.« Und: »Ich hab euch gekauft von so einem Typ. Aber ihr seid trotzdem freie Menschen. Wenn ihr's nicht machen wollt, fahre ich euch wieder zum Bahnhof, kein Problem. Ihr müsst mir nur meine Unkosten ersetzen. 6000 Mark pro Person. Das Visum hat allein 3000 gekostet. Ich bin korrekt, wisst ihr. Nur verarschen lass ich mich nicht. Für mich arbeiten ein paar Schwarze, die tun alles, damit sie von mir ihre Drogen kriegen.«

Anna hat zwei Schachteln Zigaretten dabei und ein paar Cent in der Tasche. Damals spricht sie kein Wort Deutsch.

Wir sitzen in einem Besprechungszimmer des Mainzer Landeskriminalamts. Das Treffen ist mit Hilfe der Polizei zustande gekommen.

In Deutschland genießen Zeugen Schutz, die Aussagen zur Struktur von kriminellen Organisationen machen können oder die in akuter Gefahr schweben. Kronzeugen. Denen verschafft man sogar eine neue Identität, wenn es sein muss. Den verschleppten Frauen aber hat das nicht viel genützt. Sie kennen ihren Zuhälter, aber nicht die Bandenstrukturen. Ob sie akut gefährdet sind oder vielleicht nur latent, weiß letztlich niemand.

Wenn also Frauen wie Anna irgendwo in einem Bordell entdeckt wurden, hat man sie in den meisten Fällen einfach in ihre Heimat abgeschoben. Dort werden sie von den Zuhälterringen in Empfang genommen und nach ein paar Wochen wieder losgeschickt, diesmal in ein anderes Land.

Die verschleppten Frauen sind Opfer, aber werden beinahe wie Täter behandelt.

Seit einiger Zeit gibt es in Rheinland-Pfalz eine neue Art von Zeugenschutz, die dort »Kooperationskonzept« heißt. Es bedeutet: Frauen, die gegen Menschenhändler vor Gericht aussagen, dürfen erst einmal in Deutschland bleiben, bekommen eine Wohnung, möglichst weit weg vom Tatort, Sozialhilfe, psychologische Betreuung, Hilfe bei der Arbeitssuche, alles recht unbürokratisch. Wer im Heimatland bedroht sein könnte, darf auch nach dem Prozess bleiben. Seitdem steigt die Zahl der Verurteilungen.

Anna hat ihre psychologische Betreuerin dabei, Eva Schaab vom Verein »Solwodi«, der sich um Opfer von Menschenhandel kümmert. Ein Polizist sitzt ebenfalls im Zimmer. Er sagt mehrmals, dass Anna ein untypisches Opfer sei – älter, gebildeter, seelisch stabiler. Sie habe die ganze Sache, na ja, gut verkraftet. Andere, die das Gleiche erlebt hätten, seien heute gebrochene Persönlichkeiten. Andere waren sechzehn, sie war Ende zwanzig. Das könnte der Grund sein.

Sex ist in Deutschland billig geworden, vor allem seit dem Ende der Sowjetunion. Der Motor: Armut. Das Angebot: unbegrenzt. Die Polizei schätzt, dass 80 Prozent der Prostituierten aus Osteuropa in dem Bewusstsein nach Deutschland gekommen sind, dass sie im Bordell arbeiten werden. 20 Prozent sind Opfer von Menschenhandel.

Es läuft im Prinzip genauso wie der Viehhandel. Die Frauen

werden von den Klubs oder den Zuhältern gekauft und weiterverkauft, auch von Land zu Land. Wer mit Prostitutionsexperten über das Sexgeschäft redet, zum Beispiel mit Eva Schaab, lernt allerdings schnell, dass sich kaum pauschale Aussagen machen lassen. Die Grenze zwischen freiwillig und unfreiwillig ist fließend. Die Frauen hören zu Hause: »Du kommst in einen ganz edlen Laden, hast drei Männer pro Nacht, alle nett und kultiviert, und kriegst 5000 Euro im Monat.« Da sagen einige zu.

Stattdessen werden viele erst mal vergewaltigt, anschließend wie Tiere gehalten. Sie haben es mit 15 oder 20 Freiern pro Nacht zu tun, die nicht nett sind und auch nicht kultiviert.

Es gibt die Prostituierte, die ihrem Beruf freiwillig, selbstbewusst und gern nachgeht, es gibt erbärmliche Sklavenexistenzen, und es gibt sämtliche Nuancen zwischen diesen beiden Extremen. Manchmal arbeiten beide, die Freiwilligen und die Sklavinnen, in demselben Bordell, Zimmer an Zimmer. Es handelt sich um einen weitgehend deregulierten Sektor des Wirtschaftslebens. Das einzige Gesetz, das wirklich gilt, ist das Gesetz von Angebot und Nachfrage.

Die Frau fährt Anna und ihre Freundin in das Bordell. Es ist eines von der miesen Sorte, finster und dreckig. In der ersten Nacht müssen sie noch nicht arbeiten. Am Morgen kommt die Frau wieder. »Du kannst doch Sprachen und bist gebildet. Ich bring dich woandershin.« Anna wird ihre Freundin nicht wiedersehen. Sie wird viele Kilometer weiter gefahren, in einen Klub. Für gebildete Kunden. Anna bekommt einen falschen spanischen Pass und einen neuen Namen. Spanien ist in der EU, da gibt es bei einer Razzia keine Probleme wegen fehlender Arbeitserlaubnis.

Jetzt lebt und arbeitet sie in einem Zimmer, in diesem Klub. Es sind etwa ein Dutzend Frauen aus fast ebenso vielen Ländern. Es ist schwierig, sich zu unterhalten. Alle sind misstrauisch, auch die Frauen untereinander. Manche kommen und gehen, mit Sporttasche, wie im Fitnessstudio. Die Freiwilligen. Anna darf nie allein vor die Tür. Wenn sie von einem Kunden gefragt wird, sagt sie, sie komme aus Valencia.

»Die Prostitution ist das eine«, sagt sie heute. »Aber deine Identität zu verlieren ist genauso schlimm. Ich hatte keinen Namen mehr, keine Familie, keine Vergangenheit. Ich existierte nur noch zu einem einzigen Zweck.«

Wenn ein Kunde im Klub sie möchte, muss sie sich an der Bar ihren Schlüssel holen, hinterher gibt sie ihn wieder ab. So behält der Klub die Übersicht über ihre Einnahmen. Alle paar Tage kommt die deutsche Frau, ihre Besitzerin, und holt sich ihren Anteil. Ein paar Euro darf Anna behalten.

Das beliebteste Druckmittel in solchen Bordellen heißt: Türkenpuff. Türkenpuff ist die Strafe für Fehlverhalten. Er ist gefürchtet, weil er so billig ist, ein Puff für Arbeiter. Nicht alle Kunden sind Türken, aber viele. Es muss sehr schnell gehen. Das bedeutet: besonders viele Männer, extrem lange Arbeitszeit. 11 bis 23 Uhr ist das mindeste. Die übelsten Läden aber sind die mit Hauslieferung. Der Kunde lässt sich eine Frau in die Wohnung liefern und zahlt bei Abholung. Der Preis richtet sich nach dem Zustand der Frau. Je kaputter sie ist, desto teurer wird es.

»Ich bin nicht geschlagen oder misshandelt worden. Der Klub war gepflegt. Auch die meisten Kunden. Mir ist nichts passiert. Außer dass ich vor kurzem die Assistentin der Geschäftsführung war und ein Kind hatte und Karriere machen wollte, und jetzt war ich eine Prostituierte ohne Namen geworden. Ich habe meinen Freund und meine Familie und mein Vertrauen verloren. Zum Tausch habe ich die Erinnerungen einer Prostituierten bekommen. Am meisten hatte ich Angst davor, mich an diesen Job zu gewöhnen. Ich habe jeden Tag gedacht: Das hier ist nicht mein Leben. Das bin nicht ich. Und ich habe pausenlos gedacht: Ich bin stark. Das ist mein wahrer Charakter. Stark.«

Anna ist in der Art Edelbordell gelandet, von dem in der Ukraine manche Frauen träumen. Sie hat keine Ahnung, wo genau in Deutschland sie ist. Den Namen der Stadt findet sie nach einer Weile heraus. Er sagt ihr nichts. Sie hat auch keine Ahnung, wer ihre Kunden sind. Vielleicht Prominente?

Nach ein paar Monaten darf sie allein in die Stadt. Sie ruft zu Hause an. Sagt: »Mir geht's gut. Muss schnell wieder auflegen, das Geld reicht nicht.«

Was soll sie ihren Eltern auf Fragen antworten? Sie steht vorm Polizeipräsidium. Was soll sie der Polizei erzählen?

In der Ukraine arbeiten Polizei und Zuhälter oft zusammen. Ein hoher Polizeioffizier verdient nur 300 Euro im Monat. Sie sind fast immer bestechlich. In Deutschland stellen die Klubbesitzer den Frauen gern Polizisten vor, mit denen sie zusammenarbeiten – manche Polizisten sind echt, andere nicht. Sie sagen: »Wenn ihr den Mund aufmacht, werdet ihr eingesperrt und abgeschoben.«

Die Objekte des Menschenhandels haben keine Vertrauensperson. Stattdessen beherrscht sie ein Gefühl der Lähmung. Anna erzählt ihre Geschichte einem Mann, der häufig zu ihr kommt. Der Stammkunde sagt: »Ich schicke gleich morgen die Polizei.« Er kommt nicht wieder in den Klub, die Polizei ruft er auch nicht an.

Nach einem halben Jahr: die Razzia. Polizei kommt maskiert

und bewaffnet in den Klub. Irgendwer hat ihnen jetzt doch einen Tipp gegeben. Manche Freier tun das tatsächlich. Annas Pass wird kontrolliert. Sie bekommt ihn zurück. Kein Problem, eine Legale. Sie wagt nicht, etwas zu sagen, all die Leute vom Klub stehen neben ihr. Da fängt sie an, Spanisch zu sprechen, aber völlig falsch, wirr und mit übertriebenem Akzent. Einer der Polizisten kann ebenfalls Spanisch. Er sagt: »Die da nehmen wir mal mit.« Sie kommt für den Rest der Nacht in eine Einzelzelle.

Am nächsten Morgen erzählt sie der Polizei ihre Geschichte. Danach sagt sie: »Ich will nach Hause.« Der Polizist, der sie verhört, gibt ihr einen Rat. »Wir können dich abschieben, und du bist wieder in der Ukraine. Aber dann wird es noch schlimmer. Es wird immer noch schlimmer. Sie kriegen dich und schicken dich wieder los. Wenn du aussagst, darfst du hierbleiben, und wir helfen dir. Zuerst kommst du ins Frauenhaus.«

Anna sagte: »Da komme ich doch gerade her.« In der Ukraine gibt es nur diese eine Art Frauenhaus.

Anna tritt als Zeugin auf, gegen die Frau, die sie von ihrem Cousin gekauft hat. Diese Frau war früher selbst Prostituierte. So ein Rollenwechsel ist nicht selten. »Ich hatte keine Angst vor ihr. Im Gegenteil. Ich bin stolz darauf, dass ich mutig war. Diese Frau hatte nicht mal den Mut, mir im Gerichtssaal in die Augen zu schauen.« Das Urteil lautet zwei Jahre auf Bewährung.

»Zu wenig«, sagt Anna. »Ich war die einzige Zeugin. Meine Freundin wurde auch befreit, aber sie hat sich lieber abschieben lassen, als auszusagen.« Und: »Ich bin sehr stolz auf mich.«

Wir dürfen sie nicht fotografieren und ihren Namen nicht

nennen. Wir müssen an ihrer wahren Geschichte einige Details verändern. Racheakte gegen sie sind möglich. Aber meistens, erzählt der Polizist, verzichten die Täter auf Rache. »Die halten lieber den Ball flach. Wenn sie aus dem Gefängnis wieder freikommen, besorgen sie sich eben neue Frauen.« Nachschub gibt es genug.

Bis der Prozess beginnt, dauert es fast vier Jahre. In dieser Zeit holt Anna ihren Sohn zu sich, lernt Deutsch, macht den deutschen Abschluss als Bürokauffrau und findet eine Stelle. Irgendwo. Sie leidet unter Herzproblemen, von denen der Arzt meint, sie seien psychosomatisch, und sie schläft meistens nur drei Stunden pro Nacht. Der Cousin verkauft immer noch Frauen und BMWs, aber traut sich nicht mehr nach Deutschland. Ihre Eltern haben den Cousin aus der Familie verstoßen.

Ihr damaliger Freund hat die Beziehungen zu ihr abgebrochen. Ansonsten geht es ihr gut.

Als Ghanaer bei Attac

Vielleicht sollte man mit den Frauen anfangen. Die Frauen haben bei der Attac-Sommerakademie nämlich eine Zweidrittelmehrheit. Zum Beispiel Friederike von der »AG Globalisierung und Feminismus«. Friederike kommt aus der Friedensbewegung und hat dort den Kurs »Wie blockiere ich richtig?« besucht. Dann war sie in einer K-Gruppe, anschließend als Autonome in Hamburg, danach im Dschungel bei den Zapatistas und ihrem Subcommandante Marcos. Jetzt sitzt sie also bei Attac auf dem Podium bei irgendeiner Diskussion.

Faszinierend ist, dass man Menschen eine von politischen Leidenschaften gesteuerte Biographie fast nie ansieht, während andere exzessiv betriebene Leidenschaften Spuren zu hinterlassen pflegen. Friederike trägt ein schwarzes Sommerkostüm, tritt perfekt gestylt und mit professioneller Lockerheit auf, sie könnte ohne weiteres Vorstandssprecherin von Bayer sein.

Oder Christina. Christina ist 25, sehr höflich, sehr sachlich, freundlich, aber auch distanziert, mit einem Wort: distinguiert. Bestimmt spielt sie Klavier. Früher hätte man gesagt: Tochter aus gutem Hause. Sie stammt aus Celle, studiert Politik, gehört zum harten Kern von Attac und den Gründerinnen der Sommerakademie, letztes Jahr in Marburg. Vor fünf Jahren war sie schon bei Demonstrationen gegen den Castortransport dabei, bald darauf bei Robin Wood. »Ich habe aber gemerkt, dass es letztlich auf die Wirtschaftspolitik ankommt.« Christina hat die Jungen Grünen ausprobiert, das war nichts. Keine Dynamik. Christinas Eltern sind Post-68er. Grüne. Christina will sich von ihren Eltern nicht abgrenzen, sie will aber einen eigenen Weg gehen.

Über »Generation Golf« sagt sie: »Das Buch steht für genau die Art von Welt, die ich nicht haben will.« Wenn eine Attac-Frau die Wahl hat, ob sie mit Florian Illies zu Abend isst oder mit George W. Bush, dann nimmt sie Bush.

In Münster leitet Christina, mit zwei anderen Frauen und einem Mann, das Seminar »Privatisierung«. Vier Tage. Das Thema wird am Beispiel des Wassermarktes und des GATS-Abkommens durchgespielt. GATS soll die internationalen Wassermärkte für Großunternehmen öffnen, Endziel ist die völlige Privatisierung des Gutes Wasser, überall. GATS ist nur ein beliebiges Beispiel, privatisiert wird schließlich fast alles, mit fast immer den gleichen Argumenten.

Im Seminar, das wegen Überfüllung geteilt werden muss, trainiert man die Gegenargumentation. An der Wand hängen Zettel: »Dem anderen Fragen stellen!« »Tempo aus der Diskussion nehmen!« »Gegner dahin lenken, wo du dich sicher fühlst!« In Rollenspielen übernimmt man, bei fiktiven Podiumsdiskussionen, die verschiedenen Positionen – jemand spielt Konzernsprecher, ein anderer die Bundesregierung, jemand die EU, wieder ein anderer Attac und so weiter. Es geht darum, die Positionen der Gegner von innen kennenzulernen, indem man in ihre Haut schlüpft. Die Attac-Leute sollen schon vorher wissen, was ihr Gegenüber als Nächstes sagen wird.

Ich spiele den Regierungsvertreter von Ghana. Ich würde

meine Wasserrechte schon gerne behalten, aber ich stehe nun mal unter starkem Druck der Konzerne und bin leider auch ein bisschen korrupt.

Am Ende des Seminars singen alle gemeinsam die »Wasserhymne« von Attac, zur Melodie von »Wasser ist zum Waschen da«. Man darf aber auch vorher schon gehen.

Attac versteht sich als »Bildungsbewegung mit Aktionscharakter«, das Konzept erinnert ein bisschen an die Arbeiterbildungsvereine des 19. Jahrhunderts. Hinter der Sommerakademie steht die Idee, jedes Jahr tausend Personen oder mehr zu geschulten, nicht leicht zu widerlegenden Antiglobalisierern zu machen. Es geht darum, würde ein Attac-Mensch vielleicht sagen, die »gesellschaftliche Hegemonie zurückzugewinnen«.

Attac will Deutschland umdrehen. Jeden Morgen kommt ein aktuelles Programm mit Seminaren und Workshops heraus, es hat 50 oder mehr Punkte: »Moderationstraining«, »Copyright, das virtuelle Öl des 21. Jahrhunderts«, »Theaterarbeit als Möglichkeit sozialen Widerstands«.

Attac ist zu Beginn des Jahrhunderts die am schnellsten wachsende Gesinnungsgemeinschaft in Deutschland. Der deutsche Ableger wurde 2001 gegründet, von 200 Leuten. 2003, sagt die Geschäftsführerin Sabine Leidig, sind es 25 000 Mitglieder und Mitarbeiter. Eine Verhundertfünfundzwanzigfachung innerhalb von zwei Jahren. Jede Woche wird eine neue Gruppe gegründet.

Sabine Leidig hat rote Locken und war früher beim DGB. Die Mitglieder nennt sie »Attackies«.

Fast jede Bewegung, Glaubensgemeinschaft oder Partei beginnt mit einem Gründungsmythos. Attac, so heißt es, sei durch einen Leitartikel entstanden. Er stand 1997 in »Le

Monde diplomatique«, einem angesehenen, nicht sonderlich radikalen Monatsblatt, Auflage 180 000, und hieß »Entwaffnet die Märkte«. Es muss wirklich ein Wahnsinnsleitartikel mit unglaublicher Power gewesen sein. Die Reaktion waren 4000 Leserbriefe und die Gründung von Attac. Der Redaktionsdirektor von »Le Monde diplomatique«, ein würdiger alter Spanier, hat das Amt des Attac-Ehrenpräsidenten inne.

Attac verbreitet sich über die ganze Welt, aber in Deutschland geht es besonders schnell. Sabine Leidig sagt: »Im Gegensatz zu anderen Ländern gibt es bei uns keine Partei, die gegen Globalisierung und Neoliberalismus ist. Die gesamte Opposition sammelt sich bei uns.« Die Linkspartei zählt offenbar gar nicht mehr. Dann beschreibt sie die Struktur von Attac. Es ist gleichzeitig vage und kompliziert – viele Gremien, aber keines hat etwas Verbindliches zu sagen. Attac hat kein Programm, keine Satzung, keinen Vorsitzenden und keine alle vereinende Ideologie. Jeder darf mitarbeiten, egal ob Beiträge bezahlt werden oder nicht. Es funktioniert wie das Internet, weltweit und verknüpft, eine neue Internationale, aber ohne Zentrum. In der Organisation herrscht das Konsensprinzip. Das heißt: Man unternimmt nur etwas, wenn restlos alle dafür sind. Sämtliche strittigen Fragen werden ausgeklammert, ähnlich wie in Angela Merkels CDU.

Keine Richtungskämpfe. Keine Fraktionen. Keine Hierarchie. In Attac bilden sich die traumatischen Erfahrungen der Linken ab. Die linke Geschichte kann man als eine Geschichte von erbarmungslosen Fraktionskämpfen, von Machtgier und Verrat, Intrigen und enttäuschten Hoffnungen schreiben. Attac aber sieht aus, als hätte es ein Organisationstheoretiker entworfen. Sein Auftrag: Erfinde eine Struktur, in der sogar ein Joschka Fischer garantiert nicht Häuptling werden kann.

Erfinde etwas Linkes, aber minimiere die Gefahr von Verrat und Spaltung.

Keine verbindliche Ideologie. Höchstens, eventuell, ein Weltbild. Die Leerstelle füllen sie mit Wissenschaft. Attackies lieben den Wissenschaftlerjargon. Sie wollen bessere Experten sein als ihre Gegner. Dann, so glauben sie, können sie gewinnen. Die Naturwissenschaften sollen der neue Sinnstifter sein? Attac hätte nichts dagegen. Als es in einer Diskussion um die Warteschlangen in der Mensa geht, sagt ein vielleicht Achtzehnjähriger: »Wir müssen das Zeitmanagement effizienter gestalten.« Eine Studentin sagt: »Am Weltbild der Neoliberalen stört mich am meisten, dass es so schlicht ist.«

Das Weltbild von Attac sieht etwa so aus: Es gibt heute zwei politische Kräfte auf der Welt. Einerseits die Neoliberalen, die fast alles dem Markt überlassen möchten, alles privatisieren, grenzenloser Kapitalismus, Abbau des Sozialstaates. Sie sitzen in allen Parteien, schreiben alle Leitartikel, haben die Hegemonie. Auf der anderen Seite: die Verteidiger des Staates, des Sozialen, der Solidarität. Attac.

Entweder sind sie das letzte Aufgebot der Linken oder der Beginn ihres neuen Aufschwungs. Eines von beiden. Aber was?

Auf dem »Platz der Weißen Rose«, wo die Attac-Leute nach harter Nacht in Jugendherberge oder Turnhalle frühstücken und sich zwischen den Seminaren erholen, sieht es auf den ersten Blick aus wie in den 70er Jahren. Nichts fehlt. Che-Guevara-Plakate, Einstein mit der rausgestreckten Zunge, der Infostand der Trotzkisten, der handgeschriebene »Helferplan«, die hennaroten Haare, die Schlangen bei der Essensausgabe. Irgendwer spielt irgendwo auf der Gitarre irgendwas von Bob Dylan. Es sind übrigens viele aus der DDR dabei. Sie sind vielleicht 19 oder 21, aber bei der Vorstellung sagen sie: »Ich bin der Frank aus der DDR.« In der DDR hält man wenig vom Neoliberalismus.

Einerseits ist Attac professioneller als fast alles, was die Linke in den letzten Jahrzehnten hervorgebracht hat. Andererseits bleibt Attac ein politisches Phantom. Attac ist gegen Privatisierungen, gegen kapitalistische Globalisierung – aber es ist unmöglich, zu sagen, wofür Attac eigentlich steht, für welche Art von Alternative. Dazu ist das Bündnis viel zu breit. Auch ganze Organisationen können beitreten, 250 haben es schon getan, von Pax Christi und Terre des Hommes bis zum Institut für angewandte Psychoanalyse und dem »AK Frauen und Weltwirtschaft der Fachstelle für Frauenarbeit«. Das Motto der Sommerakademie könnte direkt von Dr. Motte und seiner Love-Parade stammen, so unverbindlich und leicht gaga klingt es. Letztes Jahr: »Aufstehen für eine andere Welt«. Diesmal: »Der Kopf ist rund, damit das Denken die Richtung ändern kann.«

Die erste Sommerakademie wurde, typisch Attac, von einem Soziologenteam auf Effizienz überprüft und bis ins Kleinste analysiert. Deshalb darf es als wissenschaftlich bewiesen gelten, dass »keine einzige Person die Atmosphäre beim Kongress als unangenehm empfand« und dass Infostände der Grünen, die fast alle Attackies aus enttäuschter Liebe zutiefst verachten, starke Unlustgefühle hervorrufen. Die Teilnehmer gehören drei Hauptgruppen an, erstens Studenten, zweitens Lehrer, drittens Wissenschaftler. Das Durchschnittsalter beträgt 33,17 Jahre.

So lügen Statistiken. Auf dem Platz der Weißen Rose sieht man alle möglichen Menschentypen, aber so gut wie nie einen Dreiunddreißigjährigen. Die meisten Leute sind jung, ab 14 bis etwa 25. Eine Minderheit ist 50, 60 und älter. Die Altersgruppe dazwischen fehlt fast völlig.

Für die letzten kompromisslosen 68er, die nicht den Weg von Joschka Fischer oder Jürgen Trittin gegangen sind, ist Attac ein Glück, mit dem realistischerweise nicht mehr zu rechnen war und das sie wahrscheinlich kaum fassen können. Plötzlich gibt es wieder Publikum. Mein Gott – plötzlich ist wieder eine Massenbasis da! Eine volle Aula!

Man sieht pittoreske Persönlichkeiten wie Werner Rätz, früher Kommunistischer Bund, der im Film als Karl-Marx-Darsteller auftreten könnte. Oder John Holloway, einen charismatischen Soziologieprofessor, der Rudi Carrell verblüffend ähnlich sieht und hinreißende Reden gegen den »bürgerlichen Begriff von Raum und Zeit« hält. Klassenkampf, Revolution, der Glaube an die Macht der Thesenpapiere, es ist alles wieder da. Viele Veteranen treten auf, als hätte man sie 1970 in eine Zeitmaschine gestopft und als seien sie gestern wieder herausgekrabbelt, etwas verstrubbelt, ein bisschen grauer und dicker zwar, aber unverdrossen. Es ist ihr letztes Gefecht, aber auch das letzte Gefecht kann man ja gewinnen.

Allerdings hält sich die Begeisterung der Jugend in Grenzen. Beifall gibt es vor allem für feurige Bekenntnisse zur Revolution, alles Pathetische kommt als Stil gut an. Es wird aber auch kräftig gebuht, zum Beispiel, wenn jemand etwas gegen die repräsentative Demokratie sagt. Besonders weitschweifige Theoretiker werden durch Dauerbeifall zum Schweigen gebracht, auch wenn sie aus der Dritten Welt kommen. Eine Frage des Zeitmanagements.

Am heißesten Tag findet bei Peter von Attac Mainz ein vollkommen überfülltes Seminar statt, zum Thema »Lebensstil und Politik«. Peter trägt einen – natürlich inoffiziellen und unverbindlichen – Wertekanon für Attackies vor. Grundprinzip: »Vom viel haben zum gut leben.« Weitere Werte: Ehrfurcht vor dem Leben. Wahrhaftigkeit. Solidarität statt Konkurrenz. Die Werte stammen aus Speicherbeständen der Ökumene.

Von Zeit zu Zeit schwankt eine Person aus dem Raum, der Ohnmacht nahe, es sind bestimmt 50 Grad da drin. Peter schaut auf und sagt: »Ich bin nicht Jürgen Möllemann.« Münster war die Heimat von Jürgen W. Möllemann. »Wir haben bei Attac kein Projekt 18. Aber ich sage euch: In zehn Jahren haben wir zehn Prozent der Bevölkerung hinter uns. Dann können wir wirklich etwas bewegen.« Aber was?

Abschied von Rudi Carrell

Manche Leute, die ihn persönlich kennen, sagen: »Der Rudi Carrell ist ein Ekel.« Das klingt natürlich erst mal ein bisschen abschreckend. Er hat seit Jahren dieses unschöne Image, er soll eiskalt und beinhart sein, bei Bedarf auch mal beinkalt oder eishart.

Auch die Kritiker mögen ihn nicht sonderlich. Beliebte Formulierungen aus Kritiken von Rudi-Carrell-Shows: »Quote mit Zote« oder »Reservat für abgehalfterte 70er-Jahre-Witze«. Mit Ilja Richter hat Rudi Carrell in jenen 70er Jahren ein paar Kinofilme lang ein Komikerduo gebildet. Die Filme spielten meistens am Wörthersee und hart an der Schwachsinnsgrenze. Carrell, erzählt Ilja Richter, riss am Wörthersee fast jeden Abend eine andere Schönheit auf und schickte sie meistens zeitig auf sein Hotelzimmer. Sie sollte sich schon mal für den großen Rudi bereitmachen. Etwa eine halbe Stunde später nahm er im Hotelfoyer mit einigem Tamtam den Mantel oder die Jacke der betreffenden Dame vom Kleiderhaken, zwinkerte dem Rest der Crew zu, warf sich den Mantel über die Schulter wie ein erbeutetes Tierfell und schritt die Treppe hinauf. Ilja Richter raste innerlich vor Wut. Er war ständig in Begleitung seiner Mutter, bei ihm lief in dieser Zeit sexuell überhaupt nichts.

Jahre später rief Carrell Ilja an, er wollte ihn für einen Auftritt in einer seiner Shows. Ilja Richter sagte: »Du, ich kann nicht, mein Vater liegt im Sterben.« Rudi Carrell soll geantwortet haben: »Du Arschloch.« Und dann hängte er auf. Seitdem mag Ilja Richter Rudi Carrell noch weniger als damals am Wörthersee.

Aber die Zuschauer lieben ihn. Womöglich ist Rudi Carrell einfach nur ein Mann, der seinen Job besonders ernst nimmt. Und ein Mann, der besonders erfolgreich Frauen anbaggert. Das natürlich auch.

Es ist überraschend unkompliziert, mit Rudi Carrell verabredet zu sein. Er ist exakt zur verabredeten Zeit am verabredeten Ort. Er ruft garantiert zurück, falls es bei ihm eine Verzögerung gibt. Er sagt am Telefon, mit seiner unverwechselbar verwuschelten Rudi-Carrell-Stimme: »Was möchten Sie wissen? Kein Problem. Wir können eine Stunde reden.« Das alles ist bei Prominenten nicht selbstverständlich.

Wir sitzen an der Hotelbar. Berlin, Grand Westin. In ein paar Stunden beginnt »Menschen 2002«, die Jahresbilanzshow mit Johannes B. Kerner. Rudi Carrell sagt, er sei ein bisschen nervös, erstens, weil er erst um 22 Uhr drankommt und bis dahin keinen Alkohol trinken darf, zweitens, weil er Kerners Fragen nicht kennt. Die Nervosität sieht man ihm natürlich nicht an. Es ist wichtig, gleich bei der ersten Antwort einen Lacher zu kriegen, sagt er, aber wie soll er das hinkriegen, ohne die Fragen? »Ich bin nicht aus dem Stegreif lustig.« Er ist kein Bauchtyp. Er ist ein Kopftyp.

Rudi Carrell, geboren unter dem Namen Rudolf Kesselaar, ist bei diesem Gespräch 68 Jahre alt, davon 51 Jahre im Showbusiness. Er wirkt trotz seiner Knitterfalten im Gesicht etwa zehn Jahre jünger. In der deutschen Fernsehunterhaltung steht Carrell für das, was nach der Generation von Peter Frankenfeld, Hans Rosenthal und Hans Joachim Kulenkampff kam.

Ein Entertainer neuen Typs. Jetzt also hört er auf. An Silvester sitzt er, als Ehrengast, zum letzten Mal in einer Sonderausgabe seiner Show »Sieben Tage, sieben Köpfe«, in der Komiker eine kalauergesättigte Wochenbilanz ziehen. Carrell produziert »Sieben Tage, sieben Köpfe«, er ist und bleibt der Chef. Aber er will vom Bildschirm verschwinden. »Aufhören, bevor es peinlich wird«, nennt er das.

»Sieben Tage, sieben Köpfe« lebte zum Teil davon, dass die anderen Opawitze auf seine Kosten machten, wegen seines Hörgerätes zum Beispiel. Das gehe nur, solange er nicht wirklich wie ein Opa wirke. Man lacht nicht gerne über einen, mit dem man Mitleid hat, sagt Carrell.

Was war seiner Meinung nach das Besondere an ihm? Was unterschied ihn von den Dinosauriern, von Kulenkampff oder Frankenfeld? »Die Wärme«, sagt er.

Die Älteren waren auch locker und witzig, aber sie wirkten distanzierter. Carrell rückte näher heran an die deutschen Zuschauer. Er wirkte gleichzeitig sympathisch und frech, nett und respektlos, eine schwierig zu spielende Kombination. Und er rüstete das deutsche Show-Wesen ab. Keine einschüchternde Treppe mehr, kein Ballett. Nur der Rudi mit seinen witzigen Ideen, in Nahaufnahme, der, den manche für kalt halten.

Und was unterscheidet ihn von den Jungen, denen, die nach ihm kommen? »Wir sind die Generation, die noch auf der Bühne angefangen hat.« Nicht als Kabarettisten, nein, als Entertainer, die es gelernt haben, dem Publikum in die Augen zu schauen, diesem Raubtier. Die wissen, wie Gelächter klingt, wie Langeweile sich anhört und wie Ausgebuhtwerden sich anfühlt. Sozusagen die letzten Rampensäue. »Wer das tut, was ich tue«, hat er einmal gesagt, »der muss ein sehr großes Ego haben.«

Entscheidend für seinen Erfolg war wahrscheinlich die Hartnäckigkeit, mit der er ihn gewollt hat. »Ich arbeite jeden Tag 14 bis 16 Stunden«, sagt er. Carrell identifiziert man nicht mit einer bestimmten Sendung, weil er immer rechtzeitig mit etwas Neuem gekommen ist. 1965 holte ihn Radio Bremen nach Deutschland, bis 74 machte er die »Rudi-Carrell-Show«, von 74 bis 79 »Am laufenden Band«, von 81 bis 87 die »Tagesshow«, ab 87 »Herzblatt«, ... eine Ära nach der anderen.

Er hat keine Angst, weder vor dem Publikum noch vor den Kollegen. Auch dafür ist er berühmt. Wer Rudi Carrell nach seiner Meinung über einen anderen Entertainer fragt, kriegt immer eine Antwort. Wenn man sich durchliest, was er wem über die Jahre hinweg prophezeit hat – es ist schon erstaunlich. Er irrte sich verdammt selten. Carrell hat zum Beispiel den Abstieg von Wigald Boning und von Ulla Kock am Brink punktgenau vorhergesagt. Günther Jauch fand er schon früh außergewöhnlich gut. Jauch habe ebenfalls diese Wärme. Ironisch, spöttisch, das schon, aber nie verletzend.

Rudi Carrell kennt die Spielregeln eben auswendig. Zum Beispiel: Das zweite Jahr entscheidet über den Erfolg einer Show, nicht das erste. Oder: Wenn du in den ersten drei Minuten keinen Lacher hattest, kannst du die ganze Sendung vergessen. Oder: Immer von links auftreten. Über den deutschen Humor sagt er: Die Deutschen lachen gern. Wenn du irgendwo auf der Welt lautes Gelächter hörst, dann sind es meistens Deutsche.

Er steckt sich eine Zigarette an. Ein starker Raucher, seit 50 Jahren. Jetzt noch aufzuhören würde sich nicht mehr lohnen.

Was hält er von Barbara Schöneberger? Carrell antwortet mit einer Bemerkung über den Busen von Barbara Schöneberger. Sinngemäß: Der Busen sei an ihr das Interessanteste. Er drückt das allerdings etwas anders aus. Sie habe einen Fernsehpreis bekommen, für eine Sendung im WDR, die 150 000 Zuschauer hatte. Das müsse man sich mal vorstellen: lumpige 150 000. Und dafür einen Preis! »Am laufenden Band« hatte 28 Millionen.

Carrell reißt viele Zoten, auch im Gespräch hin und wieder. Gutaussehende Frauen sind bei ihm Superweiber mit Supertitten. Über Klaus Wowereit hat er vor ein paar Monaten im Fernsehen einen unterirdisch peinlichen Schwulenwitz gebracht. Dass dieses Zeug bei großen Teilen des Publikums nicht mehr so gut ankommt wie vor 30 Jahren, scheint er nicht mitzukriegen. Oder er kriegt es mit, und es ist ihm egal. Wahrscheinlich ist es das. Er hat bei einer Talkshow neben Alice Schwarzer einen BH aus seiner Tasche geholt und sich damit den Schweiß abgewischt. Er hat in »Rudis Tagesshow« Ajatollah Khomeini in einer Filmmontage mit Damenunterwäsche bewerfen lassen und damit eine außenpolitische Krise ausgelöst. Na und, würde er vielleicht sagen. War doch lustig. Dieser junge Typ Eminem redet doch auch so.

Später, bei Kerner, sitzt er neben Barbara Schöneberger, der angeblichen neuen Super-Wunder-Mega-Moderatorin. Er wirkt gelangweilt. Sein ganzer Körper sagt: Was habe ich hier verloren, ich, der große Rudi, neben dieser Null?

Sein Einstiegsgag geht so: »Ich mach Schluss, und ein paar hundert Meter entfernt in Berlin sitzen ein paar Leute, die könnten auch mal auf diese Idee kommen«. Er meint die Regierung. Na ja. Carrell weiß selber, dass sprachliche Gags nicht seine Stärke sind, bei optischen ist er besser.

»Die Sprache ist bis heute mein Problem. Mir fehlt die Kindheit in Deutschland. Bestimmte Sachen kann man nicht nachholen. Bei ›Wer wird Millionär?‹ würde ich immer an einer der ersten Fragen scheitern, wenn es um Sprichwörter und Redensarten geht.«

Kerner zeigt einen alten Film, in dem Carrells Vater seinem Sohn die Hand schüttelt. Kesselaar senior war ebenfalls Entertainer, aber nur mit mäßigem Erfolg. Bierzelte. Kindergeburtstage. Mit dem Aufstieg des Sohnes kam er anfangs nicht gut klar. Und wenn er getrunken hatte, dann »wurde er ein Teufel«, sagt Carrell junior. Er selbst vermeidet deshalb, weitgehend, die harten Drinks. Bier muss reichen. Meistens.

Auf seiner Abschiedstournee durch die Talkshows kommt er auch bei Harald Schmidt vorbei. Schmidt hat eine ganze Sendung als Rudi-Carrell-Hommage inszeniert, mit einem echten »laufenden Band«, auf dem grinsend der echte Rudi Carrell sitzt. Schmidt verehrt Carrell. Vielleicht ist dieser Verehrung Ironie beigemischt, man weiß es nicht genau. Aber etwas davon ist sicher echt, und deshalb weiß Rudi Carrell nicht, was er über Harald Schmidt sagen soll, diesen sonderbaren Fan. Schmidt ist das Gegenteil von ihm, seine Negation – Schmidt tut so, als seien ihm die Quoten egal, er strahlt keine Wärme aus, er hat selten optische Gags, er improvisiert, arbeitet mit Sprache, aus dem Bauch heraus, er macht alles falsch. Vielleicht würde auch Harald Schmidt Schwulenwitze erzählen und mit BHs werfen, aber auch das sicher anders als Rudi Carrell.

Und Schmidt mit seiner, nach Carrells Maßstab, miesen Quote ist zeitweise zum Säulenheiligen des Entertainments und zu einem führenden Intellektuellen der Republik geworden, zu einem, den man nach seiner Meinung fragt. »Für das Volk ist das nichts«, sagt Carrell vorsichtig. »Ob alle, die sagen, dass sie seine Fans sind, auch seine Sendung kucken?«

Er wirkt ratlos. Er versteht das nicht. Stefan Raab versteht er noch. Aber warum soll Schmidt wichtig sein? Worauf bezieht sich seine Ironie? Es ist eine neue Epoche.

Für Carrell arbeiten 20 freie Autoren. Jede Showidee und jeder einzelne Witz ist bei ihm geronnene Arbeit. Sein wichtigster Steinbruch: das riesige Archiv in seinem Anwesen bei Bremen. Nach einer gewissen Zeit kann man nämlich die meisten guten Gags wieder verwenden. Man muss nur lange genug warten. Und wenn gar nichts geht – es gibt eine Million Witzseiten im Internet. Da findest du immer was.

Carrell hat bemerkenswert lange mit Anke ausgeharrt, seiner zweiten Frau. Susanne, seine Freundin, lebte nur ein paar Kilometer entfernt. Nach dem Tod von Anke hat er sich dann aber doch für etwas völlig Neues entschieden, Simone, eine junge Magdeburgerin. Die Frauen lieben ihn immer noch. Wie gesagt, irgendwas geht immer.

Jetzt wird er unruhig. Das war's. Auf Wiedersehen. An der Tür ein Blick auf die Uhr: 60 Minuten. Auf die Sekunde. Wie verabredet. Er ist schon ein Phänomen. Exaktes Timing, auch beim eigenen Abgang. Daran, im richtigen Moment aufzuhören, ist einst sogar der große Kulenkampff gescheitert.

Sein Lieblingsgag lief in »Verstehen Sie Spaß«. Ein Fan von Borussia Dortmund schaut im Fernsehen ein Spiel seiner Mannschaft. Aber die Fernsehleute haben heimlich den Kommentator ausgetauscht. Der Sprecher – eine bekannte Stimme – macht alles schlecht, was die Dortmunder tun. An jedem Foul ist ein Dortmunder schuld. Der Fan wird immer wütender. Und verzweifelt schließlich an der Welt. Die dazu passende Carrell-Regel: Schadenfreude funktioniert immer.

Er hat mal gesagt: Wenn mir keine Gags mehr einfallen, möchte ich sterben.

Der Geschichtenerzähler

Mein Großvater war Doktor der Tiermedizin. Eine seiner Lieblingsgeschichten handelte davon, wie er zu seinem Titel gekommen ist. Er promovierte, indem er Kaninchen betrunken machte. Einige Monate lang flößte er den Tieren morgens, mittags und abends furchterregende Mengen Rotwein, Absinth und Cognac ein, anschließend schlachtete er sie und untersuchte für seine Doktorarbeit, ob auch ein Stallkaninchen eine Trinkerleber bekommen kann. Und ob! Der Geschmack soll sensationell gewesen sein, vor allem die Cognaclebern. Mein Großvater veranstaltete ein Festessen für seine Kommilitonen, bald darauf reiste er ab. Er hatte sich um eine Tierarztstelle in der entlegensten Ecke von Deutsch-Südwestafrika beworben, am äußersten Ende des Reiches, an der Grenze zu Britisch-Betschuanaland. Wenig später begann der Erste Weltkrieg.

Er erzählte als alter Mann oft von Afrika. Es waren Geschichten von Löwenjagden und Nächten am Lagerfeuer, von Schlangen, die morgens zischelnd unter dem Kopfkissen liegen, von Feuergefechten gegen den verdammten Engländer, bei Morgengrauen in der Wüste. In der Wüste lebten die Buschmänner, erzählte er, die sich abends immer auf der gleichen Körperseite in den warmen Sand legten, die andere Körperseite war nämlich gegen die Kälte abgehärtet, denn sie waren nackt, und es wurde nachts bis minus zehn Grad kalt.

Manchmal gab es schwarzen Frost, das heißt, im Laufe der Nacht waren alle Pflanzen vor Kälte verdorrt und rabenschwarz geworden.

Nach dem Krieg kehrte er mit einer Sammlung von Schlangenhäuten, ausgestopften Alligatoren und Antilopenhörnern zurück und ging damit nach Ostpreußen, weil Ostpreußen seiner Ansicht nach Afrika am ähnlichsten war. Im Zweiten Weltkrieg verbrannte die Sammlung – der verdammte Russe! –, mein Großvater rettete nur einen Bestand an selbstgefertigten Aktaufnahmen einiger recht spektakulärer schwarzer Schönheiten, den er gern zeigte, allerdings nicht den Kindern.

Er wäre wahrscheinlich gern zurückgegangen nach Südwestafrika, das war nach ein paar Jahren für Deutsche wieder erlaubt. Aber er hatte inzwischen meine Großmutter kennengelernt, und die war keine Frau, die für Schlangen und Löwenjagden viel übrighatte. Manchmal dachte ich: Wenn meine Großmutter abenteuerlustiger gewesen wäre, dann wäre ich heute ein Namibiadeutscher oder Südwester oder Namibianer, davon gibt es 25 000, und es ist eine ganz eigene Sorte Mensch.

Ich dachte immer, ich möchte da mal hin.

Wenn man in Windhuk Richtung Osten losfährt, kommt auf den nächsten 200 Kilometern ein einziger Ort, Witvlei, ein paar verstreute Häuser nur, aber berühmt für seinen deutschen Karneval und seine Prinzengarde. 50 Kilometer weiter kommt Gobabis, danach kommt nichts mehr. Nur der Trans-Kalahari-Highway führt am Rand der Wüste immer weiter Richtung Botsuana, das einstige Betschuanaland. Auf der Fahrt sieht man roten Sand, gelbes Gras und die immer gleichen Kameldornbäume, die für ihr besonders hartes Holz berühmt sind, manchmal in der Ferne ein paar Rinder. Sonst nichts.

Der deutsche Radiosender bringt hinter Windhuk noch eine Weile Schlager von Freddy und Tony Marshall. Dann knistert es, und das Radio wird still. Man fährt durch ein Meer aus Land. Dünner besiedelt als Namibia ist nur die Mongolei. Diese Weite, pflegte mein Großvater zu sagen, so eine Weite kannst du dir bei uns gar nicht vorstellen.

Er war in Gobabis stationiert, dem letzten Außenposten der deutschen Schutztruppe, dem östlichsten Fort. Heute hat Gobabis 14 000 Einwohner und ist Hauptstadt der Provinz Omaheke, benannt nach jener Wüste, in der 1904, im Krieg gegen die Deutschen, ein großer Teil des aufständischen Hererovolkes verdurstet ist. Um Gobabis herum lässt die Omaheke gerade noch Landwirtschaft zu, große Rinderfarmen. Am Eingang der Stadt, die aus vielleicht einem Dutzend staubiger Straßen besteht, steht ein Denkmal, das ein Rind zeigt.

Dort, wo der Highway Gobabis wieder verlässt, gerade wie ein Lineal, befinden sich ein halbes Dutzend Tankstellen und ein paar Supermärkte. Am Rand des Highway sitzen Hererofrauen mit ihren Mützen, die wie Narrenkappen aus dem Rheinland aussehen, und versuchen, kleines, schrumpliges Obst zu verkaufen. Manchmal rasen vollbesetzte Taxis Richtung Grenze, 120 Kilometer, das ist hier nicht weit, immer Vollgas, schlingernd, unter einer roten Staubwolke. An den Kameldornbäumen lehnen Soldaten. Man sieht hier nur wenige Weiße.

Der älteste Deutsche in Gobabis heißt Eberhard Eimbeck, Rinderfarmer, Jahrgang 1922. Sein Vater kam 1904 aus Posen, »der Vadder«, sagt er. Posener Mundart, wahrscheinlich. Insgesamt sind sie nur noch zehn. Alle nicht viel jünger als er.

Die Deutschen ziehen sich Richtung Küste zurück, nach Swakopmund, das ist ihre Hochburg. Swakopmund sieht aus wie eine Stadt an der Ostsee, wie Binz vielleicht, mit viel Fachwerk, Seebrücke und Leuchtturm. Sogar das Wetter wirkt ostseemäßig, oft neblig und kühl, weil der kalte Benguelastrom an der Küste vorbeifließt.

Eimbeck ist ein dünner, kleiner, schwarzbraun verbrannter Mann mit narbigen Beinen, er hat vor Jahren ein Heimatmuseum gegründet, ein kleines, unscheinbares Haus, vollgestopft mit Möbeln und Hausrat und Farmutensilien, direkt daneben liegt der Deutsche Verein. Der Verein trifft sich nur noch selten. Früher gab es regelmäßig Faustballturniere und Schlachtfeste. Eimbeck sagt, ohne konkreten Anlass: »Der Neger hält sich nicht an Versprechen. Arbeiten will der Neger nicht.« Und lauter solche Sachen. In Deutschland war Eimbeck nie. Es stört ihn aber trotzdem, dass dort so viele Türken leben.

In einer Doktorarbeit über die Namibiadeutschen wird die These vertreten, sie seien längst ein eigenes Volk, eine Nation ohne Staat wie die Quebecfranzosen oder die Basken. Deutsche, in deren Nationalgeschichte Hitler nur am Rande vorkommt, die in der Schule nichts oder fast nichts über Auschwitz hören, die keine Mauer erlebt haben und kein 68, keine Scham, keine Selbstzweifel, gar nichts. Viele von ihnen feiern Kaisers Geburtstag. Am Krieg von 1904 waren ihrer Ansicht nach hauptsächlich die Neger schuld. Es gibt jeden Tag Kaffee und Kuchen, abends gern Leberkäse. Sushi oder Prosecco gibt es nie. Im Radio läuft, wenn Freddy fertig ist, Marschmusik. Die deutschen Geschäfte schließen pünktlich auf die Minute.

Man könnte sagen, es sind Deutsche im geistigen Zustand des Jahres 1904. Schockgefrostet. Chemisch rein. Sie bilden eine nationale Minderheit. Ein bisschen werden sie unterdrückt oder empfinden es so. Ein bisschen sind sie Herrenmenschen. Nicht alle von ihnen, gewiss, aber man trifft doch so einige. Eigentlich finde ich Eimbeck trotzdem ganz sympathisch. Wäre ich, wenn ich hier aufgewachsen wäre, heute genauso wie er? Er ist hilfsbereit. Er hört sich um. Niemand in Gobabis kann sich an meinen Großvater erinnern, der ein junger, dynamischer Tierarzt war und den Engländern mit seiner Donnerbüchse mächtig eingeheizt hat.

Aus der Kolonialzeit ist nur noch das alte Militärkrankenhaus übrig. Sowie auf dem Friedhof, in gepflegtem Zustand, frisch geharkt, 42 Heldengräber. Im Hererokrieg wurde Gobabis belagert. Auf einem Kreuz steht: »Uffz. Wilhelm Roesener 1888–1982«. Der blieb also sein Leben lang Unteroffizier. Ein anderes Grabmal ist mit einer richtigen Kurzgeschichte beschriftet: »… auf verräterische Weise von einem Giftpfeil aus dem Bogen eines Buschmanns getroffen. Er konnte noch selbst seinen Angreifer mit dem Revolver erschießen.«

Das Hotel liegt am Fluss, dort, wo er gestaut wurde. Einziger Gast ist ein dicker Handlungsreisender aus Südafrika, ein Weißer, der mit den Tankstellen am Highway ins Geschäft kommen möchte. Das Hotel schenkt keinen Alkohol aus, sagt er als Erstes, das sind hier christliche Fundamentalisten, *fuck it*. Die Fundamentalisten haben sogar eine eigene kleine Kirche, neben dem Pool, in der die ganze Nacht das Licht brennt. Sie bekommen die Tür nicht mehr auf, weil ein Hotelgast den Kirchenschlüssel mitgenommen hat. Durchs Fenster sieht man, dass in der Kirche ein Bett steht.

In meinem Zimmer mache ich die Tür auf, und in einer Staubwolke fliegen Dutzende schwarzer Käfer hinein, jeder so groß wie ein Daumen. Sie drehen sich sofort auf den Rücken und sterben.

Am nächsten Tag esse ich bei »Ernie's« ein Steak, während auf dem Highway vor mir die Viehtransporter Richtung Botsuana rollen. Das Steak ist ziemlich zäh. Für den Gegenwert von 75 Rindern bekommt man in Namibia ein Auto. 16 Hektar Land brauchst du hier in der Gegend, um ein Rind zu ernähren. Das weiß ich von Eimbeck. Mein Großvater konnte später nie damit klarkommen, dass er es mit Kleintieren zu tun hatte und nicht mehr mit Rindern. Wenn Leute mit einem kranken Dackel kamen, sagte er: »Der Köter ist nicht mehr viel wert. Den lassen sie am besten einschläfern.« Diesen Ton mochten die Hundebesitzer nicht sonderlich.

Der Vorsitzende der Farmervereinigung, Friedrich Nauhaus, ist erst 41 Jahre alt und hat in Südafrika Germanistik studiert. Sein Farmhaus liegt weit draußen auf einem Hügel mit Bäumen, der Hügel ragt wie eine üppige grüne Insel aus der versteppten Ebene. 8000 Hektar hat die Farm, eine Fläche wie der Chiemsee. Das ist hier nicht besonders viel.

Vielleicht werden die weißen Farmer bald enteignet. Man weiß es nicht. Die Regierung ist unberechenbar. »Die Regierung tut so, als ob hier früher Schwarze mit dem Mercedes herumgefahren wären, und dann sind wir gekommen und haben den Leuten ihren Mercedes weggenommen.« Nauhaus lacht. »Wenn das hier wirklich mal zu Ende ist, gehen wir nach Kanada oder Australien.«

Während wir reden, reiten am Fenster die Arbeiter vorbei, irgendwo soll eine Herde zusammengetrieben werden. Einer reitet einen Schimmel. Sie müssten Colts tragen, dann wäre das Wildwestbild perfekt. In dem Buch über die Namibiadeutschen steht, dass Südwest im Deutschen Reich das Land der unbegrenzten Möglichkeiten war, ein Magnet für Abenteurer. In Europa waren die Abenteurer überflüssig geworden.

In der Stadt lässt Eimbeck vor dem Museum einen rostigen Traktor von einem Lastwagen abladen, die Spende eines Farmers. Er brüllt die Arbeiter an, die dabei zusammenzucken wie unter Schlägen. Eimbeck erzählt von seiner Schwiegertochter. Sie ist mit dem Auto zu ihrer Farm unterwegs gewesen, das Fenster war einen Spalt offen, und es gab da eine Stelle, an der sie anhalten musste, irgendwas lag auf der Straße. Jemand hat einen Gewehrlauf durch den Fensterspalt gesteckt und ihr durch das Auge in den Kopf geschossen, da war sie tot, natürlich war sie das, es ist gar nicht lange her.

Eimbeck verzieht dabei keine Miene, ganz emotionslos berichtet er. Tja, die wollten wohl an die Handtasche heran. War aber fast nichts drin, in der Tasche. Die Polizei kriegt nie einen Täter. Die Neger halten alle zusammen. Passen Sie gut auf sich auf! Übrigens: Löwen gab es hier 1914 nicht mehr. Da hat Ihnen Ihr Großvater etwas Falsches erzählt.

Zurück in Windhuk empfängt mich die Präsidentin der Wissenschaftlichen Gesellschaft, eine nette ältere Dame, die in den Archiven und den Listen der Tierärzte nachgeschaut und bei anderen Archivaren herumtelefoniert hat, nein, sagt sie, es ist schade, aber wir finden keine Spur. Dabei sind die deutschen Kolonialarchive recht zuverlässig. Ich fahre weiter nach Swakopmund, in die Sam-Cohen-Bibliothek, das war mir als Archiv empfohlen worden. Eine andere ältere Dame geht die Passagierlisten aller deutschen Schiffe durch, die 1914 ankamen, als Tierarzt muss er da drinstehen, sagt sie, es geht gar nicht anders. Deutsche Bürokratie! Perfekt! Ist er womöglich über den Landweg gekommen? Aber warum sollte er das? Ich lese im »Südwestboten«, Jahrgang 1914, sämtliche detailverliebten Berichte aus dem Gemeinderat von Gobabis. Nichts. Eine weitere Dame, die sich als Frau Schneeweiß vorstellt, telefoniert herum. Jemand aus der Veterinärverwaltung wird angerufen. Nichts. Er steht auch nicht in den Adressbüchern. Das müsste er aber. Dann finden wir etwas.

Es ist ein Eintrag im Deutschen Kolonialblatt. Mein Großvater hat sich am 28. Februar 1914 Richtung Südwestafrika eingeschifft, zusammen mit einem Gerichtssekretär Nusslar und dem Regierungsbaumeister Herrmann. Das steht fest. Vermutlich in Hamburg. Der Gegeneintrag über die Ankunft fehlt. Herrmann und Nusslar kamen an, er nicht. Es sieht ganz so aus, als sei er unterwegs ausgestiegen.

Vielleicht auf den Kanarischen Inseln. Dort machten die deutschen Passagierschiffe nach Südwest meistens Station. Er war 26 Jahre alt, ledig und, wie man so sagt, lebenslustig. Er hat vielleicht eine Frau kennengelernt, ja, das ist immer das Wahrscheinlichste. Vielleicht wollte er das nächste Schiff abwarten. Und dann das übernächste. Oder er fuhr mit ihr sonst wohin. Hatte er überhaupt einen Vertrag als Tierarzt? Plötzlich war jedenfalls Krieg.

Dann, so denke ich, tauchte er unter. Er hat die Ausführung des Ersten Weltkrieges anderen überlassen. Kurz nach dem Krieg aber ist er plötzlich wieder da, beladen mit Andenken aus Afrika. Oder woher auch immer, Felle, Hörner, Speere, so was hätte er Gott weiß wo kaufen können. Er hat Fotos schöner Frauen dabei und tausend Geschichten von Gefechten und Löwenjagden aus der hintersten Ecke des Reiches, einer Gegend, wo fast niemand war und wo fast niemand hinfährt und wo sich wahrscheinlich niemand jemals nach ihm erkundigen würde.

Er war einfach nur ein Geschichtenerzähler.

Zurück zu Hause lässt mir etwas keine Ruhe. Ich gehe in die Staatsbibliothek. Und finde es sofort. Es ist eine Dissertation. »Über den quantitativen Nachweis von Alkohol in tierischen Organen«, vorgelegt an der Universität Gießen, kurz vor dem Ersten Weltkrieg. 28 Seiten, inklusive Deckblatt und Bibliographie. Die Arbeit handelt von betrunkenen Kaninchen.

Kleine Geschichte des Ausländischessens

In den vergangenen 50 Jahren ist der durchschnittliche Deutsche dem durchschnittlichen Ausländer vor allem an zwei Orten begegnet. Entweder war der Mensch aus dem Ausland Kollege im Betrieb, oder er war Kellner im Restaurant.

Zuerst kam der Italiener zu uns, in den 50er Jahren. Man denkt da als Erstes: Pizza. Wichtiger als die Pizza war für die Volksgesundheit, dass der Italiener uns essbares Obst und leckeren Salat gebracht hat. Wir reden hier zum Beispiel über Obstsalat mit Marsala. Oder Salat mit so viel Parmaschinken darin, dass der Salat kaum noch auffällt. In Deutschland bedeutete »gesund«: Es schmeckt nach dem Schweiß von Turnvater Jahn. Statt mit Blut, Schweiß und Tränen machte der Italiener einfach alles mit Olivenöl. Die Kellner aber redeten mit den deutschen Gästen fast immer Italienisch. Die Kellner taten so, als sei das normal. Dass sie Deutsch verstehen, merkte man nur daran, dass sie den Gästen fast immer die richtigen Gerichte brachten.

Vielen Türken hat man ihr schlechtes Deutsch Jahrzehnte später zum Vorwurf gemacht. Bei den Italienern dagegen dachte man: gute Show.

Die deutschen Arbeiter waren wegen des Olivenöls erst mal misstrauisch. Die Arbeiter blieben bei ihrer Blutwurst, alle anderen gingen zum Italiener. Die zweite Welle, 60er Jahre, bestand dann aus dem Jugoslawen, dem Griechen und dem Chinesen.

Der Jugoslawe führte sich mit der Sitte ein, dass es nach dem Essen einen Schnaps auf Kosten des Hauses gibt. Es waren kleine Slibowitzfläschchen, die man sich an den Hals setzte. Der Jugoslawe war außerdem Hackfleischfetischist. Man dachte damals, dieses ganze Land Jugoslawien muss aus Gebirgen von Hackfleisch bestehen. In der Schule haben die jugoslawischen Kinder jede Woche zwei Stunden Hackfleischkunde. Die Schweine und Kühe kommen schon fertig gehackt zur Welt, auf General Titos Befehl.

Deshalb gingen die deutschen Arbeiter besonders gern zum Jugoslawen. Hackfleisch, Schnaps und SPD, so hieß schon bald ihre Devise.

Der Grieche arbeitete als Erster mit eigenem Soundtrack. Ein griechisches Lokal ohne griechische Musik war undenkbar. So setzte er sich vom Jugoslawen ab. Jugoslawische Musik gab es irgendwie nicht. Der Grieche war außerdem fast immer billig. Und griechische Wirte waren fast immer links. Der Grieche war folglich das Lieblingslokal der Studenten. Bei den billigen Griechen wurde pausenlos das gleiche Lied gespielt, die etwas teureren Griechen besaßen drei oder vier verschiedene Lieder.

Der Chinese wurde zum Hauptrivalen des Italieners, weil er ähnlich zahlreich auftrat. Die Chinesen stylten ihre Restaurants in einer bis dahin ungekannten Radikalität chinamäßig durch, bis auf den Kellner war beim Chinesen alles aus rotem oder goldfarbenem Plastik. Die Gerichte waren durchnummeriert, bunt angezogen und gut aufgewärmt wie Fußballspieler und wurden vorher in der Küche von alten Frauen kleingeschnitten. Man hätte die chinesischen Gerichte ohne Probleme durch das Bohrloch zu den Eingeschlossenen von Lengede hinabwerfen können.

Zum ersten Mal in der deutschen Geschichte aß man Sachen, bei denen man nicht wusste, was es ist. Austernpilze zum Beispiel wurden bis Mitte der 70er von den meisten für eine glibbrige Art Salat gehalten. Auch Geschmacksrichtungen wie »süßsauer« oder »sehr scharf« waren bis dahin unbekannt. Zum Nachtisch gab es lauwarmen Pflaumenwein. Wir dachten: »Überall im Ausland, egal ob Jugoslawien oder China, spielt offenbar die Pflaume in der Trinkkultur die dominante Rolle.« Zum ersten Mal wurde uns die tiefverwurzelte Pflaumenfeindlichkeit der deutschen Gesellschaft bewusst.

Dann passierte eine Weile lang wenig. Die wichtigste Neuerung der 70er Jahre bestand in der Ausbreitung des Dönerschnellimbisses. Richtige türkische Restaurants blieben anfangs selten, die gab's fast nur in Berlin. Sonderbar, oder? Wir dachten: »Typisch türkisch heißt, dass man zum Essen nur ganz wenig Zeit hat.«

In der dritten Welle, 80er Jahre, kamen der Thailänder, der Mexikaner und der Inder. Bohnenbrei, Avocadobrei, Tomatenbrei, geschmolzener Käse – beim Mexikaner muss fast alles püriert sein. Der Mexikaner ist für Zahnersatzträger ideal geeignet und insofern der deutschen Alterspyramide perfekt angepasst, stattdessen aber gehen vornehmlich junge Leute zu ihm hin und trinken Süßbier aus der Flasche. Beim Mexikaner wird man auffällig selten von echten Mexikanern bedient. Die Kellner sind in der Regel deutsche Studenten. Auch in der Küche herrscht eine für einen Mexikanerbetrieb einigermaßen überraschende Mexikanerknappheit. Die Mexikaner waren die ersten ausländischen Restaurants ohne Ausländer.

Auch der Inder zieht bei Tisch das Breiartige dem Festen vor. Seine Spezialität aber besteht darin, hauchdünnen Teig zu gewaltigen Ballonbroten aufzupumpen. Es sieht imposant aus, besteht aber zu 98 Prozent aus Luft. Während die Mexikaner damit experimentieren, ausländische Restaurants fast ohne Ausländer anzubieten, versucht sich die avantgardistische indische Küche an der Erfindung des Restaurants fast ohne Essen.

Beim Thailänder schnitzen sie aus Wurzelgemüse die kompliziertesten Kunstwerke und reichen dem Gast am Ende des Mahls heiße Dampfhandtücher. Bei unserem ersten Besuch dachten wir, man darf sie mit nach Hause nehmen wie die Slibowitzfläschchen. Ein taktvoller Kellner kam und sagte, es sei nicht üblich, aber so ungewöhnlich liebenswerten Gästen würden sie die Tücher gern schenken. Der Thailänder, das bedeutet Gastfreundschaft als Kunst. Es hat etwas leicht Überkandideltes, ungefähr wie Rokokoaltäre. Kultivierter geht es nicht. Deswegen war es logisch, dass nach dem Thailänder in den 90ern als vorerst letzte Großwelle der Japaner kam mit seinem rohen Fisch. Roher Fisch: eine klare, ehrliche und unmissverständliche Sache, fast schon wieder wie die Wurst in den 50ern.

Neuerdings ist bei uns ein Trend zur österreichischen Küche zu beobachten. Sagen wir es ruhig, wie es ist: Die österreichische Küche steht der deutschen geistig recht nahe. Deswegen wird der Österreicher bestimmt keine Massenbewegung. Sehen Sie, in der Serie »Lindenstraße« gibt es auch einen Rechtsradikalen. Wissen Sie, wo dieser Rechtsradikale am liebsten essen geht? Beim Griechen. Mit Musik!

Nicht einmal die deutschen Nazis essen gern deutsch. Das sagt wohl alles.

Danksagung

Die in diesem Buch enthaltenen Texte sind im Laufe von zwölf Jahren entstanden, sie wurden überarbeitet und an einigen Stellen aktualisiert. Trotzdem spiegeln sie natürlich im Wesentlichen den Kenntnisstand ihrer Entstehungszeit wider, das eine oder andere Detail wird den heutigen Gegebenheiten nicht mehr entsprechen. Alle Personen sind älter geworden, der wunderbare Jakob Moneta ist inzwischen gestorben.

Für Hilfe, Rat und Unterstützung bedanke ich mich bei den Redakteuren, die mich zu diesen Geschichten angeregt und auf den Weg geschickt haben. Ohne sie würden viele dieser Texte nicht existieren. Ich danke vor allem Malte Lehming, der jahrelang mein Ideengeburtshelfer beim Tagesspiegel war, und dem Ideen-Atomkraftwerk Norbert Thomma. Die Chefredakteure des Tagesspiegel, Gerd Appenzeller, Stephan-Andreas Casdorff, Giovanni di Lorenzo und Lorenz Maroldt gaben und geben mir die Freiheit, ohne die sich in meinem Kopf wenig abspielt. Ich danke Christoph Amend, Stephan Lebert und Tanja Stelzer, die ich beim Tagesspiegel kennengelernt habe und die, wie Giovanni di Lorenzo, inzwischen bei der »Zeit« sind, anregenden Kollegen und verständnisvollen Chefs, die mir das Leben und die Arbeit nie schwerer gemacht haben als nötig.

Ich danke besonders Sabine Rückert, die mich bei der »Zeit« zu neuen Ufern geführt hat, falls man das so sagen kann.

Michael Schaper von »Geo« ist der Mann, von dem ich als Reporter, glaube ich, am meisten gelernt habe.

Thomas Friederich vom Tagesspiegel hat mir bei der Recherche immer wieder sehr geholfen. Ich danke Gunnar Cynybulk, unter anderem für den Titel des Buches und die Komposition des Ganzen, und, wie immer, danke ich Karin Graf, der vermutlich besten Agentin, die ein Autor haben kann. Petra Holler danke ich sowieso, rund um die Uhr, also möchte ich es auch hier tun.

Angaben zur Erstveröffentlichung

Wanderer, kommst du nach Gerstengrund – Tagesspiegel, 31. 8. 2005
Glück – Tagesspiegel, 8. 5. 2003
Sozialismus revisited – Tagesspiegel, 10. 1. 2004
Verteidigung der Ausländerfeinde – Tagesspiegel, 23. 11. 2003
Positives Denken – Geo Wissen Nr. 47, Mai 2011
Meinungsfreiheit – Tagesspiegel, 26. 6. 2006
Mein Land – hier erstmals veröffentlicht
Lob der Armut – Dummy Nr. 22 (Berlin), 3. 2. 2009
Kirchentag – Tagesspiegel, 2. 6. 2003
Freunde – Tagesspiegel, 3. 10. 2004
Gentrifizierung – Tagesspiegel, 4. 2. 2012
Fernsehstars – Tagesspiegel, 2. 2. 2003
Die drei Friseure – Tagesspiegel, 19. 9. 2004
Tugendrepublik Deutschland – Die Zeit, 18. 6. 2012
Nürburgring – Tagesspiegel, 5. 10. 2003
König Lear, auf schwäbisch – Tagesspiegel, 2. 12. 2004
Milch – Tagesspiegel, 29. 8. 2007

Die Totmacher – Tagesspiegel, 17. 1. 2000
Siegfrieds Erbin – Tagesspiegel, 4. 11. 2003
Die Idiotie des Fortschritts – Tagesspiegel, 5. 12. 1999
Deutscher Humor – Tagesspiegel, 11. 11. 2006
Der Sog der Masse – Die Zeit, 10. 11. 2011
Der letzte Marxist – Tagesspiegel, 5. 5. 2004
Der Geist von Dessau – Die Zeit, 18. 7. 2009
Der kleine Prinz – Die Zeit, 20. 1. 2012
Der Garten – Tagesspiegel, 20. 5. 2007
Bildung – Tagesspiegel, 10. 1. 2010
Bad Wörishofen – Tagesspiegel, 7. 12. 2003
Anna – Tagesspiegel, 8. 3. 2004
Als Ghanaer bei Attac – Tagesspiegel, 25. 8. 2003
Abschied von Rudi Carrell – Tagesspiegel, 30. 12. 2002
Der Geschichtenerzähler – Die Zeit, 10. 3. 2005
Kleine Geschichte des Ausländischessens – Tagesspiegel, 23. 11. 2003